STYLES

BIBLIOTHÈQUE FRANÇAISE ET ROMANE

publiée par le

Centre de Philologie et de Littératures romanes
de l'Université des Sciences humaines de Strasbourg

Directeur : Georges STRAKA

SÉRIE A : MANUELS ET ÉTUDES LINGUISTIQUES

——————— 22 ———————

YVES LE HIR

Professeur à l'Université des Langues et Lettres de Grenoble

STYLES

ÉDITIONS KLINCKSIECK

11, rue de Lille - PARIS-7ᵉ

═══════ 1972 ═══════

AVANT-PROPOS

Voici une nouvelle série d'études sur le style : de Ronsard à Mauriac. L'éventail s'est élargi ! La bienveillance des directeurs de l'*Ecole*, des *Etudes classiques*, des *Etudes françaises* (Montréal) nous a permis d'en reprendre quelques-unes qu'ils avaient accueillies, pour les nuancer de remarques complémentaires.

Sans peine, on découvrira des pentes communes avec nos précédentes analyses stylistiques : ne serait-ce qu'un permanent souci de fidélité à l'histoire. Une lecture même cursive aura tôt fait de déceler d'autres constantes dans notre manière : une certaine inquiétude de l'âme et ses problèmes. De là aussi, malgré des contraintes pédagogiques, une méthode sans raideur pour présenter nos différents exposés afin d'éviter de déformer un texte à travers des grilles d'une fallacieuse sécurité. A la limite, toute approche idéale demeure imprévisible et invente un nouveau trajet.

Un titre comme *lire* qui nous aurait placé sous le patronage de Sainte-Beuve aurait assez fidèlement caractérisé notre dessein et affirmé notre refus d'anathème à l'égard de ceux qui tentent d'autres voies pour cerner le mystère de l'œuvre littéraire. Il aurait paru d'une innocence scandaleuse à tous ceux-là qui d'emblée posent le préalable d'un Schibboleth.

Les *Cahiers d'analyse textuelle* (Belles Lettres), l'ouvrage de B. Dupriez (Didier, 1968), la *Rhétorique générale* (Larousse, 1970), les manuels de P. Guiraud et P. Kuentz sur la stylistique (publiés dans chacune des deux séries : *Problèmes* et *Lectures* de la collection « Initiation à la linguistique », Klincksieck, 1970), le livre de Riffaterre (Flammarion, 1971), celui de J. Sumpf (Larousse, 1971), autant que les numéros spéciaux des revues *Langue française* (3, 1969 ; 7, 1970), *Tel quel* (1970), la revue australienne, *Style,* sans compter les divers recueils de commentaires de textes (Bordas, Didier, Hachette, Nathan, Sedes...) fourniront des informations supplémentaires...

Malgré tous les défis et les dénis, il nous a paru inutile de renoncer au titre commode « Styles », dans une recherche sans exclusive, orientée d'abord — pourquoi le cacher ? — par la sympathie, née d'une rencontre personnelle, intime, de nature si mystérieuse en définitive !

Sans alléguer des cas historiques, la fortune de Béranger par exemple (quelle proie idéale pour des esprits systématiques !), on sait bien qu'on arrive à réduire la distance qui sépare ou éloigne d'une saisie intelligente et sensible. Pourra-t-on jamais découvrir et définir un état de résonance grâce à quoi un texte continue à ébranler et à vivre par-delà son créateur ?

JE VOUS ENVOIE UN BOUQUET

Je vous envoye un bouquet de ma main
Que j'ai ourdy de ces fleurs épanies :
Qui ne les eust à ce vespre cueillies,
4   *Flaques à terre elles cherroient demain.*
    Cela vous soit un exemple certain
Que vos beautés, bien qu'elles soient fleuries,
En peu de temps cherront toutes flétries,
8   *Et périront, comme ces fleurs, soudain.*
    Le tems s'en va, le tems s'en va, ma Dame :
Las ! le tems non, mais nous nous en allons,
11   *Et tost serons estendus sous la lame :*
    Et des amours desquelles nous parlons,
Quand serons morts n'en sera plus nouvelle :
14   *Pour ce aimez moi, ce pendant qu'estes belle.*

Le sonnet XXXV parut en 1555 dans la *Continuation des Amours* qui, avec la *Nouvelle Continuation des Amours,* forme un cycle ordonné tout spécialement autour de Marie, bien que d'autres prénoms féminins, celui de Cassandre même, se glissent ici et là.

L'histoire du texte est si importante qu'il convient d'abord de la suivre pour mieux apprécier le dessein de Ronsard.

*
* *

Le sonnet figure dans les éditions de 1555 et 1557, dans les *Œuvres* de 1560 à 1572 ; il est supprimé en 1578 ; il reparaît dans le *Recueil des Pièces retranchées* à partir de 1609.

Le texte de 1560-1572 est devenu :

>*Je vous envoye un bouquet que ma main*
>*Vient de trier de ces fleurs épanies*

La discordance unit plus intimement les deux idées ; dans la première rédaction, la ligne circonflexe était presque pure au vers 1 ; d'autre part, le hiatus *ai ourdy* a disparu. En 1557-1572, on lit au vers 4 :

>*Cheutes à terre elles fussent demain*

La correction semble avoir eu pour objet de souder par un même timbre *u* les deux propositions : eust — cheutes — fussent ; ou d'éviter la répétition *cherroient, cherront,* bien expressive pourtant. Le vers 8 devient dans les éditions de 1560-1572 :

>*Et comme fleurs periront tout soudain*

La première version accusait un rythme de chute avec bonheur après l'insertion de la comparaison. La formule 4, 6 plus régulière, mais un peu raide, se trouvait assouplie. Ronsard a-t-il jugé trop audacieuse la construction adverbiale de *soudain* sans déterminant qui en précisât la nature ?

Le thème de ce sonnet apparaissait dans la fameuse odelette de 1553 : *Mignonne, allons voir...* Il se retrouve dans une élégie de 1567 : *J'ai ce matin amassé de ma main.* Est-ce pour cette raison que Ronsard a sacrifié son poème en 1578 ? En fait, l'écart est considérable entre l'odelette et notre sonnet. Là, il n'est pas question d'offrande d'un bouquet aux fleurs éphémères. La comparaison entre la femme et la fleur se présente ici avec moins de préciosité. Le conseil épicurien reste impersonnel dans la stance :

>*Donc, si vous me croyez mignonne...*
>*Cueillez, cueillez votre jeunesse*

alors qu'ici le poète demande à la jeune femme d'associer leur destin :

>*Pour ce aimés moi ce pendant qu'estes belle.*

La tristesse devient plus poignante grâce non seulement à l'évocation du temps qui passe, mais à une vision concrète :

>*Et tost serons estendus sous la lame.*

Quant à l'élégie, sa longueur contrarie tout parallèle décisif. Pour nous modernes, elle déconcerte notre sentiment esthétique puisque nous tendons à privilégier les poèmes brefs. L'amplification nous gêne, mais aussi un développement :

> *Ceux qui ont peint les fables ont conté*
> *Que le Fenoil et le Thym ont esté*
> *Filles jadis, qui furent transformées...*

écrasé par une mythologie indiscrète.

Dès lors, faut-il chercher une explication du côté de la technique versifiée ? Ronsard a-t-il supprimé ce sonnet sous prétexte de l'irrégularité des tercets rimant c d c d e e au lieu de : c c d e e d, ou e d e ? Une telle formule n'est pas insolite dans la *Continuation des Amours,* III : « cependant que tu vois »; XVI : « vous ne le voulez pas ? »...

Dira-t-on qu'il a voulu sauvegarder l'unité métrique des sonnets à Marie, le décasyllabe étant plus spécialement réservé pour Cassandre ? Dans ce cas, pourquoi éliminer d'autres « sonetz en vers héroïques » dont la destinataire aurait bien pu être Marie : « Rossignol, mon mignon... » ?

Il suffit de songer au sonnet LXV :

> *Je veux lire en trois jours l'*Iliade *d'Homere...*
> *Mais si quelqu'un venoit de la part de Cassandre...*

pour voir l'inconsistance de cette hypothèse.

Du reste, pourquoi veut-on à toute force placer un nom sous ces vers ? Facilement, il est vrai, grâce aux rimes, je reconstituerais Marie ! La valeur lyrique, essentielle, du texte demeure indépendante de ces ruses ou de ces jeux.

Il appartiendrait, je pense, aux musicologues, de fournir la véritable explication. Ronsard a dû se trouver mécontent d'un air passe-partout qui dénaturait outrageusement le ton de ce poème. Car forcément, le musicien compose sur les mots d'un sonnet déterminé. Si l'on chante un autre sonnet en suivant le patron initial, on aboutit à des résultats cocasses. Les unités grammaticales sont coupées d'une manière absurde. Thésis et arsis tombent à faux. Un décalage burlesque en définitive se produit entre le sentiment ou l'idée, insoutenable ici dans cette évocation si précise de la mort.

La langue et le matériel grammatical sans poser des cas difficiles soulèvement des remarques diverses.

Vers 3 : *Qui ne les eust* ; expression de l'hypothèse indéterminée :
si on ne les avait pas... La forme perspective « cherroient » s'adapte
justement à cette supposition.

Dans ce vers, la préposition « *à* » *ce vespre* indique une limite dans
la direction temporelle, plutôt qu'un point d'intersection ; si on ne l'avait
pas cueilli pour cet après-midi...

Cela vous soit un exemple (v. 5) ; avec des grammairiens du
XVIe siècle, heureux de cette rencontre avec le grec, on pourrait parler
ici d'optatif ; mais dans les souhaits, *que* s'omettait. La langue classique
conserve quelques emplois parallèles. Le français moderne n'a plus que
des formes figées.

Le Moyen Français se caractérise par la discrétion des représentants.
Après un élément invariable (conjonction...) on faisait l'économie d'un
pronom de rappel : *et tost serons* (v. 11), *quand serons morts* (v. 13),
cependant qu'estes belle (v. 14)... On note au vers 13 : *N'en sera plus*
nouvelle, l'absence attendue du pronom neutre (*il*) et d'un article. Cette
analyse semble préférable à celle qui ferait de *nouvelle* le sujet de *sera.*
Grammaticalement on rejoindrait une syntaxe ancienne qui plaçait en
tête la subordonnée temporelle ; dans la proposition principale le sujet
nominal suivait régulièrement le verbe.

Le type « il n'en sera plus question » prolonge, avec l'extension
de l'unipersonnel, l'usage du XVIe siècle.

Sémantiquement, le tour est curieux, car il a donné naissance à une
forme stéréotypée, usuelle au XVIe siècle, « point de nouvelles » qui ressortit au problème du renforcement de l'idée négative par un élément
concret : « Rien à dire, rien à faire, absolument pas. »

Le conjonctif *lequel* s'est développé pendant tout le Moyen Français.
Malherbe, le trouvant sans élégance, en a précipité le déclin. Dans la
langue poétique, cet outil mobilise des syllabes gratuitement (v. 12).

Ce (v. 14) était autrefois tonique, reflet d'une civilisation où le
geste était souverain. Sa débilité provient de sa mince substance et de
la progressive défaillance du *e.* Ici, Ronsard l'élide : simple commodité
métrique. Car derrière préposition, *ce* s'est maintenu : « sur ce ».
Pareillement *le* dans le *Misanthrope,* I, 3.

Mais, mon petit monsieur, prenez-le *un peu moins haut*

A cause de la graphie, il conviendrait d'entendre ainsi la dernière
proposition : Cette chose-ci demeurant, à savoir le fait que vous êtes
belle... Les forces qui ont amené les éléments concrets *par ce que* à se
souder en une unité abstraite « parce que » sont celles qui ont provoqué
la synthèse de « cependant ». « Cependant que » subsiste dans *Polyeucte*

(v. 365). Mais Vaugelas avait bien senti qu'il fallait suivre l'évolution de la langue imposant des conjonctions temporelles trisyllabiques.

Au plan strict du vocabulaire, on notera :

Ourdir (v. 2) ; c'est un joli mot de la langue du tissage. Il pouvait être familier à Marie.

Epanir (v. 2) commençait à se trouver en concurrence avec « épanouir », refait sur « évanouir » auquel il appartient sémantiquement par le jeu de l'antithèse.

A en juger par l'ode « Mignonne », Ronsard utilise *vespre* (v. 3) ou *vesprée*, selon les besoins du vers, semble-t-il. Verlaine a retenu « vêpre » dans *Sagesse*.

Flaque (v. 4) continue le latin « flaccus », plus tard étoffé en « flasque ». On le trouve aussi bien dans une *ode* que le *Voyage à Tours* !

Le futur *cherrai* survit dans *Les Juives* de Garnier. Les formes du verbe *choir* ne pouvaient lutter contre la simplicité de celles du verbe *tomber*. La morphologie est vraiment responsable de la désaffection pour ce mot.

Dame (v. 9) : c'est un titre d'honneur !

Tost (v. 11) signifie à la fois : « dans un temps rapproché » et « promptement ». Les nuances objective et subjective sont complémentaires.

La *lame* (v. 11) désigne la dalle du tombeau. Loret, dans la *Muse historique* (1656) s'en sert avec une nuance d'ironie : indice d'archaïsme.

Par rapport à notre langue contemporaine, le bon usage de Ronsard présente donc un écart important.

*
* *

L'ordonnance du poème est simple : le premier quatrain unit l'offrande des fleurs à l'idée de leur fragilité. Le deuxième établit une assimilation entre cette fragilité et celle de leur destinaire. Le premier tercet évoque la fuite du temps et sa conséquence : la mort. L'idée de la mort des humains se poursuit au début du deuxième tercet et provoque la conclusion épicurienne.

On pourrait montrer combien le thème de la mort, familier à Ronsard, se trouve nuancé de mélancolie poignante par une réflexion sur la nature éphémère de l'homme. Que l'on prenne l'ode : « Pourquoi, chétif laboureur », le sonnet « Comme on voit sur la branche », ou l'hymne à la mort, pour voir ces ajustements de perspective.

Mais le texte a une autonomie qu'il faut préciser. Les sources en sont connues depuis longtemps. Il ne suffit pas toutefois de renvoyer à l'épigramme :

Has violas atque haec tibi candida lilia mitto...

ou à celle de Rufin : *je t'envoie, Rhodoclée, cette couronne qu'avec de belles fleurs j'ai moi-même tressée de mes mains ; il y a un lis, un bouton de rose, une anémone humide, un tiède narcisse et la violette à l'éclat sombre...* Une rhétorique assurée conduit l'énumération. Y a-t-il de surcroît quelque symbolisme, freudien ou non ? En tout cas, Ronsard élague tous les détails. Il évoque simplement un *bouquet,* sans limitation.

On cite encore une ode d'Horace :

> *Eheu, fugaces, Postume, Postume,*
> *Labuntur anni...* II, 14 ;

or l'imitation originale du poète se laisserait mieux surprendre si l'on pensait aux *Géorgiques,* III, 285, malgré un contexte tout différent !

> *Sed* fugit *interea,* fugit *irreparabile* tempus
> *Singula dum capti circum vertamur* amore...

Deux thèmes s'enlacent : celui de la jeunesse et de la vie, celui de la mort. Un vocabulaire approprié développe cette opposition : *bouquet, fleurs épanies, beautés fleuries, amours ; belle* clôt le poème comme un vœu nostalgique. De même dans le quatrain :

> *Ronsard me célébroit du temps que j'estois belle...*

En regard : vêpre, demain, cheutes, cherroient, cherront, flétries, périront, tems (à trois reprises aussi), s'en va, nous nous en allons (trois fois encore !) ; *lame* termine le premier tercet.

Lexique concret, lexique abstrait ? C'est finalement une méditation autant qu'une vision concrète de notre condition mortelle que Ronsard nous offre, avec une simplicité déconcertante de moyens, sans détriment pour une suggestion parfaite. Sentiment et sensibilité apparaissent dans les reprises des mots, livrant jusqu'à l'obsession les mêmes idées fondamentales. Si bien que tercets et quatrains sont unis dans un seul mouvement impérieux.

Il est facile de noter des mises en relief très vives : *flaques à terre...* ; *et des amours desquelles nous parlons...* ; la métaphore-symbole du bouquet ; le rôle de coordonants élémentaires qui relancent la pensée (*et*). Mieux vaut s'attacher à d'autres formes expressives du style, plus rares, mais réalisées ici avec bonheur ou recherchés avec persévérance.

Quand bien même la grammaire serait complice de ces rencontres, il faut noter les rapprochements : *Je vous envoye — aimés-moi* au début et à la fin du poème qui livrent si bien la personne des partenaires.

Nous permet à ces acteurs de rejoindre l'expérience commune, celle qui nous concerne à notre tour. Par là, le caractère intemporel de ce sonnet est sauvegardé. Le retour à l'événement actuel s'opère sans artifice :

> *Et des amours desquelles nous parlons...*

La chronologie respecte ce mouvement, présent, futur, présent. Cette saisie du temps est capitale dans une méditation qui montre la fragilité de l'instant. La dimension narrative très mince « que j'ai ourdy » permet simplement d'authentifier l'anecdote.

Antithèses et correspondances enfin sont étroitement solidaires, mais ce sont les mots à la rime surtout qui s'organisent en classes sémantiquement définissables : vie et mort. L'examen de la technique du vers permet donc une ultime analyse de ce discours.

Il s'agit de décasyllabes césurés traditionnellement 4, 6. Là où nous pensons souder les groupes verbaux : « serons étendus », des scrupules peuvent nous arrêter si nous prêtons attention au jeu des sonorités :

> *Las !* le temps non, *mais nous nous en all*ons,
> *Et tost sero*ns

Du coup la forme future acquiert sa densité totale.

Les deux points correspondent au XVIe siècle à une ponctuation forte.

Les quatrains s'opposent donc entre eux par le rythme, aussi bien que les tercets. Mais le premier tercet présente une charge affective particulière, haletante.

L'isosyllabisme des mots à la rime n'est pas constant ; toutefois des homophonies supplémentaires en prolongent les accords : *de* ma main / *de*main ; m*A* Dame / l*A* lame...

Les échos sont renvoyés sur l'hémistiche : *ourdy / épanies*.

Dans le deuxième quatrain, l'allitération des rimes renforce l'antithèse. Elle éclate aussi à la césure du deuxième tercet : *amours / mort* (très proches phonétiquement), jusque sur *Moi* ; tandis que les dentales dures du premier tercet entrent en opposition avec les labiales avoisinantes.

Sans évoquer le retour de termes semblables ou de même racine (*fleurs - fleur*ies), enregistrons certaines sonorités qui tissent un réseau subtil au long du sonnet : bouquet, Beauté, Belle, dégageant des mots clefs.

Son et sens s'aimantent vraiment avec justesse, dans un tout parfait, celui d'un poème autonome, typographiquement d'abord. Cette remarque prend sa portée par référence à Malherbe encore qui assimile le sonnet à une strophe unique. Les repères de l'espace blanc sont tardifs pour isoler les strophes. Parce qu'ils faisaient défaut initialement, une loi s'est imposée : celle de l'alternance des rimes signalant au lecteur le plus inattentif l'apparition d'un nouveau système. Plus qu'au plaisir musical, c'est donc à une servitude matérielle qu'on doit telle organisation privilégiée, dans le sizain notamment. Et lorsque le chant et la musique se sont dissociés de la poésie, il est resté au moins cet appel au silence et à l'oraison provoqué par cette rupture interne du discours lyrique, cette déchirure dans l'espace et le temps, complice du spectacle intérieur.

La réussite d'un pareil sonnet se marquerait de façon idéale dans les imitations directes ou non qu'il a pu susciter. On évoquerait les stances de Corneille : *Marquise* ou le poème de Queneau : « si tu t'imagines »... Ici également la musique de Kosma a servi la voix de J. Gréco... Mais il n'y a pas de frisson cosmique dans le texte de Ronsard : simplement peut-être une impatience inquiète.

Le *voyage de Tours* laisse échapper des aveux d'un registre bien différent ! L'attente est si vaine :

> *La rose à la parfin devient un gratte-cu*
> *Et tout avec le tems par le tems est vaincu...*

Le charme de notre sonnet réside tout entier dans sa grâce apparemment abandonnée, la discrétion de son appel, son unité poétique.

SUR UN POÈME D'AUVRAY

En extase je tombe, et sans sentir je sens
Une insensible main qui dérobe mes sens,
Tient mon ame en suspens, agilement transporte,
Moy-mesme de moy-mesme, et sus un mont me porte :
5   Un mont épouventable, horrible, où les corbeaux
Laidement croassans, déchiroient par morceaux
Des corps suppliciez les entrailles puantes :
Là n'estoient que gibets, que potences sanglantes,
Qu'horreur, qu'effroy, que sang, qu'abomination,
10   Que mort, que pourriture et désolation.
    Comme s'y pourmenoit mon ame épouvantée,
Elle y vid une croix nouvellement plantée,
Construite, se sembloit, de trois sortes de bois,
Un homme massacré pendoit sur cette croix,
15   Si crasseux, si sanglant, si meurtry, si difforme,
Qu'à peine y pouvoit-on discerner quelque forme,
Car le sang que versoit son corps en mille lieux
Deshonoroit son front, et sa bouche et ses yeux,
Toute sa face estoit de crachats enlaidie,
20   Sa chair en mille endroits estoit toute meurtrie,
Sa croix de toutes parts pissoit les flots de sang,
Ses pieds, ses mains, son chef, et sa bouche et son flanc,
En jettoient des ruisseaux, les cruelles tortures,
Luy avoient tout demis les os de ses jointures,
25   Sa peau sanglante estoit cousuë avec ses os,
Et son ventre attaché aux vertebres du dos,
Sans entrailles sembloit, une espine cruelle
Fichoit ses aiguillons jusques dans sa cervelle,
Dont les sanglants boüillons à mesure sechez

30 *Coloient, barbe et cheveux sur sa face couchez :*
Ce qui restoit encor de sa chair detranchée,
Pendoit horriblement par lambeaux écorchée,
Tous ces membres estoient ou playez, ou meurtris :
Bref, comme en ces lepreux confirmez et pourris,
35 *L'on voyoit au profond de ses larges ulceres*
Ses veines, ses tendons, ses nerfs et ces arteres,
L'on pouvoit aisément luy conter tous les os,
Ce n'estoit qu'un squelet, qu'une seche Atropos,
Un spectre, une carcasse, et pour bien dire en somme,
40 *Ce mort ressembloit mieux un phantosme qu'un homme,*
Sinon que de ses yeux morts et ensanglantez,
Rejaillissoient encor tant de vives clartez,
Tant de traits, tant d'attraits, que pour moy il me semble
Que ce mort estoit vif, ou vif et mort ensemble...

La pourmenade de l'ame dévote en calvaire, accompagnant son Sauveur depuis les rues de Jérusalem jusques au Tombeau nous apparaît comme un exercice spirituel dû à un écrivain dont la personnalité reste assez mal définie. La Pause V est une méditation sur l'un des mystères douloureux du Rosaire. La contemplation du Crucifié est-elle ici servie par une langue et un style sans dissonance par rapport à un sujet traité tant de fois par les peintres et les poètes qu'on appelle baroques ?

⁂

La graphie de ce texte écrit dès 1630 au moins ne pose pas de problèmes majeurs puisque le manuscrit n'existe pas. La forme « pourmenoit » était alors vivante ; une réaction savante est responsable de la forme actuelle. La confusion de *ces* et *ses* (v. 36) est banale. D'autre part, Vaugelas écrit aussi : « se sembloit » ? Z est une lettre diacritique qui note un é fermé : *couchez* (v. 30). La distinction *conter, compter* ne s'est opérée que tardivement (v. 37). *Jusques dans* (v. 28) semble résulter d'une pure commodité métrique. Mais *Squelet* (v. 38) peut ne pas représenter une licence de versification, analogue à *encor*. Le genre masculin du mot en est sans doute responsable, car l'usage a hésité avant de se fixer. *Phantosme* (v. 40) est intéressant par son aspect savant. *S* peut continuer le grec *phantasma* et noter la qualité fermée du *o*, comme *é* : *estoient* (v. 8).

La ponctuation déconcerte davantage : un seul alinéa au vers 10, qui marque bien le progrès de la vision. Ailleurs, une absence totale de point. Nous avons seulement deux points, de fermeture surtout ; c'est dire déjà l'élan qui emporte le regard.

*
**

Par rapport à la langue strictement classique, ce texte offre plusieurs faits notables. Comme Auvray (v. 13), Vaugelas utilise *ce sembloit* ; mais revoyant la traduction du *Quinte-Curce*, l'Académie y verra une négligence. Jadis *ce* avait été tonique.

Ressembloit (v. 40) se construit plus normalement avec le datif en prose, d'après Vaugelas. Notre construction a donc un cachet littéraire sous l'influence probable de *simulare*.

De (v. 4) au sens de *hors de* pouvait passer pour équivoque. Auvray a recherché avant tout un cliquetis sonore, grâce à la forme tonique du réfléchi : « moy-mesme ». Dans la construction passive, *de* était plus général que *par* ; il souligne peut-être mieux l'état par sa discrétion, que *par* qui note une circonstance : *de crachats enlaidie* (v. 19).

Sinon que (v. 41) garde la faveur de Vaugelas dans le *Quinte-Curce* ; l'Académie juge alors démodée cette conjonction.

En partie grâce à Vaugelas encore, la spécialisation de *sus* et *sur* (v. 30) s'est opérée nettement. Et ici on pourrait penser à quelque indifférence d'Auvray ou de son imprimeur. En fait *sur* marque mieux l'adhérence (*sur cette croix* (v. 14)) tandis que *sus* indique une simple position du voyant dans l'espace, au moment de son extase : *sus un mont* (v. 4).

Ensemble (v. 44) a survécu par archaïsme, jusque dans Lamennais. Au début du XVIIe siècle, c'était un succédané vigoureux d'une coordination symétrique insistante. C'est un moyen aussi d'éviter des répétitions indiscrètes : *et ... et*.

Dans le cas d'un sujet pronominal, on recourait volontiers à l'inversion, après un mot invariable (*à peine y pouvoit-on* (v. 16) : souvenir d'une règle rythmique au Moyen Age. « Le langage, dira Oudin, semble y gagner en vigueur et en grâce. » L'inversion a toujours passé pour une élégance.

Deuxième aspect de la langue : le vocabulaire. Les remarques deviennent encore plus variées. On a le droit de considérer *playez* (v. 33) comme archaïque à cette époque : Couvert de plaics.

Au début du XVIIe siècle, le préverbe *de* s'était largement étendu ; ainsi Chassignet voit un corps

> *Descharné, desnervé, où les os descouverts*
> *Depoulpez, desnouez, délaissent leur jointure.*

Dans Auvray, *la chair detranchée* (v. 31) serait celle qu'on a coupée en morceaux, si l'on en croit **Malherbe** commentant le verbe par rapport à « trancher ». Il faut y voir un intensif.

Suppliciez (v. 7) n'était pas communément employé. Mais la sentence viendra de Vaugelas : « ne vaut rien ». Selon lui encore, *bref* (v. 34) passait mal dans le beau style tandis que *vif* conservait la faveur des poètes pour sa brièveté (v. 44).

Quant à *profond,* il a cessé de plaire aux puristes du xviiie siècle en fonction de substantif (v. 35).

Il convient surtout de se montrer attentif aux valeurs premières, étymologiques, savantes, de plusieurs de ces mots : *deshonoroit* (v. 18), c'est faire perdre de sa noblesse ou de sa dignité. Le verbe concerne ici les traits du visage, partie noble par excellence du corps, surtout quand il s'agit du « plus beau des enfants des hommes » pour reprendre l'expression du psalmiste (XLIV).

La *forme* (v. 16) représente l'aspect extérieur de l'être. Tel plus tard : « Hippolyte étendu, sans forme et sans couleur. »

Horrible (v. 5) se rattache à *horrere,* « être hérissé ». (Du reste, la montagne n'a été comprise qu'à la fin du xviiie siècle.) L'adjectif en outre ne concerne pas exclusivement l'aspect physique du mont, l'escarpement, il s'applique aux réactions qu'il suscite, et de même *épouventable* (v. 5) : qui cause de l'effroi.

Cruel (v. 27) conserve trace de *cruor* : le sang qui coule. C'est le mot clef et le mot thème de notre méditation, inlassablement répété ou diversifié, suivant les principes d'une sûre rhétorique.

L'espine (v. 27) ne désigne pas seulement l'excroissance ligneuse, mais de même que *spina,* représente un rameau noueux. C'est une métonymie de « couronne ». L'expression tout entière veut donc dire : « Une couronne d'épines lacérait jusqu'au sang la tête. »

Tomber en extase (v. 1) c'est être « hors de soi ». Le vers 4 explicite ce sens : « transporte Moy-mesme de moy-mesme ». C'est une nouvelle variation synonymique.

Une longue tradition d'emploi biblique explique le mot *face* (19), au lieu de visage. Cependant le mot n'était pas définitivement compromis dans le beau langage par « la face du grand Turc ».

Chef (v. 22) traîne à sa suite une histoire épique. Précisément l'épopée avait le privilège des descriptions où le sang coulait à flots des corps déchiquetés, même dans le *Saint Louis* (XV) du P. Lemoyne. Mais ici l'horreur a un accent de vérité particulière, tant les termes techniques ont été choisis avec précision. Nous ne nous trouvons plus devant une abstraite « leçon d'anatomie ». Notre Auvray devait connaître la chirurgie : d'où la rigueur de sa langue technique, comparable dans un registre différent aux recherches de Rabelais, un médecin aussi.

Dès lors se pose avec acuité le problème du ton et du style dans un pareil texte. Fait significatif : une édition de 1622 de la *Pourmenade* s'ouvre avec une « odelette sur l'humble stile du présent livre », mais notre texte n'y figure pas encore.

Au plan du vocabulaire, cette méditation n'offre en réalité qu'une série de mots concrets dont la violence doit frapper l'imagination. D'où ce choix de termes énergiques pour exprimer l'horreur : *massacré* (v. 14) et non « tué », en liaison avec *meurtri* dont le XVIIe siècle déjà mesurait les nuances expressives (v. 15).

Confirmez (v. 34) représente aussi un diagnostic sans appel.

Dès le premier tableau, nous avions une réplique possible de l'épitaphe fameuse de Villon : le choix de *gibets* et de *potences,* quand bien même ils évoqueraient Montfaucon, ne semble pas fortuit. En 1660, encore, De l'Estang précise que l'emploi de ces mots permet de ne pas galvauder *croix*, réservé au Sauveur. La vision prend ensuite un aspect de cauchemar, par l'accumulation de termes évoquant la souffrance dans ses manifestations les plus atroces et les plus repoussantes. On songe certes à la puissance dramatique d'un Grünewald. La notion de genre paraît insuffisante pour cerner la nature épique, tragique de ce lyrisme qui accumule les couleurs sombres (le noir et le rouge), et se montre si vigilant à recueillir les sensations musculaires et tactiles.

Certes l'esthétique de la génération de Vaugelas refusera ce réalisme macabre autant que cette langue spécialisée, insolite aux « honnêtes gens ». On dira qu'il n'est pas difficile de réunir chez d'autres poètes contemporains un lexique presque aussi brutal. Mais avec une telle persévérance ? Sans doute l'éloquence de la chaire conservait le privilège de recourir à des épithètes dépréciatives et frappantes : *crasseux* (v. 15), à des termes véhéments au-delà de toute objectivité. Mais *pissoit* (v. 21) ? Mais cette surcharge oratoire ? une stricte explication d'ordre historique rencontre ici des limites.

L'examen du matériel grammatical ne fait que confirmer ces orientations. On le voit bien avec l'emploi de l'article défini qui agrandit les scènes aux dimensions d'une surnature : *les corbeaux* (v. 5), *les flots de sang* (v. 21).

Les signes de l'exclusion sont multipliés : *là n'étaient que* (v. 8), *ce n'était que* (v. 38). *Tout* a une identique fonction généralisante : *toute sa face* (v. 19) ; *toute meurtrie* (v. 20) ; *tout demis* (v. 24) ; de même que *mille* : *mille lieux* (v. 17), *mille endroits* (v. 20).

Deux faits sont plus particulièrement typiques : la fréquence de la forme participiale à valeur adjectivale qui charge de valeur permanente, des actions énergiques ou brutales : *corps suppliciez* ; *homme massacré* ; *chair detranchée* ; *yeux ensanglantez* (v. 7, 14, 31, 41).

Puis les adverbes en *-ment* qui inscrivent à la fois dans l'univers temps et l'univers espace la représentation du procès : *laidement croassant* (v. 6) ; *nouvellement plantée* (v. 12) ; *pendoit horriblement* (v. 32). L'adverbe projette l'adjectif hors de ses limites spécifiques et le rend capable d'assumer des fonctions neuves.

Strictement, c'est la même volonté d'expressivité qui se réalise ainsi sous des formes diverses au risque d'une certaine monotonie.

*
**

D'une façon plus décisive encore, c'est elle qui a conçu l'architecture de ce texte en l'ornant de figures éprouvées.

L'épanadiplose répète un même mot en différents endroits de la phrase. La paronomase joue sur des syllabes identiques. Tout le début illustre ces recherches. De surcroît, la figure étymologique en renforce les effets : *sentir* ; *insensible* ; *sens* (v. 1-2).

La pollionymie est une variation synonymique. Bary précisera qu' « on n'en doit user que quand l'on traite des matières sublimes ».

L'antonomase se substitue au nom propre. Auvray a réalisé la prouesse de ne pas écrire une seule fois « Jésus » ou « le Christ ».

Une gradation est ménagée dans cette hypotypose ou description minutieuse.

Les derniers vers nous offrent une pointe ingénieuse, variété d'oxymoron, qui concilie des aspects contradictoires : *tant de traits ... vif et mort ensemble* (v. 43-44).

Dans le détail, on remarquera une précision de plus en plus aiguë du regard scrutant le Crucifié. Des plans successifs permettent une progression de l'analyse qui ne refuse pas l'hyperbole : *ruisseaux...* (v. 23).

Cette suite de tableaux s'ajuste dans une série d'antithèses agrémentée par les ressources de l'expression figurée ; personnification : *une épine fichoit ses aiguillons* (v. 28) ; comparaison : *comme un lépreux...* (v. 34) ; *ressembloit mieux un phantosme qu'un homme...* (v. 40) ; identification : *ce n'estoit qu'une seche Atropos* (v. 38). Ce terme de référence surprend. Il faut se rappeler que la mythologie coexistait dans les consciences poétiques avec les dogmes chrétiens. Pareil syncrétisme se manifeste dans *l'Hymne à la Mort* de Ronsard. Mieux : J. de la Ceppède dans un de ses *Théorèmes* (III, 85) montre Jésus sur la Croix qui n'hésite pas à « semondre » « la Parque d'approcher ». Aux yeux des humanistes dévots, les fictions de la mythologie servaient à rehausser la grâce du discours : elles n'étaient du reste qu'une image de la vérité assumée pleinement par le Christ.

**
*

Nous l'avons déjà entrevu : les mouvements d'Auvray se guident sur l'inspiration qu'il va chercher dans les Livres saints. Le souffle biblique anime son texte d'un bout à l'autre.

« Ecce homo », avait dit Pilate en livrant Jésus. Le poète nous montre ce que « cet homme » est devenu après le supplice de la Croix. Le récit des évangiles explique le choix de plusieurs détails : « crachats », d'après *Marc* 14 ; la couronne d'épines, les pieds, les mains, le côté percé ... Le *Psaume* 21 est à l'origine de plusieurs vers : « sicut aqua effusus sum et dispersa sunt omnia mea ossa... Dinumeraverunt omnia ossa mea... »

L'image du lépreux (v. 34) dérive d'*Isaïe* 53 : l'exégèse traditionnelle en faisait l'application à Jésus.

Au-delà de ces souvenirs faciles à identifier, on rencontre des détails plus raffinés. Auvray dissocie (v. 9-10) *abomination* de *désolation*. Saint Jérôme a créé « abominatio » pour exprimer la répulsion qu'inspire l'impiété. « L'abomination de la désolation » signifie la dévastation sacrilège du Temple (*Daniel* 11). Or le Temple est une métaphore du corps de Jésus. La vision centrale du crucifié est préparée par de telles associations d'idées. Le cyprès, l'orme ou le pin, et le cèdre servent à reconstruire le Temple, dans *Isaïe* 60, 13. Nous tenons ici l'explication des « trois sortes de bois » (v. 13). La légende est constituée dès le XIIIe siècle et se rencontre même dans les fresques du chœur de l'église de Saint-François à Arezzo, près de Florence, chef-d'œuvre de Piero della Francesca, au XVe siècle. Or nous possédons des lettres d'un Auvray qui fait allusion à ses voyages en Italie, aux villes qu'il a traversées. Ne serait-ce pas notre Auvray ? Ces vers ne seraient-ils pas la transposition d'une expérience artistique, vraiment privilégiée à cette date ?

Il y a plus encore. Le premier tableau correspond à la vision inaugurale d'Ezéchiel (40) : « La vingt-cinquième année de mon exil, le Seigneur me mit sur une haute montagne... » Pour un esprit nourri de symbolisme, cette vingt-cinquième année peut devenir 1625 : cela coïncide avec la date de composition du texte. D'autre part Ezéchiel prophétise sur des morts et les réanime. Ainsi se comprend : « vif et mort ensemble ». Cercle parfait donc dans l'unité de l'inspiration. En apparence seulement, car *attraits* (v. 43) suppose une référence à *Jean* : « J'attirerai tout à moi quand j'aurai été élevé de terre » (12, 32) ; sur la croix et après ma mort...

Le sens profond de ce texte s'éclaire peu à peu et même ces descriptions si horribles, dans la ligne précise des mystiques, d'une sainte Brigitte de Suède notamment, dans ses *oraisons sur la Passion de N.S.J.C.* : xvᵉ siècle.

Pourquoi encore cette insistance à noter le regard de Jésus ? C'est parce que l'Evangile l'a signalé. *Marc* 10, 21 : « Jésus fixa son regard sur lui et l'aima... » Oui, tout devrait éloigner de ce corps ; les yeux pourtant n'ont pas perdu de leur force surnaturelle. Allons-nous nous détourner comme cet homme sur qui Jésus avait jeté un regard de dilection ?

> *O spectacle piteux ! Il faudrait un rocher...*

La contemplation d'Auvray se résout en une adhésion enthousiaste.

*
* *

L'élection d'une forme versifiée assure enfin à cet état de ferveur une tension supplémentaire, efficace : de même Pascal inscrira sa méditation sur le Mystère de Jésus dans le cadre d'une forme lyrique.

Ronsard avait montré les ressources diverses de l'alexandrin ; Malherbe les avait confirmées. Le choix de ce mètre tour à tour épique, lyrique, dramatique, est donc justifié. Le rythme repose d'abord sur cette cellule métrique de 12 syllabes, sur l'équilibre aussi des deux hémistiches. Des coordinations marquent avec insistance les parallélismes : *et ... et* ; même *ou ... ou* dont le caractère oratoire avait choqué les grammairiens du bel usage.

Un mouvement général conduira la poésie à se débarrasser des ligatures didactiques : *car* (v. 17) ; ou de pesantes subordinations. La vision poétique doit être immédiate. Ici, le plus souvent elle est directe. Les césures nombreuses vont jusqu'à la rendre heurtée : *qu'horreur, qu'effroy, que sang...* (v. 9).

Comme dans tout discours versifié, les mots brefs s'installent volontiers au début du mètre. Mais cette démarche saccadée est un aspect d'une description qui juxtapose les éléments dans l'ordre où le regard les découvre. Elle exprime avec fidélité l'émotion et le mouvement.

Les discordances à l'hémistiche ne sont guère sensibles. Seul serait irrégulier, au sentiment de Malherbe :

> *sa peau sanglante estoit cousuë avec ses os* (v. 25).

La situation d'un auxiliaire à l'hémistiche détruit une symétrie idéale.

En revanche, la discordance entre le mètre et la syntaxe est fréquente sous forme d'enjambements : elle assouplit des lignes circonflexes, de nature trop raides. Elle unit avec bonheur les divers moments de la vision dans un *tempo* très large.

Associés à l'inversion dont les vertus poétiques étaient admises sans discussion, et aux insertions grammaticales variées, — certaines ont l'air de chevilles approximatives : « et pour bien dire en somme » — les phénomènes de rupture et de liaison créent des courbes mélodiques dont le dessin évite le rituel schéma d'iambes et d'anapestes.

Les jeux sonores restent peu diversifiés : on rencontre des hiatus : *attaché aux vertebres* (v. 26). Les effets de l'harmonie imitative demeurent faciles : les *corbeaux laidement croassans* (v. 6). Ailleurs des allitérations de consonnes semblent surtout durcir un rythme oratoire dû au tracé des courbes de continuations mineures de l'intonation. Les allitérations en dentales sont d'autant plus flagrantes que leur fréquence normale est moindre en poésie (v. 7-8).

En revanche, les rimes présentent des calculs curieux. Il en est de faibles : *os/dos* ; *os/Atropos*. Certaines isométries sont flagrantes à cause des associations de mots de semblable nature grammaticale. Presque tout le passage qui va de *sang* à *artères,* à deux exceptions près sur 16 vers, repose sur cette cohérence (v. 21-37).

Négligeons encore les mots de semblable racine : *transporte/porte*; *difforme/forme* (v. 4-5 ; 15-16).

Ces réserves posées, comment ne pas éprouver l'écho initial et terminal : *je sens/ensemble?* 6 vers consécutifs (*cruelle... écorchée*) (v. 27-32) ont un timbre unique à la rime : *é*. Après une voyelle térébrante *i, é* revient suivi à quatre reprises d'un *o* sombre qui avait ouvert le développement : *os, dos*. Et pour finir retour au son fondamental *é*.

La preuve qu'il ne s'agit pas de rencontre fortuite nous est donnée par l'alternance des rimes qui s'opère sur un timbre unique *o* : « *porte ... corbeaux* » ; par l'accord réalisé entre la 6e et la 12e syllabe, l'homophonie des hémistiches que les règles interdisaient. Sur 4 vers consécutifs on entend la percussion de *é* ou *wé* dans une prononciation alors normale, celle d'une diction soutenue : *pourmenoit... croix* (v. 11... 14) avec un raffinement de correspondance autour du substantif, que l'on pouvait croire perdu depuis les grands rhétoriqueurs.

Si le mot *sang* commande le thème de cette méditation, le son *é*, aux places maîtresses alors de l'hémistiche et de la rime, devait susciter dans la conscience d'Auvray des résonances capables d'ébranler sa sensibilité, d'accorder et de réconcilier émotion et pensée.

De telles recherches musicales fondent déjà une poésie qui a cessé d'être pure signification.

L'ambition de cette analyse stylistique était de comprendre historiquement un pareil texte. Qu'il reflète des goûts, une mode préclassiques, c'est l'évidence. Parlera-t-on de baroque ? Qui peut le dire sans précipitation, ou jugement préconçu sur des formes délicates ?

L'attitude spirituelle d'Auvray est sans doute moins exceptionnelle qu'on le croit. Mais ce n'est pas Chassignet ou Motin qui nous l'apprendraient le mieux. Relisons plutôt un *Voyage à Cythère*. Qu'il est étrange de retrouver dans Baudelaire la plupart des éléments de notre poème ! Le cyprès : symbole du Christ, le gibet à trois branches, les corbeaux, le squelette effondré ... Alors que la réaction d'Auvray est un élan, celle du poète des *Fleurs du Mal* est un repli. Pourtant l'une et l'autre nous révèlent en définitive une inquiétude foncièrement mystique.

XXX

A las aues ligeras
Leones, Cieruos, Gamos saltadores,
Montes, valles, riueras,
Aguas, ayres, ardores,
Y miedos de las noches veladores

XXXI

Por las amenas liras,
Y cantos de sirenas os conjuro,
Que cesen vuestras iras,
Y no toqueis al muro,
Porque la Esposa duerma mas se-
[guro

XXXII

O Nimphas de Iudea,
En tanto que en las flores y rosales
El ambar perfumea,
Moraden los arabales
Y no querais tocar nuestros umbra-
[les.

XXXIII

Escondete Carillo,
Y mira con tu has à las monta-
Y no quieras dezillo,   [ñas,

XXX

Hostes de l'air, legers oyseaux,
Lyons, Cerfs & Chèvres sauvages,
Monts, vallées, airs, claires eaux
Et vous délicieux rivages,
Ardeurs qui causez tant d'ennuys,
Vous craintes des veillantes nuits.

XXXI

Je vous conjure par les Luts,
Et par le doux chant des Sirènes
D'arrester vostre ire, & que plus
Touchans le mur, les frayeurs vai-
Ne puissent causer le resueil [nes ;
De celle qui prend son sommeil.

XXXII

Nymphes de Iuda, cependant
Que le plus doux parfum de l'am-
Es rosiers se va respandant,   [bre
Ne touchez le seuil de ma chambre :
Demeurez, il est à propos,
Dedans les faux bourgs en repos.

XXXIII

Tenez vous caché cher Espoux,
Tournez vos yeux sur les mõtagnes,
Et gardez ce secret pour nous,

Mas mira las compañas,
Dela que va porinsulas estrañas.

Toutesfois voyez les compagnes
De celle qui se va ranger
Es Isles d'un monde estranger.

XXXIV

La blanca Palomica
Al arca con el ramo se hà tornado,
I ya la tortolica
Al socio descado
En las riueras ha verdes hallado.

XXXIV

La blanche Colombe en ce jour
Avec son verd rameau d'olive,
Est dedans l'Arche de retour :
Ia sur la verdoyante riue
La Tourtre trouve retiré
Son pair qu'elle avoit désiré.

XXXV

En soledad viuia,
Y en soledad hà puesto ya su nido,
Y en soledad la guia
A solas su querido
Tambien en soledad de amor herido.

XXXV

En solitude elle viuoit
Son nid est dans la solitude,
En solitude la pourvoit
L'Auteur seul de sa quiétude :
Luy qu'un mesme amour a pressé
Et en solitude blessé.

XXXVI

Goz emonos Amado
Y vamonos à ver en tu hermosura
Al monte, ò al collado,
Domana el agua pura,
Entremos mas adentro en la espe-
                                  [sura

XXXVI

Sus allons Amy pour nous voir,
Et pour considérer nos faces,
En vos beautez, ce clair miroir
Où l'on découvre toutes graces :
Au mont d'où l'eau plus pure sourd
Au bois plus espais & plus sourd.

XXXVII

Y luego à las subidas
Cabernas de la piedra nos iremos,
Que estan bien escondidas,
Y allinos entraremos,
Y el mosto de granadas gustaremos.

XXXVII

Aussi-tost nous nous en irons
Gaigner les grottes de la pierre,
Les plus hautes des environs,
Et plus secrettes de la terre.
Nous entrerons dans ces celliers
Beuvans le moust des grenadiers.

XXXVIII

Alli me mostrarias
Aquello que mi alma pretendia,
Y luego me darias
Alli tu, vida mia,
Aquello que mi diste el otro dia.

XXXVIII

En ce lieu vous me monstrerez,
Tout ce que prétendoit mon ame.
O vie ! vous me donnerez
Ce pourquoy mon cœur vous ré-
　　　　　　　　　　[clame ;
Et que desja d'un pur amour
Vous me donnastes l'autre jour.

XXXIX

El aspirar del ayre,
El canto de la dulce Filomena,
El soto, y su don aire,
En la noche serena,
Con llama que consume y no dà
　　　　　　　　　　[pena.

XXXIX

Les zephirs, & la douce voix
De l'agréable Philomèle,
L'honneur & la beauté des bois,
En la nuit plus calme & plus belle,
La flamme qui va consommant,
Et ne donne point de tourment.

XXXV

Que nadie lo miraua,
Aminadab tampoco parecia,
Y el cerco sosegaua,
I la caualleria
A vista de las aguas descendia.

XL

Car pas un ne le regardoit,
Aminadab n'osoit paroistre,
Le grand calme que l'on gardoit
Au siège se faisoit paroistre :
Les trouppes avec leurs chevaux,
Descendoient à l'aspect des eaux.

La poésie lyrique au XVIIe siècle n'est pas seulement constituée par des recueils de vers légers, ingénieux ou futiles. La littérature d'inspiration religieuse a une importance méconnue. Sur les formes et l'évolution elle-même de la sensibilité, les traductions ont joué un rôle primordial. Tel se présente le « Cantique entre l'Ame et Iésus Christ son espoux », du Père Cyprien. En regard de sa version, publiée en 1641, l'auteur a pris soin de placer le texte de Jean de la Croix comme pour inviter le lecteur à une confrontation incessante. La langue, le style, la versification du poème français supportent-ils victorieusement pareil examen critique ?

Bien que notre étude concerne seulement les onze dernières strophes, il convient d'écarter tout de suite l'écran établi par une langue assez éloignée de la nôtre.

L'article se présente sous une forme écrasée derrière préposition : *en les*, réduit à *es*. A cette date, elle était assez vivante. Ce sont les grammairiens du XVIIe siècle qui ont réussi à la discréditer par leurs attaques répétées. Pour exprimer le haut degré relatif, Malherbe déjà exigeait l'article ; « les grottes... les plus hautes... et plus secrettes » offre donc une anomalie. Mais on peut penser qu'il s'agit ici plutôt d'une mise en facteur commun. *Il* neutre, unipersonnel, continue à s'employer au sens de *cela* : « il est à propos », libérant une syllabe utile.

On notera la réflexivité au niveau du verbe *aller* : « se va respandant », « se va ranger », soulignant l'effet de l'action sur le sujet. La Fontaine sera un des derniers écrivains à ne pas cristalliser la voix pronominale avec un tel auxiliaire. La place du régime atone se présente donc comme une variation stylistique.

La périphrase verbale en *-ant* s'est développée en Ancien Français autour de l'assonance : elle se trouve ici à la rime. Sa nécessité logique parut contestable aux puristes du XVIIe siècle. D'où son déclin. Les Romantiques lui ont redonné crédit. A cette place mentionnons que l'invariabilité du participe présent (beuvant) a été décidée en 1679 seulement.

La construction adjectivale : « au mont d'où l'eau plus pure sourd », d'origine latine, était insupportable à Malherbe. Un adverbe eût été encombrant. D'autre part ce n'est pas l'action qui demandait une caractéristique. Du coup, la symétrie apparaît plus juste avec le vers suivant : « au bois plus espais ».

Le verbe *prétendre* est transitif direct jusqu'au XVIIIe siècle : « tout ce que pretendoit mon ame ».

Les prépositions incolores sont polysémantiques : « tournez vos yeux *sur* les mõtagnes ». Nous dirions : *vers*. Chez les poètes, et malgré Ronsard, *en* reste alors plus usuel que *dans*. Mais ici, le Père Cyprien a voulu décalquer son modèle : « en soledad »... L'absence d'article souligne mieux la non-actualisation de l'idée. Courant au XVIe siècle, l'adverbe *ia* a vite cessé d'être du bon usage, au XVIIe siècle. Il apparaît ici (XXXIV) comme une commodité métrique, en regard de *desia* (XXXVIII). De même pour *dedans* (XXXII), en face de *dans* (XXXV). *Cependant que* demeure assez commun (Corneille...). L'usage des conjonctions temporelles trisyllabiques est cause de sa disparition. On notera enfin l'emploi de « *pas un* ne le regardoit », avec le sens de *personne,* comme *nul* ; et surtout la construction : « que *plus* touchans le mur, les frayeurs... » L'ictus tonique et sémantique a précipité la chute du premier élément négatif, atone, *ne*.

Parallèlement à la syntaxe, le lexique offre plusieurs mots intéressants, en plus des valorisations connues :

Ennuys, au sens de « tourments »...

L'adjectif *veillant(e)* cesse d'être enregistré par les Dictionnaires au
XVIIᵉ siècle, bien qu'on le rencontre dans La Fontaine, Bossuet... En
principe, il signifie : « qui veille » ; c'est une image. Un autre sens apparaît : « torturant ».

Ire, proscrit par Mlle de Gournay, tendait à se spécialiser pour la
colère de Dieu. Richelet aurait voulu le sauver : trop tard. Mais les
acceptions sont plus étendues ici.

De même *face* n'était toléré dans le style élevé qu'à cause de ses
résonances bibliques. Dans notre texte, il est donc juste.

Ranger a une valeur concrète assez large : « se diriger ».

Estranger est presque synonyme d' « insolite » ou d' « inconnu ».

Tourtre est accueilli dans la prose surveillée de Guez de Balzac. Il
vivote en poésie jusqu'à la fin du siècle. En 1771, le Dictionnaire de
Trévoux enregistre sa disparition définitive.

Pair décalque *socio* : « compagnon ».

Consommer et *consumer* étaient pris l'un pour l'autre, malgré
Malherbe et Vaugelas.

Aspect enfin a un sens actif « vue ».

Tous ces faits situent bien notre texte dans l'histoire d'une langue
préclassique en pleine évolution.

*
* *

Malgré tout le Père Cyprien arrive à sauvegarder son originalité
dans l'usage d'un vocabulaire varié et l'utilisation adroite du matériel
grammatical. Son mérite se manifeste avec éclat, si l'on songe à comparer
sa traduction à celle de René Gaultier, publiée en 1622. On mesure alors
l'écart qui sépare un travail simplement consciencieux, d'une recréation
poétique.

Le vocabulaire présente des mots non seulement concrets et abstraits,
mais de registres divers. Sont particulièrement caractéristiques les abstraits
au pluriel qui détachent plusieurs aspects ou manifestations de l'idée ou
de l'action : *ardeurs, ennuys, frayeurs*... Fait de langue noble certes (la
langue précieuse en abusa : on se souvient des « patiences de Job »),
mais souvenir aussi des pluriels bibliques qui marquent l'intensité et la
répétition. Là où Jean de la Croix ne parle que de « ta beauté », le
Père Cyprien renchérit : « vos beautez ».

Les mots concrets si particularisés, sans escorte de qualification
(« le seuil de ma chambre », « les faux-bourgs », « son nid... ») sur-
prendraient plus tard ailleurs que dans un contexte manifestement impré-
gné de réminiscences scripturaires. Ils sont ainsi excusés. La simplicité
y trouve son compte, de surcroît.

Dans le lot de noms abstraits, *quiétude* est important. *Quietus* est
bien représenté dans les deux Testaments. Le substantif isole une concep-

tion idéale de vie, soustraite au caprice des passions. A l'ataraxie des humanistes, d'un Montaigne, fait place une vertu chrétienne d'abandon. L'idée est promise à un bel avenir à la fin du siècle : un nouveau substantif paraîtra nécessaire pour l'expliciter totalement.

Un des aspects les plus représentatifs de ce vocabulaire est constitué par la fréquence des mots porteurs d'une idée de mouvement : à eux seuls, ils marquent une tension et un élan. La strophe xxxvi me semble typique. En face de « Jouissons de nous, aimé », le Père Cyprien interprète : « Sus allons... ». Apparemment il a laissé tomber « entremos ». Mais prenons garde à la ponctuation si insistante au xviie siècle des deux points : « ... : au mont ». Ce complément de lieu dépend certes logiquement de « voir » ou de « considérer ». Pourtant la pause après « graces », nous conduit à respecter l'autonomie sémantique de ces vers : appels pressants au bien-aimé.

A cet égard, la phrase du Père Cyprien dans ce poème mérite quelque attention. Sans doute elle suit souvent au plus près son modèle. Malgré tout, on remarquera les inversions moins nombreuses (XXXI, XXXIV...) au bénéfice du naturel. Ronsard déjà avait proscrit les « transpositions de mots », principe d'obscurité dans la poésie de M. Scève.

En outre, les mots de liaison demeurent discrets, tandis que les appositions sont multipliées, assurant la progression avec la plus sûre économie de moyens. N'en demeure que plus étonnante l'ouverture de la strophe XL. Les disputes sur « car » au xviie siècle sont bien connues. Comment interpréter cette coordination ? Puisque le Père Cyprien évite l'inversion et l'archaïsme, il est difficile de penser à une subordination : Aminadab n'osait paraître parce que... En fait, *car* développe l'idée de la strophe précédente, avec une raideur scolastique. Gaultier plus adroitement avait mis : « Pas un ne nous regardoit. » C'est peut-être la seule tache d'un poème où notre auteur fait preuve de tant de sûreté grammaticale.

Et d'abord de doigté, dans l'utilisation de l'article défini, caractéristique de la vision d'un univers idéal. Il l'emploie ici à peu près comme le démonstratif : pour inciter le regard ou la pensée à une contemplation sans défaillance : ces *celliers* ; ce *lieu* ; *tout* ce *que* ; ce *pourquoy* ; magnifiant la représentation ou l'isolant : les *Luts* ; la *verdoyante rive*...

Les pronoms personnels sont évidemment attendus. Au début, une relative discrétion. « Pour que l'épouse dorme plus tranquillement », dit Jean de la Croix. Le Père Cyprien évite une représentation trop brutale : *le resueil de celle qui prend son sommeil*. Mais dans la dernière partie du poème, les pronoms se multiplient, lors de la rencontre de l'époux et de l'épouse, signe triomphant de leur présence.

Comme dans le *Cantique des Cantiques*, nous avons ici un dialogue.

Le choix de l'impératif apparaît donc naturel pour marquer le mouvement des personnages l'un vers l'autre. A cet égard, les futurs à la fin du poème se comportent comme des substituts élégants de ce mode, même s'ils expriment une réalité prochaine.

Les présents n'ont pas seulement une simple valeur d'actualisation : ils marquent une permanence, soustraite à l'accident. L'aventure qui nous est racontée relève ainsi d'une expérience atemporelle. Dans ce récit, les perspectives chronologiques sont assurées par le plus-que-parfait *auoit désiré,* alors que l'imparfait éternise un état ou une aspiration : dans la strophe XXXV. Le passé simple marque un temps reculé du passé *(donnastes)* confirmé par des moyens lexicaux : *desia* ; l'*autre iour...* La dernière strophe offre une dissonance. Deux plans se confondent. Le temps de l'histoire, objectif, qui relaterait un événement passé, se gonfle de la durée d'une expérience décrite avec complaisance. Dans une certaine mesure, l'imparfait est ici formulation de l'extase, celle qu'on a déjà connue, celle qu'on imagine.

Le tact du Père Cyprien et son art se précisent dans l'usage de la qualification. La fréquence de l'adjectif antéposé est remarquable : fait de style noble certes, mais signe aussi de valeurs affectives. Postposée l'épithète est nettement descriptive : « les Cheures sauvages ». Le texte espagnol parle de « daims bondissants ». Notre traducteur a interprété « bondissants » par « chèvres » ; du coup, il lui fallait une détermination plus explicite. Sous forme d'adjectif verbal, la qualification apparaît une fois singulière : les « veillantes nuits », à l'imitation de l'original : « les nuits éveillées ». Fait de lexique, d'abord. Une proposition relative permet, à la faveur d'une personnification, d'animer l'abstraction : « Ardeurs qui causez tant d'ennuys. » Si l'adjectif nous semble plus d'une fois conventionnel ou facile, n'oublions pas qu'au XVIIe siècle, son pouvoir d'évocation n'était pas encore épuisé. Le Père Cyprien reprend jusqu'à l'obsession les mêmes mots porteurs de rêves : *bleu* ; *clair* ; *doux* ; *pur.*

Par rapport à l'original et à Gaultier, l'adjectif est valorisé : *claires eaux* ; *délicieux riuages* ; *doux parfum* ; *clair miroir...* Bien plus, notre écrivain est capable de transpositions heureuses : *au bois plus espais et plus sourd,* en regard de : *entrons plus avant dans l'épaisseur* ! Autant de choix qui supposent une orientation ferme du goût.

Les valeurs stylistiques se confirment quand on analyse la nature essentielle de ce texte. Il s'agit d'un poème d'amour. Le Père Cyprien saura-t-il nuancer ses expressions ? Il se borne à évoquer le sommeil de la bien-aimée, là où Gaultier montre « le mur où l'épouse dort si dur ».

La tourterelle, chez Jean de la Croix, « en solitude a déjà posé son nid ».
« Elle a déjà fait son nid », écrit Gaultier. Le Père Cyprien esquive un
détail concret : *Son nid est dans la solitude.* Et il ajoute un verbe sug-
gestif : *pressé.* A la strophe suivante, après avoir éliminé « jouissons »
(« réjouissons-nous » mettait prudemment Gaultier), il propose : *Sus,
allons Amy pour nous voir...* A cette place comment ne pas évoquer la
fameuse chanson de Malherbe, connue dès 1627 :

> *Sus, debout, la merveille des belles !*
> *Allons voir...*
> *L'air est plein d'une haleine de roses...*
> . . . . *quelque ombre,*
> *où nous ferons...*
> *Mépris de l'ambre...*
> *Le rossignol, déployant ses merveilles...*

On y retrouve des éléments traditionnels, permanents, du paysage
classique, mais l'atmosphère en est toute différente. En fait, notre poème
repose sur une structure antithétique. A un univers inquiet, tel qu'il
se présente dans la strophe XXX, fait place un monde apaisé (XXXIX).
Les bêtes effrayantes ou sauvages ont disparu. Finies les nuits anxieuses
(XXX) ; *la* nuit unique de l'union totale peut commencer (XL). Les
ardeurs des vaines concupiscences deviennent *la* flamme de l'amour
absolu. Substantifs et adjectifs sont multipliés pour mieux aider notre
regard dans cette méditation. Une telle métamorphose s'opère insensiblement grâce à des métaphores : épouse, colombe, tourterelle ; arche
de la Genèse, retraite dans le désert, sanctuaires de plus en plus accueil-
lants et intimes :

> *Nous entrerons dans ces celliers*
> *Beuuans le moust des grenadiers.*

Avec quelle légèreté de touche, le Père Cyprien évoque cette ivresse
spirituelle ! opposons l'insistance de Gaultier :

> *Beuvant les justs écachez*
> *Des grenades de réserve...*

Ainsi après des épreuves successives de purification, la bien-aimée
est prête pour la rencontre décisive avec l'Aimé ; c'est dans cet esprit
qu'il faut interpréter la dernière strophe : les puissances intérieures de
l'âme sont toutes disponibles. Dans cet état d'offrande, d'abandon et
d'accueil, les forces extérieures sont désarmées. Elles ont cessé d'avoir

prise sur l'amour qui fait taire le murmure d'un monde étranger ou hostile à sa joie.

L'intrusion d'un mot barbare, Aminadab, image du démon, aux sonorités horribles pour une oreille du xviie siècle (Voltaire en porte encore témoignage) est significative. Il provient certes du *Cantique des Cantiques*. L'exégèse moderne l'a refusé. Et ici nous sentons combien nous manque une histoire précise des gloses sur ces textes qui seule nous permettrait de suivre le cheminement des valeurs symboliques. Une notion comme celle de littérature baroque est manifestement une échappatoire. On le comprendrait mieux encore par référence à une traduction insolite comme celle d'A. Chouraqui en 1970.

On devine déjà les limites d'une enquête conventionnelle sur l'expression figurée. Sans doute celle-ci reste tributaire des formes classiques qui la manifestent : la personnification notamment, mais aussi d'une certaine mythologie, dès le texte espagnol : sirène, nymphe, Philomêle : univers sans surprise, contrastant avec les maléfices d'Aminadab. En outre, de même que l'homme est la réplique de son créateur, la nature est conçue comme un reflet de l'homme : *Hostes de l'air...* Les rapports sont incessants de l'un à l'autre univers. Mais le jeu acquiert ici une puissance étonnante, révélée par le commentaire qui accompagne le texte. Au vrai, l'allégorie envahit tout : le mur est *le bastion de paix des vertus* ; la Judée, *la partie inférieure de l'âme,* etc. Un pareil symbolisme naïf et appliqué nous déconcerte. Il faut pourtant être capable de percevoir des échos ténus. Jean de la Croix parle des « sublimes cavernes de la pierre » ; chez le Père Cyprien « les grottes de la pierre » peuvent passer pour un mot-à-mot balbutiant. Mais lorsqu'on sait que cette pierre est Jésus, le vers prend un autre élan ; et si l'on se réfère à la version de Gaultier : « la haulte caverne de la pierre si moderne » c'est pour constater cette fois un rétrécissement sémantique. Habitué à ces lectures figurées qui superposent diverses significations, le Père Cyprien se montre même plus prodigue que son modèle. L'image des *celliers* n'est pas explicitée dans Jean de la Croix : elle provient cependant du *Cantique des Cantiques* 1, 3. La métaphore du *miroir* (XXXVI) est d'origine paulinienne.

Le vrai miracle de cette poésie ambiguë, c'est qu'au-delà de ces sens mystiques, un univers préservé est tendu à toute âme contemplative. La démarche poétique est une invitation à la joie d'aimer. Au-delà d'une possession fragile et menacée, l'esprit est sollicité vers un état de grâce permanent. Dans la mesure où il est capable d'absolu, il est amené dans le royaume de candeur dont l'existence ne peut être marquée que par des correspondances sensibles, polyvalentes.

*
**

Tous ces desseins sont parfaits dans le cadre strict de la forme versifiée.

En 1641, les mots du type *vallée* ou *vie* au pluriel ou non élidés font scandale dans un vers. Mais sans doute participent-ils à l'expressivité sonore, au même titre que les *e* atones.

Le poème est écrit en sizains isométriques d'octosyllabes sur trois rimes. Depuis le XVIe siècle, ce type est habituel. Gaultier s'en était tenu au quintil, comme son modèle : structure insuffisante pour une traduction. D'où les formes *a a b b b* ou *a a a b b* très lourdes qui brisaient la simplicité des rimes. Le choix pourtant d'un mètre impair, l'heptasyllabe, montrait des préoccupations musicales. Le Père Cyprien a choisi de clore les strophes sur un distique, à la manière d'un refrain, pour rappeler Jean de la Croix. Si son poème s'achève sur une rime masculine, très classiquement déjà, en revanche l'alternance n'existe pas de strophe en strophe. La plupart d'entre elles ont une césure intérieure au quatrième vers. Mais il arrive aussi qu'un long mouvement entraîne la pensée sans interruption du début à la fin. Bien mieux, la discordance entre syntaxe et strophe se manifeste à deux reprises au moins (XXX-XXXI, XXXVIII-XXXIX) : le point après *jour* n'est qu'un usage de typographe.

Le rythme, c'est d'abord l'élection d'un mètre très souple, sans césure interne, obligatoire; puis une pareille organisation strophique. Le choix d'un pareil mètre peut renvoyer du reste à saint Ambroise dont les Hymnes en dimètre iambique ont suscité notre octosyllabe. Il y a donc ici convenance interne et externe dans le mode de ce lyrisme religieux. On sera sensible encore aux enjambements qui unissent ces octosyllabes dans un même élan et aux variétés de l'intonation dues à toutes sortes d'accidents dans la phrase : énumérations, apostrophes, impératifs... Ainsi se trouve tissée une trame mélodique d'une variété presque constante.

L'isométrie est exceptionnelle, en dehors de la strophe XXXII. Les prouesses des rhétoriqueurs sont même évitées. A peine peut-on y songer en présence de : *nous en irons — enuirons* ; *de la pierre — de la terre* ; quelques rimes faibles (*Luts* et *plus* ne sont qu'une assonance) ou faciles (*sourd* et *sourd* ; plus grave encore que les homographes : *paroistre*) ne doivent pas nous dissimuler les recherches concertées de sonorités, en *é* ou *è* par exemple dans les strophes XXXIX et XL, où huit fois ces timbres reviennent. Plusieurs autres strophes ont ainsi une note dominante à la rime (XXXI, XXXV, XXXVII...). Très remarquable encore le glissement sur des sons vocaliques ou la fréquence de certaines voyelles : *ou, eau*. Bien mieux, comment ne pas percevoir les appels et les échos des sons à l'intérieur d'un vers ou d'une strophe entière ?

> *Ie vous coniure par les Luts...*
> *En solitude elle viuoit...*

La réussite du Père Cyprien est éclatante ici. Il a su choisir ses mots et les ordonner dans une phrase qui mît en valeur leur structure sonore. Il suffit de prendre la strophe correspondante de Gaultier pour voir l'échec d'une transposition sans éclat :

> *Dans un désert solitaire,*
> *Où son amy la conduit,*
> *Elle a desia fait son nid,*
> *Et un amoureux repaire*
> *Où il n'est pas éconduit*

En vérité les accents de notre *Cantique* acquièrent dans ce final une harmonique et suggestive pureté, sans artifice.

Au terme de cette analyse, il convient de rappeler le jugement de P. Valéry : « Je propose aux amateurs des beautés de notre langage de considérer désormais l'un des plus parfaits poètes de France dans le R. P. Cyprien... » La réussite formelle apparaît plus éclatante quand on se réfère au texte espagnol si dense et à la traduction si souvent prosaïque qui en fut tentée au début du XVIIe siècle.

De toute manière, on voit comment l'héritage classique des Grecs et des Latins s'enrichit de valeurs insoupçonnées grâce à l'apport des littératures étrangères. On devine aussi à quel fonds souterrain s'alimente la poésie irrationnelle du XIXe siècle. Nous la saisissons ici, aux sources, chargée d'analogies et de symboles, soutenue par une musique savante, riche d'une rhétorique déjà profonde.

CE QUE DIT LA SAGESSE DE DIEU

N'attendez point, dit-elle, ô hommes, ni vérité, ni consolation des hommes. Je suis celle qui vous ai formés, et qui puis seule vous apprendre qui vous êtes.

Mais, vous n'êtes plus maintenant en l'état où je vous ai formés. J'ai créé l'homme saint, innocent, parfait, je l'ai rempli de lumière et d'intelligence : je lui ai communiqué ma gloire et mes merveilles. L'œil de l'homme voyait alors la majesté de Dieu. Il n'était pas alors dans les ténèbres qui l'aveuglent, ni dans la mortalité et les misères qui l'affligent.

Mais il n'a pu soutenir tant de gloire sans tomber dans la présomption. Il a voulu se rendre centre de lui-même, et indépendant de mon secours. Il s'est soustrait de ma domination, et, s'égalant à moi par le désir de trouver sa félicité en lui-même, je l'ai abandonné à lui ; et, révoltant les créatures qui lui étaient soumises, je les lui ai rendues ennemies, en sorte qu'aujourd'hui l'homme est devenu semblable aux bêtes, et dans un tel éloignement de moi, qu'à peine lui reste-t-il une lumière confuse de son auteur : tant toutes ses connaisances ont été éteintes ou troublées ! Les sens, indépendants de la raison, et souvent maîtres de la raison, l'ont emporté à la recherche des plaisirs. Toutes les créatures ou l'affligent ou le tentent, et dominent sur lui, ou en le soumettant par leur force, ou en le charmant par leur douceur, ce qui est une domination plus terrible et plus injurieuse.

Voilà l'état où les hommes sont aujourd'hui. Il leur reste quelque instinct impuissant du bonheur de leur première nature, et ils sont plongés dans les misères de leur aveuglement et de leur concupiscence, qui est devenue leur seconde nature. (Ed. MS, 149-309.)

C'est vers la fin de 1658 que Pascal donna une conférence à Port-Royal. Il y traçait les lignes directrices de son Apologie de la religion chrétienne. Comment expliquer *Les grandeurs et les misères de l'homme* ?

Les philosophes sont-ils en mesure de rendre compte d'*étonnantes contrariétés* ? A quelle religion se confier ? Dans un mouvement oratoire, d'essence lyrique, il imagine la sagesse de Dieu intervenant elle-même pour élucider ce mystère. Langue et style sont-ils en harmonie avec l'ambition d'un tel dessein ?

Grâce à l'édition paléographique de Z. Tourneur, on peut suivre la patiente démarche de l'écrivain à l'affût d'une expression aussi juste que forte [1].

L'apostrophe *ô hommes* a été maintenue non sans hésitations. Elle assure un contact direct et pressant entre la sagesse et les hommes auprès de l'impératif *N'attendez point*.

« Je vous ai créez saints » : cette rédaction a été abandonnée au profit d'un énoncé ternaire : *j'ai créé l'homme saint, innocent, parfait*, plus explicite.

La phrase « mais il n'a pu supporter » devait suivre la proposition : *l'œil de l'homme voyait alors la majesté de Dieu*. Pascal a préféré un développement moins concis.

Toutes les créatures ou l'affligent (par) *ou le tentent, Et dominent sur luy* (ou par leur force, ou par l) *ou en les soumettant par leur force ou en les charmant par leur douceur*. Le dernier état se caractérise par une totale rigueur et une plénitude formelle.

L'apparition de la transition initiale *Mais vous n'êtes plus...* marque un souci supplémentaire de logique. La place en tête d'alinéa de l'outil semi-concret *voilà* signe avec une autorité accrue la conclusion inéluctable.

Autant d'exemples, de registres divers, qui montrent combien le travail du style se trouve solidaire d'un approfondissement de la pensée.

La langue de ce texte offre un certain nombre de traits typiques de la langue préclassique.

La forme verbale *puis* selon Vaugelas était supérieure « et plus en usage » que « peux » : *et qui puis seule vous apprendre*.

Dans les propositions conjonctives, Vaugelas avait noté que le grand usage était pour « si c'estoy moy qui eust fait cela », alors que d'après la règle générale, il fallait s'en rapporter à l'antécédent. La phrase de Pascal *(je suis celle qui vous ai formés)* reproduit en outre le patron de

---

1. Nous croyons utile d'indiquer que les initiales A P R du fragment posent un problème actuellement à peu près insoluble de déchiffrage.

l'*Exode* 3 : « ego sum qui sum ». La sagesse de Dieu ne peut que renvoyer à elle-même.

Simple extension d'un usage courant en latin, l'accord avec le substantif le plus rapproché, malgré la coordination : *Les misères de leur aveuglement et de leur concupiscence qui est devenue leur seconde nature.* L'absence d'actualisateur *n'attendez point... ni vérité, ni consolation* ne manque pas de relief. Mais dans les locutions verbales, à cette date, l'article était souvent omis. C'est Voltaire qui, en reprenant Corneille, a contribué à restreindre le nombre des locutions juxtaposées.

Le pronom dit d'intérêt : *je les lui ai rendues ennemies* était alors d'usage fréquent. Il économise souvent des circonlocutions.

L'adverbe relatif *où* servait volontiers d'objet secondaire : *en l'état où je vous ai formés.* Depuis le Moyen Français, ce conjonctif s'était sans cesse développé. D'Olivet au XVIII⁰ siècle en réduira les emplois.

La forme verbale en *-ant* continue à se construire librement tout au long du XVII⁰ siècle, par rapport au sujet de la proposition principale. Il faut ici comprendre : « parce qu'il s'égalait à moi, je l'ai abandonné » ; « parce que l'homme a détruit l'harmonie primitive en associant à sa révolte les créatures, je les lui ai rendues ennemies ». Il est impossible de rattacher *révoltant* au sujet *je,* c'est-à-dire la sagesse de Dieu. Ce serait contraire à la tradition augustinienne sur le Péché originel, c'est un non-sens théologique. On constate de surcroît que ces formes adjectivales, en épargnant des ligatures conjonctives, allègent la phrase en définitive.

Le choix entre *en* et *dans* : *en l'état où... ; plongés dans les misères* paraît lié au caractère plus ou moins concret du substantif et du verbe mis en relation.

On aura remarqué l'asymétrie dans les éléments de la coordination : « se rendre centre et indépendant », d'une incisive vigueur.

Se soustraire de ne représente qu'un usage habituel dû à la valeur première de *de* marquant le point de départ ; *à* marque le point d'application. Ainsi dans Descartes, Molière, Bossuet...

Quant à la négation, redondante pour nous : *n'attendez* « point »... *ni vérité, ni consolation...,* le bon usage allait tendre à supprimer l'élément *pas* ou *point* (ce dernier en principe plus énergique), sous l'influence de Maupas et d'Oudin. La surcharge négative se trouve atténuée ici, grâce à l'incise et au vocatif qui interrompent l'énoncé mélodique.

En somme, une langue accordée aux canons de l'orthodoxie grammaticale plus qu'à des recherches personnelles.

*
* *

Le vocabulaire s'affirme plus original. Le premier mot à définir est *sagesse,* car il commande toute l'interprétation du passage. Si l'on se réfère au livre de la *Sagesse* 7, 25, 26, on peut y trouver une première définition : « Elle est un souffle de la puissance de Dieu, l'effusion toute pure de la clarté du Tout-Puissant... Elle est l'éclat de la lumière éternelle et le miroir sans tache de la majesté de Dieu et l'image de la bonté. » Des images caractéristiques apparaissent ici. Au chapitre 9, 2, on rencontre même : « Par ta sagesse, tu as formé l'homme pour qu'il dominât sur les créatures que tu as faites. »

Ces textes nous renvoient directement à l'éloge de la sagesse par elle-même, au Livre des *Proverbes* 8, 22, où la sagesse hypostastique est conçue comme une entité collaborant avec Dieu à la création. Le N.T. précise ces vues. Jésus est désigné comme sagesse de Dieu, participant à la création. D'où l'enseignement paulinien : « Nous prêchons un Christ... puissance de Dieu, et sagesse de Dieu » (I *Corinthiens* 1, 24). Toute la tradition chrétienne, depuis saint Justin, a suivi cette exégèse. Pascal lui aussi s'y conforme. Il ne saurait donc être question d'enfermer cette sagesse dans des limites simplement humaines ni de réduire cette prosopopée à une forme conventionnelle héritée des rhéteurs anciens : c'est Jésus-Christ lui-même qui de toute son autorité s'adresse à l'homme, ce Jésus que Pascal avait rencontré « l'an de grâce 1654 », et sur qui repose en définitive toute l'architecture des *Pensées*.

D'autres mots ont une résonance biblique aussi nette : « la majesté de Dieu ». L'expression se trouve dans l'*Exode* 40, 33... Elle est passée en français au XIIᵉ siècle, en concurrence avec l'hébraïsme : Dieu de majesté. Le Dictionnaire de l'Académie (1694) définira *majesté* : « grandeur auguste et souveraine. Il se dit proprement et par excellence de Dieu ».

La *Gloire* est la manifestation extérieure de la personnalité divine, le poids de son être dans le monde : *Exode* 33, 18, *Isaïe* 2, 10... D'où le chant d'*Athalie* :

> *Le jour annonce au jour sa gloire et sa puissance.*

De là aussi cette valeur concrète du verbe *soutenir* (*il n'a pu soutenir tant de gloire*), c'est-à-dire en supporter le poids.

Abandonné doit s'entendre au sens fort qu'il a dans la langue des mystiques. La *derelictio* divine est l'épreuve suprême dans la nuit spirituelle. Elle trouve son origine dans un épisode du Calvaire. Les ténèbres viennent de s'étendre sur toute la terre et Jésus s'écrie : « Mon Dieu, pourquoi m'as-tu abandonné ? »

Une juste appréciation du vocabulaire doit tenir compte ensuite des valeurs originelles, plus vives, d'un certain nombre de mots.

Former doit être mis en parallèle avec *créer*. Pascal transpose la *Genèse* 1, 26, 27 : « Faciamus hominem ad imaginem et similitudinem nostram... Et creavit Deus hominem ». L'allitération *facere, former* a même été sauvée.

Innocent : non seulement dans l'état de celui qui n'a pas commis de faute, mais préservé en principe de malice.

Parfait : les théologiens parlent de « nature intègre ». L'idée de Pascal est semblable pour désigner une âme soustraite à la concupiscence et un corps préservé de la corruption.

Communiquer, c'est faire participer, grâce à une mise en commun.

Mortalité désigne simplement alors la condition mortelle.

Affliger continue le sens du verbe latin *affligere*, « accabler même physiquement ». Ainsi Phèdre gémit : « Tout m'afflige et me nuit. »

Domination rappelle de toute évidence le substantif *dominus* ; c'est aussi le nom propre de Seigneur.

Les *créatures* représentent les êtres créés soumis à l'homme, roi de la création. *Bêtes* est un dépréciatif, dans un décalque biblique, *Ecclesiaste* 3, 18 : « J'ai dit en mon cœur, à propos des enfants des hommes... que Dieu montre qu'ils sont semblables aux bêtes » (*similes bestiis*), voués pareillement à la mort.

Charmer garde trace de son acception première : séduire comme par la force d'un sortilège.

Injurieux est synonyme d'infamant, d'insultant, contraire à l'ordre.

On remarquera la façon indirecte utilisée par Pascal pour désigner l'amour-propre. Là où saint Augustin disait : « voluit se ipse esse », on a une formule imagée ; *il a voulu se rendre centre de lui-même.* Dans la lettre que Pascal avait adressée à Mme Périer et à son mari le 17 octobre 1651, il écrivait déjà : après l'état édénique, l'homme s'est mis à « s'aimer seul et toutes choses pour soi, c'est-à-dire infiniment ».

D'autre part, Pascal donne d'abord une définition rigoureuse de la concupiscence : *les sens... plaisirs,* avant de livrer le mot lui-même qui synthétise l'ensemble de l'idée, tout à la fin du développement.

Félicité a une allure noble et savante. En fait, *felicitas* n'existe pas dans la Bible, bien qu'on le rencontre chez les auteurs chrétiens. C'est rigoureusement un mot de la langue augurale : « la bonne étoile », aux résonances païennes donc. Pascal le met en opposition à « *bonheur* de leur première nature ».

L'ensemble de ces faits assure une originalité certaine au texte.

∗
∗∗

Le matériel grammatical présente plusieurs particularités intéressantes. On connaît la formule de Pascal : « le *moi* est haïssable », qu'il commente avec précision : « il est injuste en soi en ce qu'il se fait centre de tout ; il est incommode aux autres, en ce qu'il les veut asservir ». Or,

ici, le *je* triomphe : parce que c'est la sagesse de Dieu qui intervient...
L'emploi de la forme *j'ai créé* est remarquable. Un plus-que-parfait
était possible. Mais sous le regard de l'Eternel, le temps passé continue
d'exister : la chronologie humaine est abolie. Les distinctions habituelles
de la grammaire entre plan de l'histoire et plan du discours deviennent
inopérantes. Il n'y a donc place que pour le présent actuel ou atemporel,
un imparfait descriptif, un parfait qui établit un lien vivant entre l'événement et sa permanence dans l'éternité. Les déterminations externes,
adverbiales, précisent ces rapports : *maintenant, alors, aujourd'hui.*

La fréquence de la voix pronominale est significative. Le verbe
cumule à la fois des valeurs active et passive : *se rendre* (opposons le
banal *devenir*), *se soustraire, s'égaler...* La voix « passive » elle-même
peut s'interpréter avec des nuances aspectives reflétant la permanence
d'un état : *ils sont plongés...*

Autre caractéristique essentielle de ce texte : l'asyndète, signe de
tension dans l'énoncé : *il... il... il.* Deux jointures seulement sont exploitées : *mais, et* ; celle-ci prend même valeur adversative dans la conclusion :
et ils sont plongés.

Une réserve toutefois dans cette utilisation discrète de la coordination : l'insistant soulignement par *ou* que les grammairiens du
XVIIIe siècle jugeront oratoire.

La structure des phrases ne manque pas de variété malgré tout. Les
substantifs sujets alternent avec les pronoms. Une large proposition : *il
s'est soustrait...* s'achève sur une phrase exclamative : *tant toutes ses
connaissances ont été éteintes ou troublées !* A l'intérieur de cette phrase,
l'ordre des propositions suit une donnée chronologique : l'homme s'est
d'abord égalé à moi, après quoi et à cause de cela je l'ai abandonné.

Autant de touches que le style proprement dit pourra expliciter.

Une constatation s'impose : Pascal a refusé la période tétragonale,
chère à la rhétorique d'un Guez de Balzac par exemple, au profit de
mouvements plus nerveux, marqués par les groupes binaires notamment. Progression ou synonymie, l'effet est identique : *ni vérité ni consolation, centre de lui-même et indépendant...*

Allitérations et assonances scandent cette avancée : *dans la mortalité
et les misères, tant toutes ses connaissances ont été éteintes ou troublées ;
instinct impuissant...*

Bien mieux, l'idée ne trouve sa complète expression qu'à la faveur
de reprises savantes : *L'œil de l'homme voyait alors la majesté de Dieu.
Il n'était pas alors dans les ténèbres qui l'aveuglent.* La deuxième phrase

reprend sous forme négative la première : c'est une forme précise du parallélisme dans les livres poétiques de la Bible.

L'analyse de l'avant-dernière phrase éclaire un autre mode synthétique de développement. Tous les mots se correspondent. *Affligent et tentent* sont repris par *en le soumettant par leur force ou en le charmant par leur douceur.* Pourquoi *terrible* ? A cause des conséquences de cette domination sur la destinée de l'homme. Et *injurieuse* ? parce qu'elle le bafoue.

Il convient certes de noter l'enchaînement des idées par la reprise de mots vecteurs en quelque sorte : *ma gloire.. tant de gloire, ma domination... toutes les créatures dominent.* C'est une forme de structure ouverte jusqu'à l'épuisement total de la pensée, sous ses différentes faces.

Ne nous y trompons pas en effet : le texte repose sur une antithèse fondamentale *autrefois/maintenant* qui organise tout le développement depuis le choix des temps jusqu'au conflit spirituel entre la sagesse et l'homme.

Un substrat biblique sous-tend les différentes parties. Au départ, *les hommes,* puis *j'ai créé l'homme.* Il ne s'agit pas d'un banal singulier poétique, mais d'une traduction de *Adam.* La valeur concrète s'estompe au profit d'une représentation symbolique.

En parlant de Dieu, la Bible recourt plus volontiers au pluriel *oculi* qu'au singulier, tandis qu'elle parle de son oreille plutôt que de ses oreilles. Chez les Sémites, l'oreille est l'élément essentiel du visage, alors que pour les Grecs l'œil définit l'être humain. Dans Pascal, *l'œil de l'homme* semble donc en harmonie avec l'esprit biblique. Il y a plus : on lit dans la *Première Epître aux Corinthiens* déjà citée, 2, 9 : « oculus non vidit, nec auris audivit, nec in cor hominis ascendit, quae praeparavit Deus iis qui diligunt eum ». Nous tenons ici l'explication satisfaisante de cette métonymie.

Enfin une image essentielle traverse tout le texte : celle de la lumière et des ténèbres. Il suffit de se reporter au Prologue du 4e Evangile pour la saisir dans sa pureté idéale encore qu'à chaque instant, dans l'un ou l'autre Testament, elle retienne l'attention ; ainsi dans le *Psaume* 18, 29 : « Deus meus, illumina tenebras meas... » On en remarquera la discrétion. Qu'on est loin des métaphores baroques d'un P. Doré : *Les allumettes du feu divin pour faire ardre les cœurs humains...* ou même d'un François de Sales, si ingénieusement appliquées !

Le soubassement biblique rend compte finalement du ton général. Il ne saurait être question vraiment de convaincre ou de persuader. La parole de Dieu doit s'imposer par sa force et sa clarté : de là des affirmations solides, peu importe le mode de présentation : négatif ou positif ; les formules de généralisation : *toutes ses connaissances... toutes les créatures...*

L'accent dernier que l'on perçoit est celui d'un discours âpre, tant le regard sur la condition humaine est d'une rigueur logique, implacable.

*
**

Oui, cette thèse a ordonné une structure cohérente à tous les niveaux de la langue et du style, sans déclamation et vains artifices de la parole. La génération romantique en a été ébranlée. Dans un article de 1819, Lamennais écrit : « Déchu d'un plus haut état, l'instinct de sa grandeur le tourmente sans cesse » (l'homme) ; Lamartine lui fait écho dans une *Méditation* :

> *L'homme est un Dieu tombé qui se souvient des cieux...*

tandis qu'A. de Vigny, dans le *Mont des Oliviers,* illustre d'une façon dramatique cet angoissant mystère de l'ignorance, du mal, de la mort. C'est dire que les résonances d'une pareille apologétique dépassent le cercle de Port-Royal, peuvent inquiéter des âmes éprises d'absolu.

LES AMOURS DE PSYCHÉ ET DE CUPIDON

« *Que nos plaisirs passés augmentent nos supplices !*
Qu'il est dur d'éprouver, après tant de délices,
      Les cruautés du sort !
Fallait-il être heureuse avant qu'être coupable ?
Et si de me haïr, Amour, tu fus capable,
6   *Pourquoi m'aimer d'abord ?*

Que ne punissais-tu mon crime par avance !
Il est bien temps d'ôter à mes yeux ta présence
      Quand tu luis dans mon cœur !
Encor si j'ignorais la moitié de tes charmes !
Mais je les ai tous vus : j'ai vu toutes les armes
12   *Qui te rendent vainqueur.*

J'ai vu la beauté même et les grâces dormantes.
Un doux ressouvenir de cent choses charmantes
      Me suit dans les déserts.
L'image de ces biens rend mes maux cent fois pires.
Ma mémoire me dit : Quoi ! Psyché tu respires,
18   *Après ce que tu perds !*

Cependant il faut vivre. Amour m'a fait défense
D'attenter sur des jours qu'il tient en sa puissance,
      Tout malheureux qu'ils sont.
Le cruel veut, hélas ! que mes mains soient captives.
Je n'ose me soustraire aux peines excessives
24   *Que mes remords me font.* »

C'est ainsi qu'en un bois Psyché contait aux arbres
Sa douleur, dont l'excès faisait fendre les marbres
Habitants de ces lieux.
Rochers, qui l'écoutiez avec quelque tendresse,
Souvenez-vous des pleurs qu'au fort de sa tristesse
30 *Ont versé ses beaux yeux.*

Apulée est à l'origine d'un roman mythologique que La Fontaine publia en 1669. Dans un palais enchanté, Psyché souffre d'être l'épouse d'un mari qu'elle ne peut pas voir et dont elle ignore l'identité. Violant la défense qu'il lui a faite, elle pénètre une nuit avec une lampe dans la chambre où il repose. Elle reconnaît l'Amour dans cet être mystérieux. Mais aussitôt elle est condamnée à errer dans la solitude. Pareille aux personnages de *l'Astrée* à des moments culminants de leur vie, Psyché extériorise ses sentiments dans des vers, en une série de « stances », comme on disait alors, qui rompent la ligne du récit en prose. L'analyse devra définir cette valorisation de l'énoncé.

L'enchaînement de la pensée, la progression même du mouvement lyrique se manifeste par la reprise complémentaire des idées : *coupable - punir* ; *j'ai vu - ressouvenir* ; *tu respires - attenter sur des jours.*
La strophe de conclusion introduit le narrateur qui prend parti pour la détresse tout humaine de Psyché contre l'indifférence apparente de l'Amour et la haine de Vénus.
L'émotion est marquée par un nombre insolite d'interjections et d'interrogations dans des phrases courtes, précipitées, aux jointures discrètes. Elle s'accorde sans peine au ton élégiaque fourni par des mots qui évoquent un bonheur idéalisé, l'amertume d'un sort injuste, un présent douloureux : *Hélas !* Elle s'inscrit dans le choix de la modalité indicative qui actualise un constat : *Tout malheureux qu'ils sont.*
Les tours *que ne punissais-tu ; encor si j'ignorais,* d'une concision frappante pour interroger sur la cause ou suggérer une hypothèse qu'on écarte dans l'instant même (*encor*) expriment bien les réactions spontanées de Psyché.
La première personne *je* unifie cette plainte ; on percevra du reste un changement d'attitude :

que nos *plaisirs passés augmentent* nos *supplices !*

Si le deuxième possessif peut passer pour un « pluriel de majesté », le premier ressuscite des instants privilégiés ; en tout cas, l'amphibologie est signifiante. Cette intimité parfaite laisse place à une distance qui s'agrandit :

> *que ne punissais-tu mon crime...*

jusqu'à la troisième personne :

> *Amour m'a fait défense...*
> *Le cruel veut...*

sans que jamais bien sûr la rupture soit totale, au contraire, dans le cœur de Psyché. *Cruel* dans la tragédie a des nuances plus inquiétantes, certes !

Il ne serait pas difficile de déceler quelque exagération précieuse dans la formulation des sentiments : *cent choses charmantes* ; le substantif était galvaudé dans certains cercles. Les connotations sont nombreuses ici, du côté même de l'euphémisme ! De surcroît le mot est souligné par l'allitération avec l'adjectif. En position symétrique, La Fontaine a placé : *mes maux cent fois pires*. L'antithèse est une des pièces maîtresses de ce monologue qui confronte deux époques : autrefois - maintenant. *Plaisirs passés* s'oppose à *supplices* avec une surcharge sonore expressive ; *délices* à *cruautés* ; *haïr* à *aimer...* Le parallélisme grammatical est absolu.

Assurément les personnifications sont nombreuses ; dans la seule strophe 3, je relève : *un doux ressouvenir me suit* ; *l'image de ces biens rend mes maux* ; *ma mémoire me dit...* Elles paraissent plus vivantes et naturelles dans un univers enchanté qui évoque en un tableau galant *les grâces dormantes*. Dix ans après *Psyché,* l'Académie reconnaîtra officiellement une forme variable en genre et en nombre tirée du « participe présent ». On peut sans doute enregistrer un usage varié des adjectifs verbaux à cette date. Dans le contexte, un fait de langage se hisse pourtant au niveau d'une réalisation stylistique.

La périphrase dissimule l'énoncé brutal d'une idée atroce, celle du suicide :

> *Je n'ose me soustraire aux peines excessives*
> *Que mes remords me font.*

Elle commente l'énoncé précédent : *attenter sur des jours* où la construction prépositionnelle avec *sur* précise la nuance concrète du verbe au voisinage de *jours* substitut noble de « vie ». Comparons *Britannicus* (IV. 2) :

Vous attentez enfin jusqu'à ma liberté.

Finalement c'est une forme de litote :

> *Quoi ! Psyché ! tu respires,*
> *Après ce que tu perds !...*

Cette dernière figure de rhétorique mobilise souvent l'esprit de La Fontaine. Il suggère certaines réalités de l'amour avec une audace tranquille : *nos plaisirs passés* :

> *Encor si j'ignorais la moitié de tes charmes !*
> *Mais je les ai tous vus : j'ai vu toutes les armes*
> *Qui te rendent vainqueur.*

Flèche, javelot ou dard sont les attributs figurés de l'Amour. La métaphore n'est donc pas innocente ; d'autant moins que Psyché a vu son époux *couvert à demi d'un voile de gaze* quand *une goutte d'huile enflammée* tombée sur sa *cuisse* l'éveilla...

Guez de Balzac était offusqué de rencontrer dans le sonnet de Job : « misère nue ». La suggestion est ici d'une singulière hardiesse, dissimulée par un vocabulaire d'une ambiguïté poétique. C'est le principe des *Contes* :

> *Nuls traits à découvert n'auront ici de place ;*
> *Tout y sera voilé, mais de gaze, et si bien*
> *Que je crois qu'on n'en perdra rien...*

L'essentiel pourtant ne saurait se limiter à ces jeux, ne se trouve même pas dans les pluriels d'amplification distribués à travers tout le poème pour lui donner ce halo de rêve, mais dans la purification du souvenir grâce à l'image du feu intérieur qui succède à celle des *armes*, toute physique :

> *Il est bien temps d'ôter à mes yeux ta présence*
> *Quand tu luis dans mon cœur !*

Ce dernier verbe a le mérite supplémentaire de rappeler les effet de la lampe fatale.

Le choix du substantif abstrait *ressouvenir* (cher aux moralistes : Montaigne et Bossuet, autant qu'aux auteurs tragiques : Racine) marque le travail persévérant de la mémoire affective dans cette contemplation du passé.

Revenant comme des obsessions, les mots sont repris avec force :

Mais je les ai tous vus : j'ai vu toutes les armes...

Après ce défi audacieux, l'image apaisée, sans trouble charnel, s'insinue :

J'ai vu la beauté même...

Amour, aimer, Amour tissent un réseau évident d'émotions sensibles. L'absence d'article devant le substantif sert même la nature réelle du dieu. Oublié le vain symbole d'une force psychologique ! Mais quand on se souvient du sens de Psyché : *âme,* les liens apparaissent plus subtils et variés. *Animus* et *anima* renvoient à *souffle* : d'où *respirer* (strophe 3). C'est tout le poème qui bruit de ces échos. Les lois de l'âme et de l'amour seraient-elles inconciliables ?

Dans la poésie élégiaque, la nature participe à la douleur humaine. Ainsi Vénus se plaint d'avoir perdu Adonis :

Lieux amis du repos, demeures solitaires
Qui d'un trésor si rare étiez dépositaires,
Déserts, rendez-le-moi...

L'identité du cadre dans ces deux poèmes de La Fontaine est en outre à remarquer comme une constante de son imagination. On se souviendra aussi de tel personnage de *l'Astrée* (III) allant « revoir les lieux où autrefois elle avait été si contente et leur demander compte des soupirs et des désirs que si souvent elle leur avait donnés en garde ».

En fait la sensibilité du XVIIe siècle devine déjà un thème qui sera explicité par la génération romantique. L'univers mythologique n'est pas aboli toutefois : *Les marbres habitants de ces lieux* avec quelque sourire sans doute de La Fontaine. Mais l'éclatement des limites entre animé et inanimé s'opère sans artifice. *Psyché contait aux arbres* : à une forme sensible de vie. Le poète interpelle ensuite les *rochers qui l'écout(aient)* *avec quelque tendresse.* Les rapports *arbres - marbres, contait - écoutiez* ne sont pas fortuits. On parle d'un cœur dur comme la pierre depuis l'Antiquité ; *tendresse* concilie divers plans.

Au terme de son intervention, La Fontaine refait entendre la note élégiaque caractéristique : *pleurs - tristesse,* à l'hémistiche et à la rime ! Il ravive notre émotion face à la beauté de Psyché, comparable à celle de l'Amour. Il dégage le mot clef fondamental : *yeux.* Rappelons-nous : *ôter à mes yeux ta présence* ; *j'ai vu* (à trois reprises), *l'image...* Les valeurs esthétiques ou dramatiques sont d'ailleurs bien dépassées ici. Les *pleurs qu'ont versés ses beaux yeux* : il s'agit de tout autre chose que d'une amplification banale ou d'une surcharge sémantique. L'importance du regard acquiert toute sa signification dans un mythe qui exalte la connaissance au détriment du bonheur.

L'art du vers donne sa résonance totale à ce fragment lyrique. Il s'agit de sizains symétriques. Bien que la formule remonte à Ronsard, c'est Desportes qui en a montré le pouvoir dans le cadre de l'élégie ou de la complainte. L'alternance de mètres longs et brefs est du même ordre que la succession hexamètre — pentamètre dans Tibulle, Properce...

Le rythme réside d'abord dans la structure 2.1 : aab. L'hexasyllabe apparaît comme une réplique de l'hémistiche dans l'alexandrin. La forme même des unités du lexique amène des crêtes accentuelles prévisibles 4, 3 ou 2 ; type :

Je n'ose me soustraire aux peines excessives 2.4.2.4.

L'importance de ces reliefs demeure secondaire par rapport au paramètre mélodique d'une très grande diversité. L'interjection même et l'apostrophe nuancent des lignes d'intonation déjà contrastées, par l'exclamation ou l'interrogation. Les inversions peu nombreuses ne sont que plus frappates et s'interprètent sans hésitation ; tel, le choc singulier :

Et si de me haïr, Amour, tu fus capable...

Conformément aux règles classiques, le sizain est affecté d'une césure interne. La ponctuation isole ici des tercets. L'enjambement peut souder l'alexandrin à l'hexasyllabe en une métaphore phonétique :

Un doux ressouvenir de cent choses charmantes
Me suit dans les déserts.

Un *e* atone garantit toujours (sauf au v. 29) l'unité des mètres. On imprime habituellement :

C'est ainsi qu'en un bois Psyché contait aux arbres
Sa douleur, dont...

ce qui signe pour nous un rejet métrique. Les habitudes typographiques ne sont pas fermes avant le début du XIXe siècle. La Fontaine a sans doute souhaité un phénomène de liaison plus que de rupture. Il devait donc entendre, puisque les théoriciens réclamaient des discordances discrètes :

Sa douleur dont l'excès...

En accord aussi avec les principes du temps, l'alternance des rimes joue de strophe en strophe. Le poème s'achève sur un timbre masculin et s'ouvre sur une note féminine : ce qui permet dans le cadre du sizain d'obtenir une majorité de rimes féminines, considérées à priori comme plus chantantes grâce aux vibrations du *e* atone. D'une manière générale les rimes frappent l'attention, par leur richesse, mais leur qualité sémantique s'impose également : *supplices - délices* ; *charmes - armes* ; *tendresse - tristesse...* Autant que l'isosyllabisme, l'identité ou non d'une catégorie grammaticale, l'appel complémentaire de sonorités (dans le dernier exemple, le *t* initial), il convient d'enregistrer les rapports associatifs de toute nature créés par des appels de sens invincibles, à une place exceptionnelle.

L'harmonie se présente d'abord sous une forme négative : pas de sons durs gratuitement, tapageurs ou heurtés. Vaugelas préférait la forme conjonctive claire mais encombrante *avant que de*. La Fontaine a écrit *avant qu'être coupable* ; n'y voyons pas seulement l'effet d'une contrainte métrique, mais du coup il s'épargne une cascade de prépositions incolores : « *de* délices », « *de* me haïr ».

Notre oreille aura vite isolé des grappes de mots allitérants ou assonants : les labiales (*m* notamment) filent un tissu métaphorique idéal dans la strophe 3... Il convient surtout de suivre, à travers les rimes, la musique des voyelles, i, e, é. D'une manière plus persévérante, La Fontaine a multiplié les correspondances sonores entre l'hémistiche et la rime. A titre d'exemple, considérons la dernière strophe. *Bois* (prononcé *bwè*) assone avec *excès, écoutiez, tendresse* et *tristesse. Lieux* est répercuté par *pleurs* et *yeux*. De telles lectures, en diagonale et verticale, sont partout possibles. Le symbolisme des sons n'est pas en cause. Mais il s'agit d'ébranler notre sensibilité en l'aimantant sur des mots pleins.

Par là justement le dessein original du sizain est sollicité vers des formes plus aériennes, grâce à ces esquisses contrariées de strophes aux mètres courts, comme dans l'opéra.

Ainsi se trouvent réunis les éléments favorables pour recréer l'atmosphère d'un monde de féerie.

Un pareil texte reflète, c'est l'évidence, une mode et un temps par son vocabulaire comme par sa rhétorique la plus voyante. Dans l'action du roman, il n'intervient pas toutefois comme une parenthèse futile, pas plus qu'un monologue dans la tragédie. Il cristallise au contraire les sentiments de Psyché. Attachons-nous surtout à comprendre la poétique du regard qui est au centre de l'esthétique du XVIIe siècle, et informe même son idée morale du bonheur : l'amour de la Princesse de Clèves et de M. de Nemours n'a pu vivre que dans la contemplation muette. Malgré certains sous-entendus, c'est elle qui transfigure cette plainte. Ainsi encore Psyché dans Corneille soupire :

ces yeux tendres, ces yeux perçants, mais amoureux...

A cet égard, il conviendrait de suivre les métamorphoses du mythe depuis Apulée. Pourquoi ne pas s'inquiéter de la *Gran conquista de Ultramar* ? Cette compilation anonyme du XIIIᵉ siècle a été l'objet d'une belle édition en 1503 à Salamanque. A propos de la généalogie de Geoffroy de Bouillon l'auteur raconte la légende du chevalier au Cygne apparentée à notre mythe. Du reste elle fut connue en Allemagne dès le XIIIᵉ siècle sous le nom de Schwanenritter. Coïncidence troublante, *Les Amours de Psyché et de Cupidon* sont dédiées à la duchesse de Bouillon !...

Lohengrin nous fera entendre alors le drame et la musique fantastique de Wagner. Les grands textes vivent désormais pour nous dans cette aura [1].

---

1. Pour le dire au passage, je crois qu'on aurait tort de sous-estimer aussi l'influence probable sur La Fontaine de Don Juan Manuel. Le *Comte Lucanor* ou *livre de Patronio* offre des apologues qui se retrouvent groupés dans les *Fables* : « de ce qui advint à un homme de bien avec son fils, en allant au marché » ; — « à un renard avec un corbeau qui tenait un fromage dans son bec » ; — « à une hirondelle avec d'autres oiseaux, en voyant semer du lin »... On en trouve une édition ancienne à Séville : 1575. Dans l'un et l'autre cas, Chapelain a pu servir d'intercesseur.

LA NOUVELLE HÉLOÏSE
(IVᵉ partie, lettre 17, fin)

Je commençai par me rappeler une promenade semblable faite au-
trefois avec elle durant le charme de nos premières amours. Tous les
sentiments délicieux qui remplissaient alors mon âme s'y retracèrent pour
l'affliger ; tous les événements de notre jeunesse, nos études, nos entre-
tiens, nos lettres, nos rendez-vous, nos plaisirs,

> E tanta fede, e si dolci memorie,
> E si lungo costume [1],

ces foules de petits objets qui m'offraient l'image de mon bonheur passé ;
tout revenait, pour augmenter ma misère présente, prendre place en mon
souvenir. « C'en est fait, disais-je en moi-même ; ces temps, ces temps
heureux ne sont plus ; ils ont disparu pour jamais. Hélas ! ils ne revien-
dront plus ; et nous vivons, et nous sommes ensemble, et nos cœurs sont
toujours unis ! Il me semblait que j'aurais supporté plus patiemment sa
mort ou son absence, et que j'avais moins souffert tout le temps que
j'avais passé loin d'elle. Quand je gémissais dans l'éloignement, l'espoir
de la revoir soulageait mon cœur ; je me flattais qu'un instant de sa pré-
sence effacerait toutes mes peines ; j'envisageais au moins dans les pos-
sibles un état moins cruel que le mien : mais se trouver auprès d'elle,
mais la voir, la toucher, lui parler, l'aimer, l'adorer, et, presque en la
possédant encore, la sentir perdue à jamais pour moi ; voilà ce qui me
jetait dans des accès de fureur et de rage qui m'agitèrent par degrés
jusqu'au désespoir. Bientôt, je commençai de rouler dans mon esprit
des projets funestes, et, dans un transport dont je frémis en y pensant,
je fus violemment tenté de la précipiter avec moi dans les flots, et d'y

---

1. Et cette foi si pure et ces doux souvenirs, et cette longue familiarité.
(Trad. de Rousseau.)

*finir dans ses bras ma vie et mes longs tourments. Cette horrible tentation
devint à la fin si forte, que je fus obligé de quitter brusquement sa main
pour passer à la pointe du bateau.*

M. de Wolmar a voulu laisser Julie « en toute confiance avec son
ancien amant sous la seule garde de sa vertu. » Saint-Preux, dans la
Lettre 17 de la IVe partie de la *Nouvelle Héloïse,* rend compte à
Milord Edouard « d'un danger » qu'ils ont couru. Dès les premiers mots,
le caractère dramatique des événements est donc tracé. Mais ce danger
physique est associé à une épreuve morale. « Pour Julie... elle soutint ce
jour-là le plus grand combat qu'âme humaine ait pu soutenir... » Ainsi
cette lettre s'ordonne autour de périls également mortels, car le pèlerinage
du souvenir à Meillerie est venu exacerber la passion de Saint-Preux :
« rien ne put détourner de mon cœur mille réflexions douloureuses ».
Un passé tout proche et la conscience d'une situation absurde l'assaillent
« jusqu'au désespoir ». Langue et style soutiennent-ils l'analyse d'une
pareille crise ?

Par rapport à l'usage du XVIIIe siècle, cette langue de J.-J. Rousseau en 1761 ne surprend guère. Les adverbes en *-ment* restaient à la
mode, en particulier *brusquement.*

Entretien, envisager étaient aussi très employés.

Les grammaires acceptaient « c'est fait » ou *c'en est fait* : une question de rythme en décide souvent dans le discours.

Mais pour Féraud et Voltaire *finir ma vie et mes longs tourments*
eût été une construction fautive. Déjà, dans *Rodogune,* Corneille avait eu
tort d'écrire : la paix finit la haine ».

La forme pronominale *se trouver* est correcte. Le Misanthrope disait
même :

*Non, non, sans s'emporter, prenez un peu souci
De me justifier les termes que voici* (IV, 3)

On remarquera l'économie des prépositions *pour* et *dans* surtout,
aux nuances diverses, signes d'une tension acceptée.

Durant et non « pendant le charme » a été retenu à cause des reflets
possibles d'un verbe d'état.

Le choix entre *commencer à* ou *de* se fait d'ordinaire en fonction
de l'euphonie. « Je commençai à rouler » présenterait un hiatus. Mais
je commençai par me rappeler suggère un autre aspect plus précis.

J.-J. Rousseau dit *porter* ou *supporter.* Le premier verbe assure une
identification métaphorique. La langue noble n'y renoncera pas au

xixe siècle, bien que Voltaire ait condamné dans *Horace* : « porter le trépas ».

Le pluriel de l'abjectif substantivé : *J'envisageais... dans les possibles* n'est pas plus isolé dans Rousseau que chez les Encyclopédistes.

Mais on se montrera plus attentif au choix du nom d'action : *quand je gémissais dans l'éloignement,* qui épargne une nouvelle proposition subordonnée ; à la fréquence du préverbe *re (retracer, revenir, revoir),* du passif et du pronominal enfin qui concilie diathèse active et passive.

De pareils traits définissent déjà une langue très personnelle, volontaire.

*
* *

Quel jeu d'autre part ce serait d'étiqueter maintes réminiscences classiques à propos d'un vocabulaire de prime abord conventionnel ! Depuis *rouler dans mon esprit des projets funestes,* qui n'est qu'une traduction du latin, jusqu'aux rappels insistants de la tragédie du xviie siècle ou des scènes les plus pathétiques de la *Princesse de Clèves,* puisque *les Confessions* ont proposé d'emblée cette confrontation.

Parlera-t-on d'élégie ? Ce serait précisément méconnaître la nature torturante de cette situation. La mémoire du passé exalte la sensibilité de Saint-Preux et justifie non seulement les hyperboles du type *adorer,* mais des mots aussi attendus que *charme* ou *funeste,* fussent-ils revalorisés sémantiquement dans ce contexte. Mais quel itinéraire de déroute résument-ils ! *Fureur* au sens classique de *folie* le jalonne.

Positivement le lexique séduit grâce à la diversité des éléments qu'il concilie. La matérialité des événements nous frappe tout d'abord. C'est au terme d'une opération active *je commençai par me rappeler,* que le passé resurgit et s'installe, d'une façon concrète en quelque sorte, dans les fibres de Saint-Preux : *s'y retracèrent ; prendre place.* D'où la fréquence insolite de mots précis : *nos études, nos entretiens, nos luttes, nos rendez-vous, nos plaisirs,* témoins d'une histoire, mais de rayonnement si limité que J.-J. Rousseau éprouve le besoin de les métamorphoser à la lumière d'une citation poétique :

E tanta fede...

Pourquoi ces vers du *Demofoonte* ? Ils ne montent à la mémoire du héros que parce qu'ils symbolisent une identité de destin. Dans le roman comme dans l'opéra, il y a eu union secrète et des parents autoritaires : « Si jusques ici je n'ai pas été criminel, en vivant, je le deviendrais ; je ne puis oublier Dircé ! Je ne saurais éteindre mes feux ; comment rompre en un instant des nœuds formés par l'amour, par l'hymen, par un fils, gage de notre tendresse ? Des nœuds que nos malheurs même ont rendus plus forts ? » (III, 9.)

L'analogie est si gênante que J.-J. Rousseau gauchit la traduction : « et cette foi si *pure* » ; rêve cette fois d'un paradis perdu. Ne cherchons pas ailleurs la raison d'une correction suggestive : *l'adorer encore, et après une union si parfaite et si douce...* L'équivoque, aggravée par des adjectifs postposés, pleinement signifiants, détruisait la transparence de l'évocation.

Et puis, il y a *le bonheur* et *heureux,* termes magiques aussi. Dans certains manuscrits, on voit J.-J. Rousseau écrire « bon heur », comme s'il gardait conscience des vibrations originelles du mot : *a (u) gurium* ! Non pas celui que les moralistes et les théologiens confisquent, mais un bonheur qui résulte d'un état privilégié entre deux êtres, au-delà du bien et du mal, des conventions sociales surtout. Plus tard seulement, Stendhal en précisera la pointe secrète, d'exaltation.

Or cette introspection lucide, cette confession déjà, amène Saint-Preux à s'examiner en termes religieux : *je fus violemment tenté, cette horrible tentation.* Le paradoxe n'est qu'apparent. Il permet en tout cas de rejoindre une des thèses préoccupantes de l'œuvre : le triomphe de « la vertu ».

On remarquera enfin que ce regard intérieur évite les mots rares, trop techniques ou particularisés. Une telle saisie négative du lexique demeure subjective à priori. Comment toutefois ne pas noter que « proue », ancien dans la langue cependant, a été éliminé... J.-J. Rousseau a préféré la périphrase descriptive : *la pointe du bateau.* La Jeune Tarentine au contraire « seule sur la proue » invoquera « les étoiles »...

L'ensemble de ces recherches révèle un climat commun à toute une tradition littéraire, occupée de l'âme et de la primauté de ses problèmes.

La démarche créatrice apparaît plus sûrement au cours de la progression de cette analyse. Trois moments sont présentés : le temps du bonheur *: je commençai par me rappeler* ; celui du rêve : *c'en est fait,* gonflé de l'afflux des sentiments qui submergent la conscience ; le déchirement de ce courant : *bientôt je commençai de rouler...* par un retour à la réalité concrète.

On éprouve donc un mouvement vers une intériorité de plus en plus grande, que sa violence même détruit. Ce dynamisme s'accompagne de manifestations parallèles dans le domaine purement grammatical :

Elle : forme indifférenciée de la démonstration ; *nos études, nos entretiens...* : la vie des amants connaît un même rythme d'union.

Puis, une distance s'installe entre Saint-Preux et Julie qui n'est jamais nommée, distance que rien ne viendra réduire. Il s'agit bien d'une analyse centrée autour d'un moi envahissant. Le *je* est ici souverain créateur et ordonnateur. L'égotisme du héros éclate d'une manière si exclusive qu'à aucun moment Saint-Preux n'essaie de surprendre un geste ou un regard de l'être aimé ; il l'évoque hors du temps : *mais se trouver auprès d'elle, mais la voir, la toucher, lui parler...* se réfèrent à des situations inactuelles. Finalement il *quitte brusquement sa main,* comme un objet. Mais c'est la présence de l'eau qui a brisé cette évasion : *main* et *bateau* marquent l'arrêt de ce *transport,* de cette fuite hors du temps.

On comprend mieux pourquoi cette lettre adressée d'abord à Claire a changé de destinataire. Le rappel de pareils souvenirs brûlants ou de ces *accès de fureur et de rage* ne pouvait s'écrire à une jeune femme sans quelque impudeur. Milord Edouard était plus apte à comprendre, non pas l'égoïsme de son ami à la poursuite d'un bonheur perdu, mais cet éclairage violent sur les tréfonds d'une âme endolorie.

La complexité des temps tout au long de ce texte tient au brassage des époques diverses qui sont évoquées ou observées, au cours ou à la faveur de raccourcis psychologiques.

A côté du passé simple, historique de nature (*je commençai par me rappeler... je commençai de rouler*), l'imparfait étale la durée, soit d'un passé révolu : *les sentiments délicieux qui remplissaient alors mon âme,* avec un adverbe qui apporte un supplément de caractérisation externe ; soit d'un présent distendu avec quelque complaisance : *voilà ce qui me jetait dans des accès de fureur.* Dès l'ouverture de ce monologue inté-rieur, les perspectives ont été assurées nettement : *c'en est fait, disais-je en moi-même.*

Le passé composé retrouve le flux du temps, pour en montrer le retentissement permanent sur l'âme : *ils ont disparu pour jamais.* L'expres-sion adverbiale ajoute même une ouverture vers un horizon sans limite.

Le plus-que-parfait *j'avais moins souffert* aussi bien que le futur *ne reviendront plus,* escorté une fois de plus par une détermination lexicale, font éclater dans toutes les directions les limites de cette pensée. Est-il surprenant dès lors qu'un vocabulaire axé autour du temps souligne avec force cette démarche de la mémoire en quête du souvenir et des « objets » qui le fixent : *autrefois* ; *jeunesse* ; *bonheur passé* ; *misère présente* ; *ces temps...* piles d'un univers dévasté ?

Le mouvement qui se laisse ainsi deviner et définir nous atteint plus pleinement si nous observons que l'accumulation des substantifs dans la première partie, témoins d'expériences précises, reçoit une réplique dans la série des infinitifs : *Mais se trouver auprès d'elle, mais la voir...* Sept fois (quelle rencontre mystérieuse !), ce mode livre au virtuel l'action dans sa pureté idéale, soustraite à toute contingence.

La fortune de ce tour peut être suivie, depuis les sonnets romains de du Bellay :

Flatter un créditeur...
Voylà...
Marcher d'un grave pas...
Voylà de ceste cour...

jusqu'à nos jours, pour exprimer la plénitude d'un sentiment, dans le bonheur ou le malheur. Pourtant, à propos d'une page de *Graziella* toute en infinitifs, Flaubert disait : « L'homme qui adopte de pareilles tournures a l'oreille fausse, ce n'est pas un écrivain. » Mais J.-J. Rousseau a su montrer ici plus de discrétion.

Son écriture parvient même à s'adapter au tressaillement d'un *cœur* engagé dans une situation sans issue. D'où les formules absolues qui marquent chaque étape de cette crise ; de là aussi une certaine monotonie dans le choix des figures : l'exclamation et l'antithèse surtout.

Les images semblent bien effacées. Seule paraît vivante la personnification. Elle l'est, beaucoup plus qu'un examen rapide le laisserait croire. J.-J. Rousseau a débusqué les forces qui le mènent. Lovées dans son être, elle l'agitent tumultueusement : *l'espoir... soulageait mon cœur* ; *un instant de sa présence effacerait toutes mes peines* ; *des accès de fureur et de rage... m'agitèrent par degrés.* Il y a déjà ici pressentiment de psychanalyste.

Dans cet esprit, il conviendrait de rendre compte du thème de l'eau qui parcourt l'œuvre entière et que l'on retrouve ici ; non pas seulement dans l'allusion si poignante à une promenade analogue racontée dans la lettre 52 de la première partie, mais l'eau qui sépare et qui unit les amants, l'eau et les rêveries du repos : maternel, éternel aussi : *la précipiter avec moi dans les flots...* Peut-on anticiper davantage sur le dénouement !

Les ruses faciles et classiques du discours (une certaine variation synonymique par exemple, ou les retours concertés de mots clefs), tellement frivoles, sont dépassées, oubliées, dans les aveux sans complaisance.

*
**

L'acte de communication prend cependant une valeur nouvelle grâce aux ressources de la phrase.

Signalons l'attaque des propositions tour à tour réalisée par des pronoms ou des substantifs. Un fait de langue, l'antéposition de la subordonnée temporelle, est exploité comme un lien naturel et logique : *tout le temps que j'avais passé loin d'elle. Quand je gémissais dans l'éloignement, l'espoir de la revoir soulagait mon cœur...* Il permet en outre d'ouvrir la phrase sans restriction.

La coordination est réduite à ses éléments les plus simples : *et* de progression lyrique, ou *mais* d'antithèse affective : *mais se trouver auprès d'elle, mais la voir...*

L'insertion des vers de Métastase peut désormais recevoir une explication totale. Les sonorités du chant italien ne poétisent pas seulement un énoncé qui pourrait ressembler à un inventaire. L'évasion, dans le temps et l'espace, grâce à un univers de féerie, celui de l'opéra, est entretenue par la traduction ; un alexandrin parfait :

> *Et cette foi si pure, et ces doux souvenirs,*

accompagné d'un décasyllabe de structure traditionnelle 4.6, avec élision d'une syllabe surnuméraire à la césure :

> *Et cette longue familiarité.*

L'hétérométrie est toujours signe de tension lyrique.

Face à cette idéalisation des souvenirs, il faut que J.-J. Rousseau trouve, dans la seconde partie où il exhale son amertume, des accents pathétiques.

Il mobilise l'octosyllabe, le mètre habituel de l'opéra français :

> *C'en est fait, disais-je en moi-même* 8
> *Ces temps, ces temps heureux ne sont plus* 9
> *Ils ont disparu pour jamais* 8
> *Hélas, ils ne reviendront plus* 8
> *Et nous vivons, et nous sommes ensemble* 10 : 4.6
> *Et nos cœurs sont toujours unis* 8

Autres instants impérieux :

> *Mais se trouver auprès d'elle* 7
> *Mais la voir* 3
> *la toucher* 3
> *lui parler* 3
> *l'aimer* 2
> *l'adorer* 3
> *et presque en la possédant encore* 9
> *la sentir perdue à jamais pour moi* 10

Ici, les cadences impaires, exaltées, d'essence musicale, dès le Moyen Age, et les mètres courts, haletants, triomphent.

On aura éprouvé aussi la rupture entre cette protase chargée d'incidentes mélodiques et l'apodose courte, malgré l'apport d'une seconde proposition relative : *qui m'agitèrent par degrés jusqu'au désespoir.* Cette structure est constante du reste dans ce type d'énoncé.

Par places, il serait possible de repérer encore non pas des organisations métriques rigides, interdites du reste par les meilleurs théoriciens, mais des ébauches de rythme syllabique : hasard peut-être plus que calcul.

En tout cas, il serait absurde de définir cette prose en y déterminant avec vigueur des versants de nature oratoire : lignes circonflexes ou périodes tétragonales. La progression lyrique est justement refus de symétrie : mais succession d'oppositions mélodiques, avec courbes d'implication enrichissante.

Plus constants sont les accords de sonorités distribués tout au long de cette méditation : ils soulignent l'avancée du discours : allitérations multiples : *porté plus patiemment* ; *possédant... perdue* ; *des accès de fureur et de rage qui m'agitèrent par degrés jusqu'au désespoir. R,* au XVIIIe siècle, passait pour l'un des sons les plus désagréables de la langue.

Homoiotéleute : *Mais se trouver auprès d'elle... la toucher, lui parler, l'aimer, l'adorer...*

Reprise lancinante de mots entiers : *ne.. plus* ; *pour jamais... a jamais...* Quelle violence dans ces affirmations de l'absence !

Le style de la passion a déjà découvert ses accents et ses cadences.

« Il n'est pas de plus grande douleur que le souvenir des jours heureux, dans la misère » : les vers de Dante dans l'*Enfer* (V) s'offrent à la mémoire. Mais précisément, J.-J. Rousseau a placé son analyse sous le signe de la ferveur lyrique, éloignée du style humble, caractéristique de l'élégie, selon le *De vulgari eloquentia* de Dante encore. Tout ici peut sembler instinctif, tant les souvenirs autobiographiques affleurent. A l'examen pourtant, le travail de l'expression manifeste un art très sûr. Comparée au *Lac* de Lamartine, à la *Tristesse d'Olympio,* au *Souvenir* d'A. de Musset, cette page conserve sa propre originalité. Sans déclamation, elle déchiffre impitoyablement des états dont François Mauriac lui-même a retenu l'amère volupté.

RÊVERIES DU PROMENEUR SOLITAIRE

Non, rien de personnel, rien qui tienne à l'intérêt de mon corps ne peut occuper vraiment mon âme. Je ne médite, je ne rêve jamais plus délicieusement que quand je m'oublie moi-même. Je sens des extases, des ravisements inexprimables à me fondre pour ainsi dire dans le système des êtres, à m'identifier avec la nature entière. Tant que les hommes furent mes frères, je me faisais des projets de félicité terrestre ; ces projets étant toujours relatifs au tout, je ne pouvais être heureux que de la félicité publique, et jamais l'idée d'un bonheur particulier n'a touché mon cœur que quand j'ai vu mes frères ne chercher le leur que dans ma misère. Alors pour ne les pas haïr il a bien fallu les fuir ; alors me réfugiant chez la mère commune j'ai cherché dans ses bras à me soustraire aux atteintes de ses enfants, je suis devenu solitaire, ou, comme ils disent, insociable et misanthrope, parce que la plus sauvage solitude me paraît préférable à la société des méchants, qui ne se nourrit que de trahisons et de haine.

Forcé de m'abstenir de penser, de peur de penser à mes malheurs malgré moi ; forcé de contenir les restes d'une imagination riante mais languissante, que tant d'angoisses pourraient effaroucher à la fin ; forcé de tâcher d'oublier les hommes, qui m'accablent d'ignominies et d'outrages, de peur que l'indignation ne m'aigrît enfin contre eux, je ne puis cependant me concentrer tout entier en moi-même, parce que mon âme expansive cherche malgré que j'en aie à étendre ses sentiments et son existence sur d'autres êtres, et je ne puis plus comme autrefois me jeter tête baissée dans ce vaste océan de la nature, parce que mes facultés affaiblies et relâchées ne trouvent plus d'objets assez déterminés, assez fixes, assez à ma portée pour s'y attacher fortement, et que je ne me sens plus assez de vigueur pour nager dans le chaos de mes anciennes extases. Mes idées ne sont presque plus que des sensations, et la sphère de mon entendement ne passe pas les objets dont je suis immédiatement entouré.

Fuyant les hommes, cherchant la solitude, n'imaginant plus, pensant encore moins, et cependant doué d'un tempérament vif qui m'éloigne de l'apathie languissante et mélancolique, je commençai de m'occuper de tout ce qui m'entourait et par un instinct fort naturel je donnai la préférence aux objets les plus agréables. (Edition Garnier, p. 94-95.)

En 1777, dans la Septième Promenade, Rousseau entreprend de s'expliquer à lui-même sa passion récente — à 65 ans ! — pour la botanique. Il a déjà défini à quel besoin précis elle répond : il s'agit pour lui de fixer sa pensée pour éviter que son imagination ne *s'effarouche* de ses malheurs ; *cette récréation des yeux* a ainsi valeur d'ascèse morale puisqu'elle *distrait l'esprit et suspend le sentiment des peines*. Rousseau oppose ensuite à l'attitude de ceux qui cherchent dans l'étude des plantes un profit pratique — *du profit et des remèdes* — sa propre façon de concevoir la botanique comme *une contemplation pure et désintéressée*. A partir de ce point précis, il affirme son désintéressement général à l'égard de tout ce qui est matériel ; attestant sa bonté, l'absence chez lui de tout égoïsme, la manière dont il pratique la botanique éclaire ainsi d'une lumière favorable à l'auteur l'histoire de ses rapports avec les hommes, dont l'hostilité précisément l'a contraint à recourir à cet *amusement*. Par un jeu de déductions fermes, la botanique se trouve ainsi reliée au complot, obsession de Rousseau et thème constant des *Rêveries*. Nous nous atacherons à marquer la cohésion de l'analyse dans ses moments successifs.

⁂

La botanique que Rousseau pratique en solitaire, dans la nature, est paradoxalement présentée comme un effet et un signe de son amour pour ces hommes dont il s'éloigne. La nature, tout d'abord, l'aide à réaliser l'oubli de soi auquel le porte son tempérament. Se laisser absorber, *occuper* par un intérêt personnel, ce serait, notait-il dans la Sixième Promenade, *comprimer* (son) *existence. Je voudrais plutôt l'étendre sur tout l'univers,* affirmait-il.

La précision *rien qui tienne à l'intérêt de mon corps* développant *rien de personnel* implique que le corps est le siège de l'égoïsme. Dès la Première Promenade, Rousseau opposait à son corps désormais voué au désœuvrement, son âme *encore active* et dont la *vie interne et morale sembl(ait) encore s'être accrue par la mort de tout intérêt terrestre et temporel* ; et il ajoutait : *mon corps n'est plus pour moi qu'un embarras, qu'un obstacle et je m'en dégage d'avance autant que je puis,* dans un mouvement d'essence paulinienne plus que platonicienne (*Romains* 7).

La vie de l'âme est au contraire expansive, essor vers un au-delà de soi-même que l'on atteint à travers le rêve et la méditation. Le verbe *méditer,* fréquemment employé par Rousseau, exprime la profondeur de la pensée, d'une pensée spécialement appliquée dans les *Rêveries* à la connaissance de son être, selon le projet annoncé à la fin de la Première et au début de la Seconde Promenade où les mots *méditations* et *rêveries* deviennent à peu près synonymes. Ici, *méditer* et *rêver* sont étroitement unis par la similitude de la construction et leurs compléments communs. Plus haut, dans cette même promenade, Rousseau avait nettement distingué les deux opérations de l'esprit, mais en indiquant le passage spontané de l'une à l'autre : *quelquefois mes rêveries finissent par la méditation, mais plus souvent mes méditations finissent par la rêverie.* Le rêve pourrait donc être la fine pointe de la méditation. Du reste, cette expansion hors de soi est toujours source de délices.

Dans la Seconde Promenade, Rousseau mentionnait qu'il avait trouvé remède à ses maux dans *l'habitude de rentrer en* (lui)-*même* ; dans la Huitième Promenade, il dira : *Je m'oubliais en quelque façon moi-même,* pour exprimer les méfaits de la dispersion qui empêche la vie intérieure : *mon âme expansive s'étendait sur d'autres objets et sans cesse attiré loin de moi* (p. 106). Mais il s'agit alors de l'oubli de son être intime ; tandis qu'ici, c'est le moi superficiel, le corps et non l'âme, dont il se détache par l'oubli de soi. Tout comme dans la Cinquième Promenade, cet oubli de soi délivre les puissances de rêves qui donnent accès à une conscience de soi non plus restrictive, mais expansive.

Pour évoquer ce domaine que lui ouvre, comme aux mystiques, l'oubli de soi, Rousseau recourt ici, de même que dans la Troisième lettre à M. de Malesherbes, à des termes de la langue mystique, précisément : *Je sens des extases, des ravissements inexprimables.* Ces mots expriment l'arrachement de l'âme hors d'elle-même dans la contemplation des mystères divins. Ils sont souvent associés pour suggérer l'expérience ineffable des mystiques, dans tel Panégyrique encore de Fléchier. Chez Rousseau, l'extase ayant pour point de départ une rêverie cosmique, devient panthéiste.

Ce processus de désintéressement qui aboutit au bonheur de l'extase est affirmé par une expression véhémente. Dès le début, Rousseau attaque par une dénégation énergique. C'est le *non* brutal qui proteste contre l'attitude précédemment évoquée de ceux qui cherchent dans la botanique une occasion de profit personnel. La liaison des idées est donc assurée avec force ; et c'est aussitôt ensuite la reprise de la négation avec *rien* répété. La formule négative est prolongée par une affirmation à valeur de réciproque. Si l'intérêt de son corps *ne peut occuper vraiment* (son) *âme,* c'est que Rousseau ne trouve son bonheur que *quand* (*il s'*)*oublie* (*lui-*)*même.* La formulation restrictive : *je ne médite, je ne rêve jamais plus délicieusement que quand* souligne encore l'affirmation, donnant au terme affectif, d'un tel volume ! *délicieusement,* valeur de degré absolu.

Le caractère ineffable de la jouissance mystique se marque par *inexprimables* et une formule d'approximation, courante également chez les bénéficiaires de visions : *pour ainsi dire.*

La formule finale qui présente l'extase comme une identification *avec la nature entière* offre un autre intérêt puisqu'elle permettra d'opposer à cette attitude en face de la nature, celle de l'herborisateur. L'enchaînement de la pensée a donc une rigueur absolue.

Tout le mouvement enfin s'ordonne autour d'un rythme binaire qui correspond à un effort croissant de précision aussi bien qu'à un désir d'insistance : *rien — rien ; je ne médite, je ne rêve ; des extases, des ravissements ; à me fondre, à m'identifier.* Des échos sonores soutiennent le développement : *extases — inexprimables, êtres — entière,* au terme de chaque progression.

*
**

Le bonheur que procure à Rousseau l'oubli de lui-même est le signe que cet oubli est conforme à la tendance profonde de sa nature. Mais il demeure conscient que ces extases impliquent une rupture avec l'humanité, un retrait qui peut paraître égoïste. Rousseau est ainsi ramené au problème des rapports entre bonheur et bonté, déjà envisagé dans la Cinquième Promenade, après la description du bonheur dans l'extase procurée par la rêverie. Rousseau avait alors tiré argument du complot qui le condamnait à la solitude pour s'accorder le droit de se livrer à un bonheur tout personnel. Il fonde ici sa justification sur la distinction entre deux périodes de sa vie : *Tant que... quand...*

Dans la première période il avait lié son bonheur à l'amour des hommes, se forgeant *des projets de félicité terrestre* ; il ne recherchait pas alors ces extases qui l'ont ensuite éloigné des réalités terrestres, mais il espérait trouver près des hommes, ses *frères,* une plénitude de bonheur. Le mot *félicité* appartient en effet au même registre religieux qu'*extases* ou *ravissements.*

Cette tendance de son tempérament qui le porte à l'extension de son être vers le tout s'est manifestée dans ses relations avec les hommes attestant la générosité de sa nature. Le même besoin de totalité, le même oubli de sa personne l'avait porté d'abord vers le *tout* humain, avant de l'entraîner à se *fondre dans le système des êtres.* Ici encore la formule restrictive accentue l'affirmation : *Je ne pouvais être heureux que de la félicité publique,* renforcée par l'énoncé du corollaire *et jamais l'idée d'un bonheur particulier n'a touché mon cœur.* Ainsi, la félicité à laquelle il aspirait était conditionnée par la félicité publique — le mot est repris à dessein dans une violente confrontation — et elle est incompatible avec la simple idée d'un bonheur particulier. Les deux mots s'excluent.

Rousseau adopte dès lors le style de la démonstration, soulignant la rigueur du rapport entre l'attitude des hommes à son égard et la conduite qu'il a dû adopter. A l'époque des bonnes relations mutuelles dont l'évocation est introduite par *tant que*, s'oppose la rupture traduite par *quand*, qui a préludé à la seconde période, celle qui continue à durer : *Alors*. Le système des temps accompagne ces changements de plans.

Dans le détail, on notera la construction participiale, bourdonnante de quelle orchestration ! *ces projets étant toujours relatifs au tout* qui permet de conduire vite à une déduction ; et le contraste non seulement entre *bonheur* et *misère*, l'antithèse entre Rousseau qui a besoin du bonheur de tous et tous les autres qui ont besoin de son infortune à lui, mais la force du tour restrictif une fois encore repris : *ne chercher le leur que...* qui met en évidence le caractère exclusif des attitudes.

Ce que Rousseau veut démontrer, c'est sa bonté naturelle : projets, idées, sont chez lui soumis à l'adhésion du *cœur*, siège de la bonté. Au point culminant de l'évocation de sa générosité naturelle intervient une brusque rupture : *Alors... il a bien fallu les fuir*. Lancé en tête de phrase, l'adverbe prépare dans une formule saisissante le caractère inéluctable de la conséquence, le regret de Rousseau, sa résignation difficile. Les voyelles térébrantes autant que les allitérations s'inscrivent dans la sensibilité : *haïr — fallu fuir*.

Cette retraite forcée dans la solitude n'implique nullement la misanthropie ; tout au contraire, c'est *pour ne les pas haïr* que Rousseau a fui les hommes : l'intention est mise en relief par l'ordre des propositions. *J'aime mieux les fuir que les haïr*, affirmait-il déjà dans la Sixième Promenade (p. 83).

Dans cette fuite même, Rousseau n'a d'ailleurs pas rompu totalement avec les hommes. La périphrase *la mère commune* pour désigner la nature, loin d'être ici un poncif littéraire, a une valeur expressive, dans le prolongement de la formule affective *mes frères*, qui, à deux reprises, dans la phrase précédente, désignait les hommes. Maltraité par ses *frères*, Rousseau recourt à la nature dont ses ennemis et lui-même sont les enfants ; et cette filiation commune maintient, en dépit de leur trahison, sa parenté naturelle, donc indestructible avec eux. Comme un enfant, Rousseau s'est réfugié dans les bras de sa mère pour se *soustraire aux atteintes* des autres *enfants* de cette *mère commune,* qui restent donc ses frères, bien qu'ils soient devenus des frères ennemis. En apparence banale, l'image revêt ainsi une signification personnelle qui l'enrichit. De surcroît, elle constitue une transposition panthéiste de l'idée chrétienne de la fraternité des humains, tous enfants du même Dieu.

Ayant précisé le sens de son retrait loin des hommes, Rousseau indique l'état qui en a résulté pour lui : *je suis devenu solitaire.* Cette constatation est l'élément central de la phrase, encadré d'une double explication par quoi dégageant sa responsabilité, Rousseau proclame encore sa bonté. Après avoir pris soin de préciser l'origine de sa solitude et s'être caractérisé lui-même, Rousseau par deux autres adjectifs coordonnés *insociables et misanthrope* nous fait glisser de son point de vue à celui des autres. La restriction *comme ils disent* nous en avertit et prépare une nuance péjorative pour les attributs. Le pronom *ils* grammaticalement peut renvoyer aux *enfants* de cette *mère commune* ; mais aussi bien c'est un outil de distenciation, qui permet à Rousseau de désigner ses ennemis.

Or, pour nous faire passer d'une définition de son état et du caractère correspondant que lui-même revendique, à une définition qu'il refuse, Rousseau emploie la conjonction *ou* qui, normalement, établit une équivalence. Mais c'est pour riposter aussitôt qu'une telle condamnation de son état est abusive, arbitraire. Est insociable celui qui ne peut vivre en société. Or la solitude de Rousseau est l'œuvre de ses ennemis ! Le misanthrope est celui qui ne veut pas ou ne peut pas vivre avec les autres hommes, par haine à leur égard, selon une remarque de Diderot qui avait atteint Rousseau. Admettant la position de ses adversaires, s'attribuant du moins l'attitude qui semble leur donner raison, Rousseau, avec une violence cinglante marquée par l'allitération *(sauvage solitude),* rétorque qu'il s'est écarté de la société à cause de sa bonté incompatible avec *la société des méchants, qui ne se nourrit que de trahison et de haine.* La phrase s'ouvre et se ferme sur ce mot pour affirmer la volonté de Rousseau de se défendre de la haine. Parti d'un mouvement insistant de justification : *alors... alors,* à travers une certaine solennité dans l'image de la nature-mère digne d'un bas-relief antique, Rousseau rejette sur ses ennemis le reproche de méchanceté impliqué dans la qualification de misanthrope qui lui était couramment appliqué. L'affirmation reste aussi catégorique en cette fin de paragraphe avec des expressions sans nuance *la plus sauvage solitude* ou la métaphore âpre : *ne se nourrit que de...*

Présentée au début comme extérieure à lui, la solitude de Rousseau apparaît en définitive comme un état délibérément choisi à cause de la méchanceté des hommes.

*
**

Dans une longue phrase qui occupe presque tout un paragraphe, Rousseau analyse ensuite sa situation morale. C'est une période oratoire, aux antipodes de la phrase lyrique caressante ou impatiente, structurée selon les principes d'une sûre logique, avec renforts efficaces de parallélismes, d'antithèses, de reprises de mots. Cette *copia dicendi*, à l'instar d'une période cicéronienne, est soutenue par le prestige des sonorités liant entre elles les différentes progressions. Emotion et adhésion sont les fins de cette rhétorique. Trois énoncés symétriques détaillent le triple effort auquel Rousseau est contraint pour résister à ses ennemis, effort sur lui-même dans une attitude rétractile inspirée par la conscience du danger : *de peur que*, à deux reprises. Il lui faut se défendre contre ses propres facultés : la pensée, l'imagination, l'affectivité. Dans ce combat contre lui-même auquel ses adversaires l'obligent, la conscience de Rousseau est alertée sur les tendances qui veulent échapper à son contrôle : *malgré moi, malgré que j'en aie.*

Sans doute a-t-il avoué plus haut : *penser fut toujours pour moi une occupation pénible et sans charme* ; mais il semble qu'il s'agisse ici moins de la réflexion qui le *fatigue* et l'*attriste* que d'un abandon aux *idées étrangères qui* lui *passent par* la *tête* et qui devaient constituer la matière même des *Rêveries* : *Je dirai ce que j'ai pensé tout comme il m'est venu,* annonçait-il dans la Première Promenade. L'effet de la persécution est tel que le cours de ses pensées s'orienterait inévitablement vers ses malheurs de même que son imagination risque de se laisser *effaroucher* selon un aveu précédent (p. 90).

L'imagination étant chez Rousseau une faculté heureuse, l'effort est plus pénible pour la *contenir* que pour s'*abstenir de penser*. Cet ordre progressif, scandé par l'homoiotéleute, implique la difficulté éminente du troisième effort imposé à Rousseau *forcé de tacher d'oublier les hommes* ; et cette difficulté, en dépit des *ignominies* et des *outrages*, fait ressortir une fois encore sa bonté. Cet effort du reste n'est pas dirigé vers un bien égoïste ; Rousseau a voulu se préserver de la haine, réaction normale dans son cas, mais qu'il a pu éviter jusqu'ici : *de peur que l'indignation ne m'aigrît enfin contre eux*. L'image anime la pensée en présentant comme extérieure une force psychologique. Toute la Sixième Promenade déjà était consacrée à justifier une indifférence pratiquée délibérément, mais avec difficulté par Rousseau, en la présentant comme le dernier refuge où sa nature généreuse, condamnée par un complot universel à l'inefficacité, pût ne pas sombrer dans la haine.

Syntaxiquement, on admirera la variété de la subordination : de forme infinitive *(de peur de penser)* ou perspective avec l'éventuel *(pourraient)* et le virtuel *(aigrît)* en dépendance d'une actualité soulignée par un adverbe de valeur encore concrète ! *cependant.* Dans cet état violent de contrainte, Rousseau n'envisage que pour les écarter deux solutions qui pourraient s'offrir à l'esprit. La première, qui semblerait dictée par son isolement moral, est impossible, en raison de ce besoin d'expansion qu'il a noté plus haut, comme un trait essentiel de sa nature : *mon âme expansive cherche malgré que j'en aie...* La seconde solution au contraire irait dans le sens même de son être : il suffirait de recourir à ces *extases,* à ces *ravissements inexprimables* qu'il éprouvait à s'*identifier avec la nature entière.* Mais précisément, cette solution aussi s'avère impossible, car Rousseau a vieilli. Cette mention de l'âge et de ses funestes conséquences apparaissait déjà comme une circonstance qui aggravait les dangers de l'imagination. Son imagination *riante* encore, est *languissante* à présent ; et même il ne s'agit plus, à proprement parler, que des *restes* de son imagination. L'incapacité créée par la vieillesse est plus nettement marquée pour expliquer l'impossibilité du recours aux *anciennes extases.* L'élan d'autrefois est rappelé en des termes expressifs, mais c'est pour mieux souligner qu'il est interdit aux *facultés affaiblies et relâchées* de Rousseau. Une gradation ternaire : *assez, assez, assez,* s'insère dans une progression symétrique mais grammaticalement variée : *parce que mes facultés ne trouvent plus... et que je ne me sens plus...* L'extase est ici présentée comme un état violent, impliquant expansion *(dans ce vaste océan de la nature)* et même confusion *(dans le chaos)* ; qui exige une ardeur dans l'abandon *(me jeter tête baissée)* et une vigueur dans l'activité *(nager).* Cette vigueur d'autrefois prenait appui sur un objet, une impression fortement ressentie : l'analyse de la rêverie au bord du lac dans la Cinquième Promenade rendait sensible cette concentration de la conscience sur quelques impressions élémentaires au point de départ de l'extase.

A ces *anciennes extases,* il oppose son état actuel, presque inapte à dépasser le plan de la sensation : *mes idées ne sont presque plus que des sensations.* Le mot *idées* est donc à entendre ici dans un sens large qui déborde le domaine intellectuel pour désigner tout ce qui emplit le champ de la conscience. Plus précisément peut-être, l'activité intellectuelle se réduit pour Rousseau à la perception du détail immédiat. L'antithèse est donc flagrante entre le *vaste océan de la nature* et *la sphère de* (son) *entendement.* Le rétrécissement du terme métaphorique, son abstraction même marquent bien cette évolution de Rousseau.

Un peu plus loin, il avouera : *mon âme morte à tous les grands mouvements ne peut plus s'affecter que par des objets sensibles, je n'ai*

plus que des sensations (p. 97) ; il exprime ainsi le plaisir que lui procure
la botanique en l'intéressant aux *brillants objets qui l'entourent* (p. 98).
Ici, Rousseau n'en est encore, dans l'analyse de la démarche qui l'a
conduit vers la botanique, qu'au stade négatif (*ne plus... que* ; *ne...
pas*), et l'expression garde la froideur du constat, accrue par le caractère discrè-
tement archaïque du mot *entendement* et du verbe simple *passe* au sens
du composé *dépasse* ; par la masse surtout, très brève, de la dernière
phrase, qui s'oppose à l'élan et aux méandres des propositions précédentes. Ardeurs et illusions retombées ! La finale vocalique conclusive
entouré marque bien le terme de ce développement, alors qu'*extases* de
valeur suspensive laissait libre un nouveau bond de la pensée.

Le paragraphe suivant tire la conclusion de l'analyse poursuivie
dans les deux précédents. La première phrase récapitule en effet les
données fondamentales : *Fuyant les hommes, cherchant la solitude* résume
le premier paragraphe ; *n'imaginant plus, pensant encore moins* résume
le début du second paragraphe. De prime abord, on repère le parallélisme
des formes adjectivales du verbe ouvrant le développement : *Forcé...
Fuyant...* A l'abri de ces participes qui définissent une situation morale
sans profil temporel ou circonstanciel précis, limité, Rousseau semble
livrer une attitude de retrait, de retrait sur soi et même de vie intérieure à
laquelle correspondrait *l'apathie languissante et mélancolique* : les deux
adjectifs ont pour fonction d'abord de définir un mot rare. Or il est
doué d'un tempérament vif qui (l)'*éloigne de* (cette) *apathie* : ainsi se
trouve résumée la situation contradictoire qui résulte pour Rousseau de
l'opposition entre l'état de fait créé d'un côté par le complot et la
vieillesse de l'autre, que ses propres tendances ont cristallisé.

Cette contradiction avait déterminé la forme même de la phrase si
longue du paragraphe précédent : Rousseau avait voulu y insérer causes
et conséquences, d'un seul élan, comme pour s'en délivrer et obliger le
lecteur à les embrasser d'un regard attentif. Pourtant, par les précisions
qu'elle livrait peu à peu sur la portée exacte des facultés actuelles de
Rousseau, la fin de ce paragraphe acheminait vers la solution qui lui
demeure accessible : *Je commençai de m'occuper...* ; attitude pratique
accordée à la juste connaissance de ses aptitudes : *par un instinct fort
naturel...* Ce sont là des mots clefs bien inventoriés. La seconde partie
de la phrase : *je donnai la préférence aux objets les plus agréables*
offre une transition naturelle qui introduit la justification de la botanique
fondée sur l'éloge enthousiaste de l'étude du règne végétal.

Cette page des *Rêveries* est remarquable par l'alliance de la rigueur logique et de la précision très nuancée dans la connaissance de soi. L'abstraction est compensée avec bonheur par les appels de l'expression figurée, tandis qu'un rythme varié éperonne l'attention. Parti de l'affirmation, au début de la Septième Promenade, que son penchant pour la botanique était *raisonnable*, le traitement que lui ont infligé ses ennemis l'autorisant à chercher un bonheur de compensation, Rousseau a entrepris d'élucider la raison qui l'a porté à s'adresser à la botanique pour trouver cette revanche. Son enquête l'amène à découvrir un rapport de nécessité entre sa situation actuelle et sa pratique de l'herborisation. Au cours de cette enquête, il a rencontré le motif du complot, qui, élément déterminant de sa conduite et de ses résolutions, apparaît ainsi, comme étant paradoxalement pour lui, la source du *meilleur*. En définitive, les démarches apparentes de l'égoïsme acheminent vers l'égotisme. Le style est en toute rigueur miroir et reflet de cette introspection et de cette découverte.

LE MARIAGE DE FIGARO, II, 4

Scène IV. — CHÉRUBIN, *l'air honteux ;* SUZANNE ;
LA COMTESSE, *assise.*

Suzanne. — *Entrez, monsieur l'Officier ; on est visible.*
Chérubin avance en tremblant. — *Ah ! que ce nom m'afflige,
Madame !*
Il m'apprend qu'il faut quitter des lieux... une marraine si... bonne !...
Suzanne. — *Et si belle !*
Chérubin, avec un soupir. — *Ah ! oui !*
Suzanne le contrefait. — *Ah ! oui ! Le bon jeune homme ! avec ses
longues paupières hypocrites ! Allons, bel oiseau bleu, chantez la romance
à Madame.*
La comtesse la déplie. — *De qui... dit-on qu'elle est ?*
Suzanne. — *Voyez la rougeur du coupable : en a-t-il un pied sur
les joues ?*
Chérubin. — *Est-ce qu'il est défendu... de chérir ?...*
Suzanne, lui met le poing sous le nez. — *Je dirai tout, vaurien !*
La comtesse. — *Là... chante-t-il ?*
Chérubin. — *Oh ! Madame, je suis si tremblant !...*
Suzanne, en riant. — *Et gnian, gnian, gnian, gnian, gnian, gnian,
gnian ; dès que Madame le veut, modeste auteur ! Je vais l'accompa-
gner.*
La comtesse. — *Prends ma guitare.*

La Comtesse, assise, tient le papier pour suivre. Suzanne est
derrière son fauteuil et prélude en regardant la musique par-dessus sa
maîtresse. Le petit page est devant elle, les yeux baissés. Ce tableau
est juste la belle estampe d'après Vanloo, appelée « *la Conversation espagnole* ».

ROMANCE

AIR : *Malbroug s'en va-t-en guerre*

PREMIER COUPLET

Mon coursier hors d'haleine,
(Que mon cœur, mon cœur a de peine !)
J'errais de plaine en plaine,
Au gré du destrier.

DEUXIÈME COUPLET

Sans varlet, n'écuyer,
Au gré du destrier,
Là, près d'une fontaine,
(Que mon cœur, mon cœur a de peine !)
Songeant à ma marraine,
Sentais mes pleurs couler.

TROISIÈME COUPLET

Sentais mes pleurs couler,
Prêt à me désoler.
Je gravais sur un frêne
(Que mon cœur, mon cœur a de peine !)
Sa lettre sans la mienne ;
Le roi vint à passer.

QUATRIÈME COUPLET

Le roi vint à passer,
Ses barons, son clergier.
— Beau page, dit la reine,
(Que mon cœur, mon cœur a de peine !)
Qui vous met à la gêne ?
Qui vous fait tant plorer ?

CINQUIÈME COUPLET

Qui vous fait tant plorer ?
Nous faut le déclarer.
— Madame et souveraine
(Que mon cœur, mon cœur a de peine !)
J'avais une marraine,
Que toujours adorai.

SIXIÈME COUPLET

Que toujours adorai ;
Je sens que j'en mourrai.
— Beau page, dit la reine,
(Que mon cœur, mon cœur a de peine !)
N'est-il qu'une marraine ?
Je vous en servirai.

SEPTIÈME COUPLET

Je vous en servirai ;
Mon page vous ferai ;
Puis à ma jeune Hélène,
(Que mon cœur, mon cœur a de peine !)
Fille d'un capitaine,
Un jour, vous marirai.

HUITIÈME COUPLET

Un jour vous marirai.
— Nenni, n'en faut parler ;
Je veux, traînant ma chaîne,
(Que mon cœur, mon cœur a de peine !)
Mourir de cette peine,
Mais non m'en consoler.

LA COMTESSE. — *Il y a de la naïveté... du sentiment même.*
SUZANNE *va poser la guitare sur un fauteuil.* — *Oh ! pour du sentiment, c'est un jeune homme qui... Ah çà, Monsieur l'officier, vous a-t-on dit que, pour égayer la soirée, nous voulons savoir d'avance si un de mes habits vous ira passablement ?*

La Comtesse. — *J'ai peur que non.*

Suzanne se mesure avec lui. — *Il est de ma grandeur. Otons d'abord le manteau.* (Elle le détache.)

La Comtesse. — *Et si quelqu'un entrait ?*

Suzanne. — *Est-ce que nous faisons du mal donc ? Je vais fermer la porte.* (Elle court.) *Mais c'est la coiffure que je veux voir.*

La Comtesse. — *Sur ma toilette, une baigneuse à moi.*

(Suzanne entre dans le cabinet dont la porte est au bord du théâtre.)

Il est facile d'isoler un certain nombre de thèmes politiques, sociaux... dans les grandes comédies de Beaumarchais et d'en montrer l'orchestration par les ressources ingénieuses du langage. Il nous a semblé plus curieux d'analyser une scène tout simplement charmante du *Mariage de Figaro*, que l'on qualifierait volontiers de hors-d'œuvre, celle de la Romance, afin d'en mieux comprendre le dessein poétique.

Plusieurs années séparent l'achèvement de cette pièce de sa première représentation en 1784, au cours desquelles l'œuvre a pu s'enrichir ou se débarrasser d'éléments variés. C'est le cas pour notre Romance. Grâce au manuscrit 12544 conservé à la Bibliothèque nationale, on s'aperçoit qu'elle n'est pas primitive dans la rédaction. Beaumarchais n'y a pas songé tout de suite : la Comtesse et le Page se rencontraient et Suzanne préparait le travestissement. A la scène 3 de l'Acte II, la réplique : *faisons-lui chanter sa romance* est une addition aussi, due à toute notre parenthèse : *allons bel oiseau bleu...* jusqu'à : *Ah ! çà, monsieur l'Officier*, écrite sur une feuille à part, de même que la romance calligraphiée sur un autre papier de petit format. Heureux intermède vraiment qui allie les grâces d'un divertissement musical au charme du tableau vivant, imaginé d'après l'estampe de Van Loo « La conversation espagnole ».

Ainsi conçue, la scène s'enrichit psychologiquement des nuances apportées à l'aveu de Chérubin.

A cet égard, les indications et les variantes du manuscrit permettent de suivre au plus près le dur travail de création.

Ah ! que ce nom m'afflige, Madame. Ce vocatif est un ajout ; le parallélisme avec *monsieur l'Officier* s'accuse et souligne la distance des partenaires avec une efficace ironie.

Le manuscrit porte : *Suzanne le contrefaisant : Et si belle.* L'indication scénique a été déplacée devant *Ah ! oui, le bon jeune homme* ; l'écho des deux premiers mots n'a pas été obtenu du premier coup. L'intonation est ici souveraine pour affirmer l'imitation.

Oiseau bleu n'est pas un premier jet non plus. Sans doute l'image est en harmonie avec la description du costume de Chérubin : *léger manteau bleu sur l'épaule et un chapeau chargé de plume,* tel que Beaumarchais l'a vu. D'autre part, les chérubins bibliques, comme tous les anges, ont des ailes... Mais comment ne pas évoquer le conte de *l'oiseau bleu* de Mme d'Aulnoy, imité d'un lai de Marie de France, *Yonec* : « Il est tout garni de longues plumes fines et mêlées de bleu céleste. » C'est dans le conte que l'on chante :

oiseau bleu, couleur du temps

qui a fait rêver même Maeterlinck... L'une des fées s'appelle Soussio, aux sonorités si proches en vérité de Suzanne qui *lutine* dans le manuscrit ! C'est de ce côté qu'il faut regarder plutôt que vers l'histoire du page amoureux de sa dame dans le *Petit Jehan de Saintré,* redécouverte par le comte de Tressan. Lorsqu'on sait en plus que Suzanne signifie *lis, son vêtement... blanc* va permettre les nuances significatives du tableau.

L'interrogation hésitante de la comtesse est marquée par des points de suspension : *De qui... dit-on qu'elle est* que des éditions négligent.

Les scrupules de l'écrivain apparaissent dans les approches successives :

[*Reconnaissez le*] *coupable* [*à ses rougeurs*] [*sa rougeur*] [*ce rouge*]. *En a-t-il* [*du rouge*].

Noblement, Chérubin disait : *Est-*[*il*] [*ce*] *donc défendu* [*d'aimer sa bienfaitrice*] avec une franchise sans mystère. La périphrase interrogative « est-ce que » a moins d'apprêt. *Chérir,* un aveu déguisé, fait écho au nom du coupable. D'où la réplique incisive de Suzanne menaçant de révéler les bonnes fortunes de Chérubin avec Fanchette.

Deux *gnian* ont été ajoutés dans le manuscrit. Beaumarchais semble se délecter de cette onomatopée qu'il a sans doute créée. Elle assone ici avec bonheur avec *tremblant.* Sémantiquement, les deux mots se complètent.

Oh ! pour du sentiment, c'est un jeune homme qui... Ce texte est resté en concurrence avec la leçon manuscrite : *il en regorge.* Pareillement on voit dans le manuscrit de la Comédie-Française, Beaumarchais essayer : *en est plein.* Dans ce même manuscrit, il avait pensé à : *il est presque aussi grand que moi.* La leçon retenue est plus concise.

Initialement la scène 4 s'étendait jusqu'à la fin de la scène 8. Le découpage actuel apparaît sur le texte de la Comédie-Française. Cette structure nouvelle est liée en partie à la place de la romance.

Dans le manuscrit de la B.N. on lit : *sentis mes pleurs couler,* passé simple symétrique de : *le roi vint à passer.* Le texte de la Comédie-Française porte déjà, *sentois*. Seuls n'ont pas été biffées les strophes : *Auprès d'une fontaine... Sentois mes pleurs couler... que toujours adorai...* Il y a donc un écart entre le texte écrit et le texte chanté habituellement, selon les indications fournies par Beaumarchais lui-même. La raison en est simple : au théâtre un récit d'essence lyrique paraît ralentir l'action.

*
**

Affranchis de ces questions de genèse, il nous est loisible désormais de saisir le texte aux plans habituels de la langue, du style et de la versification.

La conjonction *dès que* signifiait parfois au XVIIIe siècle « puisque », « du moment que ». L'Académie et Féraud enregistrent cette nuance attestée dans Marivaux aussi.

L'adverbe en *-ment* s'étalait dans le jargon à la mode : « passablement ».

La *naïveté* est faite de naturel, de spontanéité et de vérité. Le *sentiment* désigne des formes affectives de la sensibilité. On comprend que le langage de l'amour ait exploité ce mot. Madame de Genlis fait dire à la vicomtesse des *Dangers du Monde* : *... c'est une charmante personne !... J'ai un sentiment pour elle. Elle a un attrait pour moi.*

L'intérêt de cette scène vient de ce que les personnages essaient de dissimuler leur pensée intime. *Une marraine si... bonne*, déclare Chérubin. Suzanne précise : *et si belle*. Mais l'aveu ne se réalise pas : *Est-ce qu'il est défendu de... chérir ?* La Romance permet justement à Chérubin de se libérer en permettant une transposition : *une marraine que toujours adorai*. Des métaphores en apparence banales ou usées *traînant ma chaîne* ne contrarient pas ce dessein.

Stylistiquement, la romance apparaît donc comme une métaphore des émois de Chérubin. Un récit au passé débouche sur des perspectives d'avenir : *Je veux... Mourir de cette peine, Mais non m'en consoler.* Quelle pesée sur la sensibilité de la comtesse !

La progression a été ménagée avec habileté. Au départ une réplique du tableau de Van Loo qui avait été exposé au salon de 1755. Puis après que le chant a insinué la confidence amoureuse, Suzanne laisse seuls Chérubin et la comtesse en un tête-à-tête troublant.

Comme elle a su provoquer et mener le jeu ! *on est visible.* Par coquetterie, elle évite de désigner plus clairement la comtesse. Au début et à la fin de cette rencontre, le titre ironique qu'elle lui donne : *Monsieur l'officier*, a pour but de décontenancer Chérubin en le livrant à sa discrétion. Les impératifs marquent bien ce rôle de Suzanne.

La phrase *dès que Madame le veut* est interrompue ; mais la voix souligne la nuance impérative : *exécutez-vous,* ou mieux *exécute-toi* :

la forme *chantez* était déjà dite avec un sourire... L'indicatif *nous voulons savoir* après la question : *vous a-t-on dit* dégage le caractère positif de l'idée, alors qu'une pesée critique avec le subjonctif était possible. De là encore les adverbes de soulignement : « Ah ! çà », *est-ce que nous faisons du mal* « donc » ? Ce *nous* a une ambiguïté expressive : il concerne sans doute : Suzanne, la comtesse et Chérubin, complices de cette aventure galante.

On aura remarqué les tours propres au sentiment comme on disait alors : interrogations, exclamations, suspensions... La pensée inquiète ne va pas jusqu'au bout de sa formulation entière. Considérons seulement les deux dernières répliques de la comtesse : *Et si quelqu'un entrait ?* La phrase principale se laisse deviner. *Sur ma toilette, une baigneuse à moi.* Plus de verbe ! Dans son trouble ou sa précipitation, une femme *malmariée* est prête à recevoir l'amour...

Une attention particulière doit être réservée à la romance. C'est Moncrif qui vers le milieu du XVIIIe siècle a lancé la romance dont la vogue s'est maintenue jusque sous Louis Philippe. Ses œuvres avaient paru en 1768 en 4 volumes avec la musique gravée des chansons et des romances. Dès 1767 dans son *Dictionnaire de Musique*, J.-J. Rousseau avait défini la nature de ce genre mi-sentimental et narratif : « quelque histoire amoureuse et souvent tragique ». Très proche de la chanson populaire, elle « doit être écrite d'un style simple, touchant et d'un goût un peu antique, l'air doit répondre au caractère des paroles... une mélodie douce, naturelle... il n'est pas nécessaire que le chant soit piquant, il suffit qu'il soit naïf ». Le mot *naïveté* apparaît comme un compliment ici même dans la bouche de la comtesse ; « chaque couplet ajoute quelque chose à l'effet des précédents, l'intérêt augmente insensiblement et, quelquefois, on se trouve attendri jusqu'aux larmes, sans pouvoir dire où est le charme qui a produit cet effet ». C'est exactement le triomphe du *sentiment* que la comtesse encore a éprouvé !

Il existe certes une harmonie heureuse entre « Malbroug s'en va-t-en guerre » et la romance chantée par Chérubin « officier ». Quand on sait la chanson :

> *Quittez vos habits roses*
> *Et vos satins brochés*

on peut même y trouver une annonce du travestissement... Mais il ne faudrait pas être dupe tout à fait de l'esprit de Beaumarchais :

Là près d'une fontaine...
Sentais mes pleurs couler...

La métaphore baroque avait cessé d'être innocente...

Le texte de J.-J. Rousseau permet aussi de comprendre les archaïsmes de langue qui ont été multipliés pour donner une couleur « antique », en accord avec les poèmes de la vieille France qu'un le Grand d'Aussy par exemple venait de révéler : ces recueils connurent plusieurs éditions et A. de Musset lui-même devait sans doute y découvrir l'épisode principal du *Lai de l'ombre* dont il s'est souvenu dans *On ne badine pas avec l'amour*, III, 3.

On repérera sans mal des mots désuets : *varlet, clergier...* ; des tours contestés : *qui vous met à la gêne ?* mais qui devaient persister jusque dans Lamennais. Comment choisir d'avance entre un sujet animé ou non ?

Coursier est surtout adjectif dans l'ancienne langue. Au total : des effets de bariolage estompés certainement à la représentation.

Le verbe *préluder* est intéressant aussi ; on pense à Polichinelle du *Malade imaginaire* (intermède I, 4) : « avant que de chanter, il faut que je prélude un peu ». Ce n'est pas le lieu pourtant de rappeler les leçons de musique que Beaumarchais donna aux filles de Louis XV ou le rôle de la guitare dans les habitudes du XVIIIe siècle. Il importe plutôt de citer une fois encore J.-J. Rousseau : « C'est une expérience certaine que tout accompagnement d'instrument affaiblit cette impression (des paroles) ; il ne faut, pour le chant de la romance, qu'une voix juste, nette, qui prononce bien et qui chante simplement. »

Ainsi se trouvent précisées les règles idéales d'un genre dont les formes théoriques (de salon, héroïque, dramatique) sont assez peu assurées du temps de Beaumarchais.

On a écrit que c'était une nouveauté d'introduire des parties chantées dans une comédie, sur le Théâtre français. Il y aurait beaucoup à dire sur le principe de la séparation des genres à cette date. S'il est certain que Favart a contribué à l'élargissement du goût, on ne doit pas oublier tout de même la chanson du roi Henri dans *Le Misanthrope*.

Ce qui me semble plus neuf, c'est l'association d'arts différents : la composition en tableau de cette scène est rehaussée par les prestiges du chant.

Il convient donc d'examiner enfin la versification de cette romance. Peine perdue de vouloir retrouver un patron strophique ou de commenter

les trois rimes consécutives comme dans les chœurs d'*Athalie* ! Notre
oreille doit se montrer attentive à l'unique timbre d'assonance. Au-delà
d'une volonté d'archaïsme pourquoi ce timbre *é* lancinant et ce mètre de
8 syllabes qui rompt l'isométrie des « strophes ». Tout s'explique par
référence à *La chanson de Malbrough* dont les six phrases correspondent
aux six vers de nos strophes. Le schématisme du texte est enrichi dans
presque toutes les chansons populaires par des variations, des reprises, etc.
Ici on a :

> *Malbrough s'en va-t-en guerre*
> *Miron ton ton ton mirontaine*
> *Malbrough s'en va-t-en guerre*
> *Ne sai quand reviendrai*
> *Ne sai quand reviendrai*
> *Ne sai quand reviendrai*

La triple rime de la romance répercute en partie ces trois phrases
identiques. Beaumarchais a pris soin d'alterner finale vocalique et consonantique et d'arrêter ses vers sur une note masculine conclusive : é/ère/é.
La mesure du chant est un traditionnel 6/8. L'air s'apparente aux airs
de chasse avec cor. Les versions en sont diverses. Celle qui porte : « ne
sais quand reviendra » pêche par défaut d'assonance. Rappelons que la
chanson associe les deux hémistiches en une souple synthèse : d'où les
longs vers de Verlaine (14 syllabes...) qui renvoient à ce canon poétique.

Ici le stylisticien ne peut pas se dérober devant une difficulté majeure.
Pourquoi Beaumarchais a-t-il choisi cet air parmi tous ceux que le
Répertoire pouvait lui offrir ? A la réflexion, une question de la comtesse surprend : *De qui... dit-on qu'elle est ?* (cette romance). Or
Suzanne avait annoncé à la scène précédente : *Faisons-lui chanter sa
romance*. N'y aurait-il pas ici quelque sous-entendu ou clin d'œil
de connivence pour initiés ? C'est le problème de l'origine de *Malbroug*
qui se pose. L'illustre John Churchill mourut de démence sénile dans
son lit en 1722 ! La bataille de Malplaquet (1709) est de nulle importance
pour notre chanson dont les thèmes se retrouvent sûrement vers 1730-
1740 :

> *Le beau prince d'Orange*
> *s'est un peu trop pressé...*

Du reste le duc de Guise (1563) eut aussi l'honneur d'un convoi burlesque... Mais le fonds Werkerlin du Département de la Musique à la B.N

conserve un Recueil de chansons, vaudevilles et ariettes choisis par Duchemin. Est-ce un pseudonyme ? Ces cahiers ont des approbations qui s'échelonnent de 1762 à 1778. Le cahier qui débute par les Infortunées amours de Gabrielle de Vergy et de Raoul de Coucy (Romance historique) est malheureusement sans date. En tout cas, il contient *la mort de M. de Malbroug*. Ainsi tombe la légende de dame Poitrine qui, berçant de cette chanson l'enfant royal en 1782, l'aurait imposée à la cour...

Diverses alluvions sont d'ailleurs visibles. C'est *La Claire fontaine* qui a suscité :

Sur la plus haute branche
le rossignol chantait...

Il y a mieux ou plus inquiétant : *Journal d'airs choisis avec accompagnement de harpe* par les meilleurs maîtres... (Paris, le Duc, 2e année, 1782. B.N. Musique 4 Y 293 [2], p. 66) ; « Romance du Petit page dans *Le Mariage de Figaro*, Air. *Malbrough s'en va-t-en guerre* par M. de Beaumarchais », Acte II, scène 4. *Inc.* « Mon coursier hors d'haleine ». Des éditions indiquent que pour le spectacle, l'air se chantait sur les paroles : « Auprès d'une fontaine. » Certaines contaminations s'expliquent...

Cet arrangement ne prouve pas seulement la popularité d'un air : almanachs ou éventails apporteraient semblable témoignage. Il pose d'abord le problème de la paternité de cette chanson ! Hélas ! dira-t-on, avec une ambiguïté digne de la scène du Tribunal dans la Comédie : III, 15 ! A quoi renvoie *par* ? Normalement à ... Malbrough ! Est-ce impossible ? Selon Gudin, « la harpe passait pour un instrument ingrat, on le dédaignait ; mais quand Beaumarchais y eut appliqué les connaissances qu'il avait en mécanique, il le perfectionna, le mit en vogue par la grâce qu'il lui prêtait en accompagnant des sons mélodieux de cet instrument les chansons ou les scènes qu'il composait. »

Si mince que demeure le faisceau des preuves, je pense que Beaumarchais a infusé son propre esprit dans cette chanson « populaire ». Il ne l'a pas inventée, mais recréée. Dans *Le Mariage de Figaro* il n'a pas résisté au plaisir de jouer sur plusieurs niveaux par des allusions piquantes à un divertissement qui pourrait bien remonter à une époque privilégiée de sa carrière, celle où le roi lui-même lui cédait son siège au concert ou au spectacle organisé par ses soins devant la reine.

***

En conclusion, le moyen de ne pas évoquer la musique enchanteresse de Mozart ! Mais notre Malbrough demeure associé à un poème des *Châtiments*, V, « Dans l'affreux cimetière », que Péguy a commenté avec fougue dans *Clio,* après quelle expérience personnelle !

C'est vrai, la romance de Chérubin demande un cœur si neuf et les illusions d'une âme qui, même broyée, vit dans la lumière qu'elle a entrevue.

LA JEUNE TARENTINE

Pleurez, doux alcyons, ô vous, oiseaux sacrés,
Oiseaux chers à Thétis, doux alcyons, pleurez.
Elle a vécu, Myrto, la jeune Tarentine.
Un vaisseau la portait aux bords de Camarine.
5 *Là, l'hymen, les chansons, les flûtes, lentement*
Devaient la reconduire au seuil de son amant.
Une clef vigilante a pour cette journée
Sous le cèdre enfermé sa robe d'hyménée,
Et l'or dont au festin ses bras seraient parés,
10 *Et pour ses blonds cheveux les parfums préparés.*
Mais, seule sur la proue, invoquant les étoiles,
Le vent impétueux qui soufflait dans ses voiles
L'enveloppe. Etonnée et loin des matelots,
Elle crie, elle tombe, elle est au sein des flots.
15 *Elle est au sein des flots, la jeune Tarentine.*
Son beau corps a roulé sous la vague marine.
Thétis, les yeux en pleurs, dans le creux d'un rocher
Aux monstres dévorants eut soin de le cacher.
Par ses ordres bientôt les belles Néréides
20 *L'élèvent au-dessus des demeures humides,*
Le portent au rivage, et dans ce monument
L'ont au cap du Zéphyr, déposé mollement.
Puis de loin à grands cris appelant leurs compagnes,
Et les Nymphes des bois, des sources, des montagnes,
25 *Toutes, frappant leur sein et traînant un long deuil,*
Répétèrent : « Hélas ! » autour de son cercueil.
Hélas ! chez ton amant tu n'es point ramenée.
Tu n'as point revêtu ta robe d'hyménée.
L'or autour de tes bras n'a point serré de nœuds,
30 *Les doux parfums n'ont point coulé sur tes cheveux.*

Les *Bucoliques* d'André Chénier forment un ensemble de poèmes et de pièces variées d'inspiration très large sur les dieux, les héros, la vie familière, touchante ou gracieuse dans l'Antiquité. Les Dialogues marins de Lucien sont à l'origine d'un lot important groupé sous le titre d'*Idylles marines*. L'une des plus fameuses est sans contredit la « Jeune Tarentine », publiée pour la première fois, imparfaitement du reste, dans le *Mercure* du Ier Germinal an IX (avril 1801). Après tant de commentaires sur les sources immédiates ou lointaines de ce texte savant, une étude de langue, de style et de versification peut-elle encore se montrer efficace ?

Il conviendrait d'abord de préciser la nature de ce poème. On a dit « épigramme », à cause du vers 21 : *ce monument*. Or les Epigrammes de l'*Anthologie* et celles précisément dont Chénier s'est souvenu ici sont courtes. On imagine mal pareille épitaphe gravée sur un tombeau. Remarquons pourtant qu'au XVIe siècle l'*épitaphe* s'était hissée au niveau d'un genre littéraire, très souple et ductile.

D'autre part, si grammaticalement *ce* peut correspondre à un possessif, en latin notamment, il est peu naturel de supposer que ce soit le monument lui-même qui raconte cette aventure. En fait, comme dans les Idylles de Théocrite, il s'agit d'un narrateur, extérieur à l'action, qui présente « un petit poème sans prétention ». La fortune du mot mériterait d'être suivie : églogue, bucolique, appartiennent au même champ sémantique. Les Idylles de Gessner, en prose, marquent une orientation nouvelle, préparant pour ce terme au XIXe siècle des résonances plus larges.

On peut donc admettre qu'une épitaphe funéraire a stimulé l'imagination du poète. L'épigramme, telle que le recueil des *Analecta* de Brunck la présente, a pris une dimension insolite. Le premier mot du reste en souligne l'esprit : *pleurez*. Le ton élégiaque est tout de suite donné. Or l'élégie, depuis Catulle, Properce ou Tibulle, est un genre bien défini dont le succès ne connaîtra guère de défaillance du XVIe siècle au Romantisme. Le mot se trouve en concurrence avec *complainte*. Ainsi Marot : « Complainte d'une niepce sur la mort de sa tante » : texte important parce qu'il offre des strophes très larges, réunies par des rimes concaténées, c'est-à-dire où se trouve répété le dernier vers au premier vers de la strophe suivante.

Or regardons le mouvement de la « Jeune Tarentine » : deux vers d'ouverture, suivis de douze vers : le rêve du cortège nuptial avant la mort ; deux vers de transition, puis dix vers : le cortège funèbre, avec des reprises, semblables aux recherches formelles de Marot. Enfin, quatre vers de conclusion.

Epigramme, épitaphe, élégie, complainte, idylle même : une unité affective relie tous ces termes.

Mais à qui appartiennent ces vers de conclusion ? Aux nymphes ou au narrateur ? Dans le manuscrit, Chénier s'est borné à souligner *Hélas* du vers : *Répétèrent : Hélas! autour de son cercueil.* Indice que le finale est son propre commentaire, écho à travers le temps d'une plainte, la sienne, la nôtre, qui rejoint celle des divinités mythologiques. Une telle perspective distend toute l'atmosphère.

*
**

La langue du poème est concise. Des constructions en apposition désemcombrent la phrase de subordonnants sans préjudice pour la clarté (vers 11-12-13) :

> *Mais seule sur la proue, invoquant les étoiles*
> *Le vent impétueux...*
> *L'enveloppe.*

La préposition *à* économise des outils plus précis : *la portrait* aux *bords de Camarine* (v. 4) ; *la reconduire* au *seuil de son amant* (v. 6) ; *le portent* au *rivage* (v. 20)...

Le ligature de coordination *et* se fait apprécier pour sa polyvalence. Tantôt, elle unit des termes grammaticalement différents : *étonnée, et loin des matelots* (v. 13), souligne une énumération : et *l'or et pour ses blonds cheveux les parfums* (v. 10) ; apparaît au terme d'une énumération : et *dans ce monument* (v. 21). Plus souvent, Chénier s'en dispense : de telles séries, non closes, servent l'imagination ou se prêtent à des effets dramatiques :

> *Là l'hymen, les chansons, les flûtes* (v. 5)
> *Elle crie, elle tombe, elle est au sein des flots* (v. 14)

Le lamento final est ainsi construit sur une asyndète.

S'il est facile de rendre compte des effets pathétiques des « présents », de l'imparfait descriptif ou des formes perspectives *devaient la reconduire* (v. 6), *seraient parés* (v. 9), les passés *a enfermé* (v. 7), *l'ont déposé* (v. 22) sont moins justifiés au regard d'une syntaxe stricte. Au voisinage des parfaits *eut soin* (v. 18), *répétèrent* (v. 26), des valeurs aspectives neuves semblent peu justifiées dans le dernier cas. Malherbe déjà avait demandé que le mélange des temps ne fût pas indiscret. L'exemple de modèles grecs a sans doute conduit Chénier à ce brassage des plans du récit et du discours.

Dans les quatre derniers vers en revanche, les passés composés expriment avec justesse le retentissement de la mort de Myrto sur notre sensibilité.

L'influence antique, précisément celle de Manilius, se manifeste, avouée par Chénier lui-même, dans l'attaque brusque de ce final avec les pronoms de la deuxième personne :

> *Hélas ! Chez ton amant tu n'es point ramenée...* (v. 27)

La note qu'il a placée sur un passage des *Astronomiques* en tête du poème ne laisse aucun doute sur son dessein d'expressivité.

Et puis, il y a cette insistante forme négative *ne... point*, affirmation lucide du néant reprise quatre fois. Quelle façon toute païenne d'opposer aux prestiges du surnaturel, même mythologique, les joies délicates de l'existence à jamais perdues !

Un écrivain sûr de sa langue peut donc exploiter les ressources du matériel grammatical au plus près de ses préoccupations les plus intimes.

*
**

Au plan du vocabulaire, de semblables constatations sont permises. D'abord ce texte draine un certain héritage classique : *étonnée* (v. 13) : frappée de stupeur. L'Académie, depuis longtemps, avait jugé archaïque ce sens. Mais Bonaparte en 1796 l'utilisait encore dans cette acception très forte.

Amant, conformément à la tradition, se dit d'une personne aimée, sans nuance péjorative.

Sein, au singulier, reste un terme noble, abstrait. Chénier avait d'abord mis : leurs seins, uniquement concret. Cette dématérialisation concerne aussi la présentation des Néréides :

> *Sur leurs bras à l'envie les belles Néréides.*

Ce premier jet a été refusé. Sans doute, *bras* a déjà servi pour la jeune Tarentine : v. 9. Une banale répétition n'a pas été seulement évitée. Par contraste avec la réalité de son héroïne, Chénier se borne à évoquer, avec plus de discrétion, la mystérieuse présence des divinités.

L'antithèse entre les volets de ce diptyque est caractéristique en effet. Le premier accumule les notions et les mots chargés de substance concrète : ainsi sera éprouvé plus intensément le déchirement de cette mort.

Dans une rédaction première, Chénier avait mis :

> *Là de l'autel d'hymen un cortège charmant*

Le ton restait intellectuel. La version définitive est d'une suggestion parfaite :

Là l'hymen, les chansons, les flûtes lentement...

L'hymen désigne une divinité présidant au mariage accompli selon les rites, par opposition à l'époque où le rapt tenait lieu de loi : fleurs, fruits, flûte en étaient les attributs. Sur le seuil de sa maison, le fiancé enlevait sa jeune femme, souvenir symbolique de l'enlèvement. L'Epithalame des *Noces de Thétis et de Pélée,* avec le refrain rituel :

Hymen, ô hyménée, viens, Hymen, ô hyménée

chante dans les mémoires.

C'est un jeu élémentaire de relever les mots de civilisation dans un pareil texte. *Cercueil* même ne surprend pas : chez les Anciens, on portait le mort au bûcher ou au tombeau dans un coffre découvert.

Les noms propres naturellement permettent un dépaysement facile et l'évasion. Termes géographiques d'abord, évocateurs d'un monde privilégié : la jeune Tarentine vogageait entre la Sicile et l'extrême pointe de la péninsule italienne. Noms de déesses prestigieuses : Thétis, la plus belle des Néréides ! Les Nymphes appartiennent aussi à un monde familier, d'une rassurante poésie. Chénier n'abuse pas du reste de cette érudition classique : *Les Nymphes des bois, des sources et des montagnes* ne sont autres que les Dryades, les Naïades, les Oréades...

Dans le *Génie du Christianisme,* Chateaubriand soupire : *Que la mythologie rapetissait la nature* !... Chénier, pour sa part, a su se montrer discret.

L'attention portée à ce climat antique ne doit pas détourner d'autres termes, plus simples, mais typiques du ton de l'idylle. Pour Mauvillon (*Traité du Style,* 1751), *vaisseau, bâtiments, navire* relèvent du « style médiocre ». *Proue* (v. 11) est tout à fait technique. Sans doute, avonsnous ici un des premiers emplois dans un texte d'essence lyrique, au même titre que *matelots* (v. 13) au pluriel surtout.

Il reste que l'ensemble de ce vocabulaire s'ordonne autour de trois thèmes : celui de l'amour, de la mer et de la mort, savamment diversifiés.

Que l'on prenne garde en effet aux reflets de l'étymologie et du sens !

Alcyon désigne un oiseau assez mal identifié : quelle chance donc pour le rêve ! Une épigramme d'Apollonidas signale que les sept jours (chiffre sacré) qui précédaient ou suivaient le solstice d'hiver étaient nommés : « époque des alcyons ». En grec, l'adjectif *alkuon,* signifie :

qui chante d'une voix plaintive, comme celle de l'alcyon. La racine du mot contient *mer*, « la bondissante » (*salio*, en latin).

Myrto existe chez Théocrite déjà. Mais il convient de le rapprocher de l'adjectif *murton* : délicat ; et de *myrte* : arbrisseau à fleur blanche consacré à Vénus...

Tarentine voisine avec le verbe *tarassô* : « bouillonner », en parlant de la mer.

Dans *Néréides,* les nymphes de la mer, on retrouve *néô* : nager. *Numphê* se dit aussi de la fiancée voilée ou recouverte, au moment où elle se présente devant son futur mari (*nubere*).

Zéphyr enfin ! Point géographique certes ; mais vent aussi : fort ou léger. Les poètes ont contribué (l'adjectif *mollement* ici nous suggestionne) à écarter l'idée de violence. Or le mot est à rapprocher de *dsophos* : les ténèbres des enfers...

Pareilles valorisations de l'énoncé ne sont pas fortuites pour un écrivain accueillant les échos les plus subtils du lexique.

Cependant deux mots font difficulté : *reconduire* (v. 6), *ramenée* (v. 27). Le préverbe semble incompréhensible puisque la jeune fille n'est pas allée chez son mari. Dans le dernier cas, Chénier aurait pu mettre aisément « amenée ». A moins de se résigner à une explication désespérée du genre : impropriété, négligence, comment rendre compte de ces verbes ?

Une Epigramme d'Antipater raconte l'aventure de Cléonice :

« De tous temps, l'eau de l'Hellespont a été funeste aux femmes, ô étranger... Cléonice de Dyrrachium voguait vers Sestos pour *rejoindre son époux*. Sur son noir vaisseau, elle connut le sort fatal d'Hellé... ».

Il y a surtout l'émouvante histoire de *Paul et Virginie* (1787), de Virginie, morte, noyée, au moment où elle retrouve son ami. En filigrane, ce destin exemplaire, tout moderne, se déchiffre à travers une idylle que l'on croit pétrie seulement de réminiscences classiques.

Le style exploite d'abord des procédés bien éprouvés de rhétorique ; singulier poétique : *la vague* (v. 16) ; métonymie : *bords* (v. 4) plutôt que le nom de pays directement : ainsi dans *Phèdre* déjà, v. 648. *Deuil* (v. 25) au sens de « douleur » passait pour vieux d'après l'Académie en 1718. En 1762, elle acceptait : « témoigner un grand deuil ». Les reflets sont multiples ici : traîner un long cortège de deuil avec des plaintes immenses. Autre transposition : *cèdre* (v. 8) pour coffre en bois de cèdre : le détail a été fourni par Euripide ; *or* au lieu de bracelets... (v. 9) Hypallage rehaussée de personnification : *clef vigilante* (v. 7). L'animation était reconnue par tous les théoriciens comme un principe formel de beauté.

Dans cette technique, la qualification forme une pièce maîtresse de l'énoncé. L'adjectif paraît renforcer le pouvoir de signification du substantif : *vague marine* (v. 16) ; (ailleurs, Chénier parle de l'*algue marine*). Il explicite une périphrase : *demeures humides* (v. 20), même *monstres dévorants* (v. 18) avec une épithète qui rappelle un vers fameux d'*Athalie*, malgré un contexte différent inspiré en partie par la légende d'Andromède.

Oiseaux sacrés (v. 1) n'est pas seulement éclairé par une seconde qualification, *chers à Thétis* (v. 2) issue des *Géorgiques*, I, 399. L'épithète introduit une idée de mystère, donne immédiatement une tonalité religieuse au poème. Les adjectifs peuvent donc rester d'une imprécision systématique : *blonds cheveux, beau corps, belles Néréides, doux alcyons, doux parfums...* puisqu'il s'agit de recréer un univers de rêve pour la *Jeune Tarentine*. Seul *vent impétueux* (v. 12) apporte une dissonance concrète : c'est vraiment l'accident qui traverse ce songe.

A côté des formes adjectives du verbe qui apportent un élément de variété : *clef vigilante, monstres dévorants,* il faut placer *robe d'hyménée* (8, 28), substitut noble de « robe de mariage » ; « robe nuptiale » aurait eu un parfum évangélique.

Si les couleurs restent discrètes, les attitudes et les mouvements sont au contraire bien observés et rendus. On peut parler d'un art qui rivalise avec le ciseau du sculpteur burinant un corps ou un bas-relief. Le vers 11 soulève un problème toutefois :

> *Mais seule, sur la proue, invoquant les étoiles...*

Sans doute il convient de rappeler l'histoire de Palinure, précipité dans la mer alors qu'il observait les astres, d'après l'*Enéide,* VI, 228. Mais il existe aussi des divinités celtiques debout dans leurs barques ! Chateaubriand en offrira une réplique avec sa Velléda ! En tout cas, un certain climat religieux est savamment entretenu « invoquant les étoiles ». Si bien qu'on est amené à s'interroger en définitive sur la portée des intentions stylistiques de Chénier : parler de litote (*elle a vécu,* v. 3) ou de ton élégiaque ne va pas au-delà du constat.

Une approche plus sûre est réalisée grâce à *incantation*. C'est elle qui gouverne les inversions, les mises en relief, les reprises surtout (la fameuse épanadiplose, avec ses variétés : l'inclusion et la polyptote), la formule cyclique finalement du poème tout entier : sorte de cercle magique, enchanté.

En fait, on est conduit bien au-delà des Epigrammes votives ! On retrouve ici un mythe permanent de l'imagination : celui de la jeune fille noyée : pensons aux créations ultérieures de Lamennais dans sa *Voix de*

Prison, XII, ou à la *Vie de Rancé* ou à Lamartine, *Le Lys du golfe de Santa Restituta dans l'île d'Ischia!* Plus précisément, on rejoint un archétype fondamental : les noces mystiques avec la mer...

A ce point d'investigation, le stylicien arrête sa démarche puisqu'il se borne à rendre compte d'une volonté d'idéalisation qui, se refusant à évoquer « ce je ne sais quoi qui n'a plus de nom dans aucune langue » concilie émotion et ferveur dans une ambiguïté poétique.

La versification enfin confirme et couronne la plénitude formelle de cette idylle. Tout de suite on repère les noms propres à la rime, créant des appels imprévisibles de sens et de sons : *Tarentine, Camarine, Néréides* ; les homophonies supplémentaires, vocaliques, consonantiques, qui renforcent les timbres de la rime elle-même : *TArentine-CAmarine* ; *TARentine-mARine* ; *MOnument-MOllement* ; *cOMpagne-mONtagnes...* C'est marquer déjà le pouvoir et l'obsession des sonorités. Entre l'hémistiche et la rime de semblables échos s'entendent : *ThétIs-TarentIne* ; *ZéphYr-crIs* (v. 22, 23). A quatre reprises, un identique son *é* revient à la rime : jour*née*, hymé*née* ; par*és*-prépar*és*. Dans cette phrase même, à l'hémistiche, enfer*mé* renforce cette série homotone.

Toutes les rimes sont choisies dans une certaine tonalité mineure. La finale *-or* se trouve exclue. Et non seulement le poème s'arrête sur un timbre conclusif, étouffé, mais cette voyelle renvoie au premier vers : *Pleurez*. L'unité ainsi réalisée est parfaite.

D'ordre semblable, mais à un niveau plus complexe, sont les retours des mots, de groupes, d'éléments propositionnels jouant à la manière de phrases musicales obsédantes : *pleurez, la jeune Tarentine, robe d'hyménée,* le finale tout entier...

Sans être dupe d'un subjectivisme facile, on est bien obligé de reconnaître ici des effets convergents du sens et du matériel articulatoire qui réalisent une surcharge expressive, émotive. Si les visionnaires sont également des auditifs d'après A. Breton, la correspondance entre vision et langage s'affirme avec sûreté tout au long de ce texte. Dans un tel esprit, il convient de commenter les glissements des sons vocaliques : *alcyons, Néréides,* l'inhabituelle fréquence du *e* atone, l'insolite retour des sons nasalisés, jusqu'aux métaphores suggestives réalisées par les consonnes :

> *Mais seule sur la proue, invoquant les étoiles,*
> *Le vent impétueux qui soufflait dans les voiles*
> *L'enveloppe.*

Le pouvoir de ce discours lyrique s'éprouve bien aussi au plan du rythme. Ce rejet qui interrompt brutalement une ligne mélodique est un signe sensible du drame.

Ailleurs, l'enjambement estompe les limites du mètre en le distendant :

> *Là l'hymen, les chansons, les flûtes, lentement*
> *Devaient la reconduire au seuil de son amant.*

Au vrai, l'hémistiche a cessé de régler le mouvement de l'alexandrin. Des ponctuations variées brisent la forme circonflexe du vers, nous obligeant à détailler chaque énoncé, ou, comme des sanglots, contrariant une diction mécanique, sans accident.

Le dernier vers soulève un problème intéressant :

> *Les doux parfums n'ont point coulé sur tes cheveux.*

Habituée aux audaces modernes, notre oreille est sollicitée d'entendre ici 4-4-4. Bien que la notion d'accent tonique soit étrangère à Chénier lui-même, et que le vers se définisse d'abord en fonction du paramètre mélodique, malgré tout la structure de l'alexandrin permet d'y déceler souvent quatre arêtes accentuellles. Le schéma du vers 30 est-il donc original ? Il suffit d'ouvrir au hasard n'importe quelle tragédie classique pour trouver à l'hémistiche un mot négatif ; *Andromaque* :

> *Non, Cléone, il n'est point ennemi de lui-même* (v. 845)
> *Mais vous ne l'avez pas seulement demandée* (v. 920)
> *Dis-moi, ne t'es-tu point présentée à sa vue* (v. 1445)

Certes, dans la déclamation, l'entraînement verbal, la nécessaire liaison des unités sémantiques et syntaxiques tendent à imposer un découpage 4-4-4 brutal. Mais si l'on admet que le poème est d'abord prière ou regard intérieur, ces arêtes vont s'estomper. Ce vers 30 sera dit avec une agogique et des variations tonales si peu accusées que les accidents de hauteur, de durée et d'intensité n'auront plus de distinction pertinente. Un decrescendo parfait aura ainsi accompagné les affirmations de la douleur impuissante et du rêve détruit.

Toute autre cadence eût rompu cet appel au silence.

Telles sont les réalisations de Chénier dans cette pièce d'anthologie vraiment. On pourrait encore la définir par rapport à l'épopée : refus de couleurs tranchées et des sensations musculaires, ou même par rapport à Bernardin de Saint-Pierre : Virginie « était à moitié couverte de sable... les pâles violettes de la mort se confondaient sur ses joues avec les roses de la pudeur... ». Il est si facile d'opposer les sensibilités ! Mais son dessein se comprendrait mieux par référence à l'*Epître sur ses ouvrages*. Alors seraient justement évalués ses réussites et ses pressentiments.

Salut, ô belle nuit, étincelante et sombre,
Consacrée au repos, ô silence de l'ombre
Qui n'entends que la voix de mes vers, et les cris
4   De la rive aréneuse où se brise Thétis.
Muse, Muse nocturne, apporte-moi ma lyre.
Comme un fier météore, en ton brûlant délire,
Lance-toi dans l'espace ; et pour franchir les airs,
8   Prends les ailes des vents, les ailes des éclairs,
Les bonds de la comète aux longs cheveux de flamme.
Mes vers impatients élancés de mon âme
Veulent parler aux Dieux, et volent où reluit
12   L'enthousiasme errant, fils de la belle nuit.
Accours, grande nature, ô mère du génie.
Accours, reine du monde, éternelle Uranie,
Soit que tes pas divins sur l'astre du Lion
16   Ou sur les triples feux du superbe Orion
Marchent, ou soit qu'au loin, fugitive emportée,
Tu suives les détours de la voie argentée,
Soleils amoncelés dans le céleste azur
20   Où le peuple a cru voir les traces d'un lait pur ;
Descends, non, porte-moi sur ta route brûlante ;
Que je m'élève au ciel comme une flamme ardente.
Déjà ce corps pesant se détache de moi.
24   Adieu, tombeau de chair, je ne suis plus à toi.
Terre, fuis sous mes pas. L'éther où le ciel nage
M'aspire. Je parcours l'océan sans rivage.
Plus de nuit. Je n'ai plus d'un globe opaque et dur
28   Entre le jour et moi l'impénétrable mur.
Plus de nuit, et mon œil et se perd et se mêle

> *Dans les torrents profonds de lumière éternelle.*
> *Me voici sur les feux que le langage humain*
> 32   *Nomme Cassiopée et l'Ourse et le Dauphin.*
> *Maintenant la Couronne autour de moi s'embrase.*
> *Ici l'Aigle et le Cygne et la Lyre et Pégase.*
> *Et voici que plus loin le Serpent tortueux*
> 36   *Noue autour de mes pas ses anneaux lumineux.*
> *Féconde immensité, les esprits magnanimes*
> *Aiment à se plonger dans tes vivants abîmes ;*
> *Abîmes de clartés, où, libre de ses fers,*
> 40   *L'homme siège au conseil qui créa l'univers ;*
> *Où l'âme remontant à sa grande origine*
> *Sent qu'elle est une part de l'essence divine.*

Le poète Alonzo d'Ercilla, « à la fin d'un repas nocturne en plein air, chante (...) un morceau astronomique : quelles étoiles conduisirent Christophe Colomb.

> *ô nuit... ô ciel, ô mer, ô enthousiasme, enfant de la nuit...* »

C'est ainsi que Chénier a présenté une quarantaine de vers que l'on rattache d'ordinaire à un projet inachevé sur *l'Amérique*.

*
**

D'emblée, il a lui-même invité à des confrontations en évoquant *les esprits magnanimes* qui *aiment à se plonger dans (l)es vivants abîmes* de l'*immensité*.

Si les *Géorgiques*, I, 205, 244... viennent à l'esprit, la métaphore du *mur* (v. 28) se rencontre dès le *De natura rerum*, I. Mieux encore, il faudrait citer toute la partie astrologique du *Phèdre* (v. 246, 247) dont l'influence fut si nette sur l'humanisme de la Renaissance ; tel sonnet de *l'Olive* (v. 113) en dérive, fût-il réalisé à travers Bernardino Daniello. Les *Amours de Cassandre* (v. 172) ou des *Hymnes* de Ronsard offriraient d'autres points de rencontre. Dans la *Création du monde* (v. 1) de Du Bartas, il y a déjà un hommage à la nuit :

> *La nuit est celle-là qui de ses ailes sombres*
> *Sur le monde muet fait avecques les ombres*
> *Dégoutter le silence...*
> *O douce nuit...*

On sent bien que les résonances de notre texte sont autres. Un vers peut alerter :

L'homme siège au conseil qui créa l'univers.

Car s'il renvoie à La Fontaine directement :

C'est dommage, Garo, que tu n'es point entré
Au conseil de celui que prêche ton curé... IX, 4,

Garo conduit vers Cyrano de Bergerac, l'auteur impie des *Etats et Empires de la lune et du soleil.* dont les voyages merveilleux ont hanté les esprits. Dès lors, nous pouvons nous interroger sur le sens vrai de cette méditation, non pas gratuite, purement sensorielle ou sensible, parée même des prestiges d'un opéra de Rameau, mais orientée dans son principe philosophiquement. Tout devient clair et s'ordonne dès que l'on a repéré la source première, immédiate, la *XXIᵉ nuit* de Young.

« O nuit, dont la clarté pure et tempérée ne répand qu'un éclat adouci sur le tableau du monde... vous, Pléiades et vous, étoiles attelées au char enflammé du pôle, et toi, brillant Orion, dont l'œil est encore plus vif, astres favorables qui guidez l'homme... enseignez-moi de quel côté je dois diriger ma course pour découvrir où habite mon auteur.

« Je veux m'élever de sphère en sphère et parcourir l'échelle radieuse que la nuit me présente... Je me livre à la pensée... Enlevé sur son aile de feu, je m'élance de la terre comme de ma barrière... j'ai passé l'astre de la nuit. Je touche au rideau d'azur des cieux... j'ai pénétré dans les espaces reculés... A chaque planète que je trouve sur ma route, je m'arrête, je l'interroge sur celui qui fait briller et rouler son orbe... »

Et dans la *XXIIᵉ nuit* : « L'âme est faite pour voyager dans les cieux. C'est là qu'échappée de sa prison et dégagée des liens de la terre, elle peut respirer librement... » (Traduction de le Tourneur.)

Mais tandis que la pensée de Young garde une stricte orthodoxie, celle de Chénier s'entoure d'une ambiguïté voulue en se dissimulant sous des formes panthéistes. C'est dire déjà que la place de ce texte dans l'*Amérique* n'est plus tellement assurée et qu'il pourrait fort bien s'insérer dans l'*Hermès* dont les prétentions philosophiques sont plus affichées. C'est marquer enfin la prépondérance d'une inquiétude moderne par-delà les jeux d'une langue et d'un style que l'on jugerait volontiers gratuits.

⁎⁎⁎

Un certain vocabulaire technique semble nécessaire dans cette évocation. Or il est remarquable de constater l'absence de mots attendus comme *étoiles, planètes. Météore* ne se glisse qu'escorté d'une épithète morale *fier* (v. 6). La *comète* est représentée avec une qualification descriptive qui lui restitue ses attributs conventionnels, conformes du reste à l'étymologie du substantif (v. 9). Une périphrase et un adjectif abstrait autant que concret présentent la constellation d'Orion (v. 16). *Voie lactée* a paru trop peu scientifique. De là une longue périphrase explicative :

les détours de la voie argentée,
Soleils amoncelés dans le céleste azur
où le peuple a cru voir les traces d'un lait pur...

Le mot *peuple* prend ici une nuance péjorative. De cette manière, vérité et légende s'opposent dans une joute poétique.

L'éther (v. 25) désigne la partie la plus subtile de l'air selon les Anciens, au-dessus des couches de l'atmosphère terrestre. Le feu est formé d'éther. Ainsi se justifient mieux encore la présence de la lumière au cours du développement et l'absence du mot *ténèbres* trop rivé en outre à *funèbres. L'océan sans rivage* (v. 26) s'oppose à la *rive aréneuse* initiale. Dans cette perspective, *globe* (v. 27) rejoint une idée de la cosmogonie des Anciens pour qui le ciel reposait sur le monde telle une immense cloche enserrant l'océan.

A dire vrai, pareil texte laisserait mal deviner dans cette partie descriptive les connaissances scientifiques du XVIIIᵉ siècle, même s'il révèle la ferveur d'un néophyte, tant son imagination reste imprégnée des prestiges poétiques de l'Antiquité, jusque dans la métaphore des *ailes des vents* (v. 8)... La muse de l'astronomie, *Uranie* (v. 14), est appelée hors de toute référence temporelle (*éternelle*) sans allusion probable à la découverte récente d'Uranus en 1781.

De là aussi certaines faiblesses évidentes de l'expression qui s'ajuste mal à un spiritualisme instinctif. Du moment que ce *corps pesant* (v. 23) s'est détaché du poète, pourquoi cet *œil* de chair et ses *pas* embarrassés (v. 36) ? La représentation de l'homme siégeant *au conseil qui créa l'univers* reste grevée d'une imagerie désuète.

Si difficile apparaît la conciliation de formes antagonistes de la sensibilité !

**

Pourtant le ton résolument mystique est tout de suite donné par *consacrée.* Le mot se réfère à des valeurs surnaturelles. Mais alors que la Nuit dans l'épopée homérique est mère de la mort, que la Théogonie y voit une fille du Chaos et de l'Erèbe, que pour Eschyle elle est mère des Erinyes, Chénier révise ces notions. L'appel à la mythologie qui se fait si insistant n'est donc qu'au service d'une rhétorique. Mythologie rassurante évoquée par Thétis, la plus belle des néréides, les muses, Cassio-pée ou Pégase.

Il est remarquable que la plupart des animaux cités (Dauphin, Aigle, Cygne) sont entourés d'une aura symbolique prestigieuse. Le serpent est un animal chtonien, associé à la vie autant qu'à la mort, jusque dans le *Petit prince* de Saint-Exupéry. Il ne saurait être question ici de lui faire annoncer les tempêtes... Orion et l'Ourse veillaient sur la navigation d'Ulysse. Le voyage ici est autrement grave.

Dieux, âme, essence divine entretiennent cette atmosphère religieuse avec quelque amphibologie du reste. Plutôt que référence à une doctrine précise, il s'agit d'abord d'une rencontre mystérieuse avec les forces créatrices de l'univers. D'où l'importance du thème de l'eau et de la lumière qui circulent dans ces vers avec de riches effets d'antithèse.

Au lieu d'enregistrer des mots et des expressions suffisamment expli-cites, bornons-nous à signaler Thétis qui vit dans l'ombre du grand dieu Poséidon et Pégase qui doit son existence à une source...

Pégase, lyre, Muse se rangent finalement dans le champ sémantique de : délire, enthousiasme, possession divine, comme Platon l'imaginait dans *Ion*. C'est dire, en dernière analyse, que c'est vraiment sous le signe d'Apollon qui aima Uranie que se situe un pareil texte d'anthologie.

*
* *

On pourrait avec succès repérer ici toute une gamme de procédés nobles dans l'expression, accordés sans dissonance au ton sublime du dis-cours. *Fers* (v. 39) ne représente pas seulement les chaînes, mais la ser-vitude morale. *Feux* (v. 31) décalque *ignes* des *odes* d'Horace ; c'est une forme de métonymie. Le singulier ou le pluriel poétique métamorphose la réalité. *Reluit* (v. 11) est un intensif. Articles et démonstratifs soutiennent le regard.

Pareille méditation ne peut s'accommoder que d'un présent atemporel. *Créa* (v. 40) rejette l'événement hors de toute permanence.

Pourtant la qualification reste la pièce maîtresse de l'art de Chénier. Nous frappe d'abord la fréquence de l'adjectif tenant lieu de détermina-tion plus explicite. La concision est liée à une densité de nature poéti-que, *Muse nocturne* : qui se manifeste la nuit. Le mot est promis à une belle carrière ! *Céleste azur* (v. 19) : qui concerne l'azur du ciel. Divin (*pas divins* ou *essence divine*) évite un nom propre gênant par sa trop grande précision. *Anneaux lumineux* (v. 36) : fait de lumière, *Serpent tortueux* (v. 35) : aux reptations sinueuses. *Rive aréneuse* (v. 4) ; le suffixe *eux* était déjà poétique au XVIIIe siècle. Dans le dernier exemple il ne s'agit donc pas d'un banal archaïsme poétique au sens de *sablonneux*.

Sous forme substantive, une certaine variété se manifeste : *longs cheveux de flamme,* assurant un encadrement plus naturel au substantif. *Sans rivage* qualifie *océan* (v. 26) avec bonheur puisque aucun adjectif n'est possible ici.

La forme en -*ant* (*étincelant, brûlant, vivant*) ajoute une valeur dynamique à une touche descriptive, fort bien venue dans un contexte d'élan. Le *délire* est *brûlant* (v. 8) à l'image de la *route brûlante* (v. 11) des astres.

Plus qu'une contrainte de versification, il faut voir dans les couples *étincelante et sombre* (v. 1), *opaque et dur* (v. 27) des épithètes complémentaires.

Flamme ardente (v. 22) n'est pas une tautologie. L'adjectif signifie « brillant » aussi. Les reflets étymologiques de *féconde immensité* (v. 37) sont renvoyés sur *vivants abîmes* (v. 38) en une symétrie parfaite.

Virgile disait : *lucidus anguis* ; Chénier a préféré dissocier deux représentations : *tortueux* (v. 35) suggère d'abord un mouvement de déplacement propre au serpent et un aspect inquiétant de sa nature ; *anneaux lumineux* (v. 36) définit ensuite une forme rassurante, éloignée du reste d'une autre notation des *Géorgiques* :

> *Maximus hic flexu sinuoso elabitur anguis*

Le choix d'un adjectif *fugitive* (v. 17) là où un adverbe eût paru grammaticalement plus correct au sentiment des théoriciens, depuis le XVIIe siècle, confirme la primauté de la représentation nominale et spatiale, au détriment du plan verbal d'essence moins lyrique. De même, l'épingle *à* qui agrafe *aimer* à son régime (v. 38) impose au désir un objectif.

En définitive ici le conflit entre l'expression du mouvement et celle de la vision se trouve résolu au profit de la catégorie nominale, bien que les verbes aient été choisis pour leur relief.

C'est dans cet esprit qu'il convient de saisir les métaphores, apport de formes ou d'objets nouveaux qui s'imposent au regard : *mur, torrents.*

La comparaison, plus discrète d'emploi, reste un outil d'approximation ou d'équivalence : *comme une flamme ardente* (v. 22).

Il n'est donc pas surprenant que les sensations soient inégalement réparties : c'est la vue et le toucher qui sont chargés d'interpréter les déplacements du corps et des mondes. Les perceptions authentiques font place à des représentations nécessairement subjectives, ambiguës, dont le haut degré dissimule mal la part de convention qui s'y trouve. L'anthropomorphisme ramène à l'échelle humaine *l'enthousiasme errant, fils de la belle nuit* (peu importe la référence classique) ; *la mère du génie* ; la *reine du monde* ; jusqu'au *superbe Orion...,* alors qu'une métaphysique personnelle eût conduit ce développement vers un véritable hymne déjà de l'Univers.

*
**

Support du mètre, la phrase dans ce texte est particulièrement inté-ressante par l'effort lyrique qu'elle guide et manifeste. Apostrophes et interjections définissent d'emblée un mouvement affectif. Ainsi s'ouvrent les *Géorgiques* : *Vos, o clarissima mundi lumina...*

Les symétries sont même voyantes par les rappels de groupes entiers de mots. L'énumération et la correction *Descends, non, porte-moi* (v. 21) sont des figures éprouvées du style sublime. Les reprises ou les enchaîne-ments de termes sont typiques aussi dans le finale de ce passage en particulier. Les impératifs ou les succédanés de ce mode confirment la force persuasive du discours. La phrase sans verbe est plus spécialement instructive, car Chénier l'utilise pour faire rebondir sa pensée : *Plus de nuit* (v. 26, 29).

Paradoxalement, asyndète ou liaison insistante sont des manifesta-tions semblables d'une écriture tendue. C'est ainsi encore qu'il faut interpréter une construction qui réapparaît dans les *Bucoliques* : *soit que...* *ou soit que,* que les grammairiens de l'époque auraient eu tendance à juger redondante.

L'alternance de phrases courtes ou longues est symptomatique d'un rythme de repos et d'élan. A ce titre, elle caractérise l'énoncé ver-sifié ample, mais sans essoufflement, qui ne reste plus soumis à l'avancée des rimes appariées.

On pourrait du reste rendre compte de plusieurs organisations par la notion de cellule métrique dont le retour signale une démarche poéti-que : *ô belle nuit, muse nocturne, grande nature, reine du monde...* Il est sûr en tout cas que le dessin circonflexe de l'alexandrin est sans cesse contrarié par des accidents multiples qui obligent la voix à emprunter et à respecter des trajets balisés par des ponctuations diverses.

On remarquera notamment les rejets métriques sur des verbes de mouvement : *marchent* (v. 17), *m'aspire* (v. 26) ; les cadences descen-dantes sur *prends* (v. 8), *veulent* (v. 11), *nomme* (v. 32), *noue* (v. 36), *aiment* (v. 38), *sent* (v. 42). La fréquence du procédé exclut le hasard.

Qu'il y ait des contraintes de versification, impossible d'en douter : *en* au lieu de *dans* après le *e* à l'hémistiche (v. 6). La préposition choisie concilie archaïsme, noblesse, et servitude métrique ! L'adverbe conjonc-tif *où*, si discuté alors par les grammairiens, est bien commode après *aréneuse* (v. 4).

La conjonction oratoire *et... et* permet de glisser *Cassiopée* à l'inté-rieur du vers (v. 32). *Abîmes de clartés* (39) ; le pluriel s'imposait-il dans le dernier substantif ? Il est nécessaire du moins devant une initiale vocalique, (*où*) sous peine d'un hiatus. Ce qui compte, c'est qu'on ne puisse éliminer totalement dans chaque cas une motivation stylistique.

Plus savante encore apparaît l'inversion du complément de nom d'un vers à l'autre : *d'un globe opaque et dur... l'impénétrable mur* (v. 27-28). La discordance profite d'une loi banale sur l'ordre déterminant-déterminé posée au XVIIe siècle.

En ce qui concerne les rimes, on en trouve de faciles ou de faibles ; par tradition, elles étaient acceptées : *cris/Thétis* (v. 3-4) ; *flamme/âme* (v. 9-10) met en jeu des timbres distincts (on continuait à parler de quantité différente). Les noms propres sont l'occasion d'appels de sens imprévisibles : *génie - Uranie* ; *Lion - Orion* (v. 13-16). Ailleurs, une surcharge sonore avant la syllabe dernière vient compenser un écho atténué : tort*U*eux - l*U*mineux ; magn*A*nimes - *A*bîmes (v. 35-38)...

Ce texte s'ouvre et se clôt sur des rimes féminines ; mais étant donné son caractère inachevé, il semble difficile de tirer des conclusions probantes. En revanche, on prêtera attention aux rimes en -*i*- percutantes distribuées avec prodigalité sur 4 vers consécutifs même : 3-6 ; 11-14... Une telle sonorité est responsable d'une impropriété manifeste :

> ... *les* cris
> *De la rive aréneuse où se brise Thétis.*

L'allitération souligne elle aussi l'énoncé :

> *Mes Vers...*
> *Veulent parler aux Dieux, et Volent où reluit...*

Plus frappante encore me paraît la présence d'un *e* atone à la rime dont les vibrations amplifient la durée du mètre. Tous ces faits marquent bien le refus d'une poésie facile, incontrôlée.

*
* *

Parti d'une contemplation de la nuit, Chénier a élevé progressivement son regard de la terre aux astres avant de se perdre dans une rêverie mystique. C'est en cela que sa démarche reste originale par rapport à Campanella (*cité du soleil*), Th. Morus, l'Arioste, Micromégas, Restif de la Bretonne, J. Verne même... Un pareil texte évoque encore les prestiges ultérieurs de la musique de Gounod dans *Cinq-Mars* :

> *Nuit resplendissante et silencieuse...*

ou les paroles de Dieu à la nuit chez Péguy, *Porche du mystère de la deuxième vertu* : « ô nuit, ma plus belle invention, ma création auguste entre toutes... »

En vérité, malgré des faiblesses, Chénier a su se montrer réceptif à la liturgie de l'ombre et de l'infini [1].

---

1. Il serait intéressant de savoir si l'auteur du *Génie du Christianisme* a pu connaître l'*Hermès*...

LES MARTYRS, V

Chaque matin, aussitôt que l'aurore commençait à paraître, je me rendais sous un portique qui s'étendait le long de la mer. Le soleil se levait devant moi sur le Vésuve : il illuminait de ses feux les plus doux la chaîne des montagnes de Salerne, l'azur de la mer parsemée des voiles blanches des pêcheurs, les îles de Caprée, d'Œnaria et de Prochyta[1], la mer, le cap Misène, et Baïes avec tous ses enchantements.

Des fleurs et des fruits humides de rosée, sont moins suaves et moins frais que le paysage de Naples, sortant des ombres de la nuit. J'étais toujours surpris en arrivant au portique de me trouver au bord de la mer : car les vagues dans cet endroit faisaient à peine entendre le léger murmure d'une fontaine. En extase devant ce tableau, je m'appuyais contre une colonne ; et, sans pensée, sans désir, sans projet, je restais des heures entières à respirer un air délicieux. Le charme était si profond qu'il me semblait que cet air divin transformait ma propre substance, et qu'avec un plaisir indicible je m'élevais vers le firmament comme un pur esprit. Dieu tout-puissant ! que j'étais loin d'être cette intelligence céleste dégagée des chaînes des passions ! Combien ce corps grossier m'attachait à la poussière du monde, et que j'étais misérable d'être si sensible aux charmes de la création, et de penser si peu au Créateur ! Ah ! tandis que, libre en apparence, je croyais nager dans la lumière, quelque chrétien chargé de fers et plongé pour la foi dans les cachots était celui qui abandonnait véritablement la terre, et montait glorieux dans les rayons du soleil éternel !

Hélas ! nous poursuivions nos faux plaisirs. Attendre ou chercher une beauté coupable, la voir s'avancer dans une nacelle, et nous sourire du milieu des flots, voguer avec elle sur la mer dont nous semions la surface de fleurs, suivre l'enchanteresse au fond de ce bois de myrtes et

---

1. Ischia et Procida (note de Chateaubriand).

dans les champs heureux où Virgile plaça l'Elysée ; telle était l'occupation de nos jours, source intarissable de larmes et de repentir.

Le livre V des *Martyrs* est constitué par le récit d'Eudore racontant devant Démodocus et Cymodocée son séjour à Baïes, dans la compagnie d'Augustin et de Jérôme. Le choix du site napolitain s'explique sans doute par l'expérience personnelle de Chateaubriand dès 1803. Peut-être aussi, stimulé par l'exemple de Mme de Staël, a-t-il désiré proposer une confrontation avec *Corinne*. Le retentissement de cette œuvre fut tel que Gérard exposa au Salon de 1822, *Corinne au cap Misène*. La page que nous analysons est une pièce d'anthologie : Chateaubriand le premier devait la reprendre dans ses *Mémoires d'outre-tombe*. Nous essaierons d'en cerner les réalisations stylistiques à travers ses différentes parties.

*
* *

Sans que l'on puisse remonter à la genèse de ce texte, on observera d'abord quelques retouches grâce à la version Vintimille, afin de prendre commodément une vue d'ensemble du passage.

« Salerne, le golfe le Naples semblable par sa beauté à un morceau du ciel tombé sur la terre, l'azur... » Chateaubriand a sacrifié la comparaison d'une lourdeur insistante, sans rayonnement.

« L'île de Caprée dont on voyait briller la verdure, bien qu'à plusieurs milles de distance (tant la lumière était fine et légère !), enfin les îles d'Ischia et de Prochyta, Cumes, le cap... » La description s'est faite plus dépouillée. D'autre part, de Baïes, Eudore pouvait difficilement deviner Cumes. Le mot rappelait pourtant le voyage initiatique d'Enée. Mais Cumes interrompt la trajectoire du regard parcourant le ciel d'est en ouest sans retour.

Un air plein d'ambroisie, qui descendait au fond de ma poitrine, comme pour m'animer et me nourrir. Le charme était quelquefois si profond... La matérialité de l'image, malgré l'outil d'approximation, contrariait l'effort de spiritualisation du contexte. L'adverbe *quelquefois* introduisait une restriction indiscrète.

Dieu tout-puissant ! Source de toute beauté. Le second vocatif n'ajoutait aucun approfondissement véritable au premier.

Sur la mer, à la clarté des étoiles, la suivre dans ces bois de myrtes et ces champs semés de fleurs où Virgile... Une localisation temporelle a disparu. Chateaubriand a préféré suivre des repères chronologiques stricts : l'aurore, la matinée sans doute, *les ardeurs du midi* ensuite, etc. *Au fond de* marque une intimité plus suggestive. *Champs semés de fleurs* doublait la représentation des *myrtes* aux fleurs blanches. *Heureux* se réfère à l'*Enéide,* VI, 744 : *laeta arva,* et s'accorde avec *enchanteresse* puisque par son étymologie il remonte à *augurium.* La mention enfin des *bois de myrtes, myrtea silva* était faite par Virgile à propos des amants liés par un sort atroce (v. 444) :

... *lugentes campi...*
Hic quos durus amor crudeli tabe peredit...

Le hasard ou l'improvisation n'ont donc aucune place dans la réalisation de cette page si facile en apparence d'exécution.

***

Ne s'agit-il pas avant tout d'une chose vue « faite sur les lieux », comme l'a noté Chateaubriand lui-même, fier de *la fidélité de* son *tableau* ?

Portique, colonne, restent des termes d'architecture assez généraux. Mais les noms propres ont un réel pouvoir d'évocation précise. Pour que le dépaysement fût plus net, l'auteur a pris soin d'éliminer les noms modernes des îles Capri, Ischia, Procida. Une difficulté ici : Oenaria n'existe pas : Oenarea serait une ville d'Etrurie... Le décalque devait donner *Ainaria* pour la ville citée par Plutarque notamment. Comment expliquer notre forme ? Le digramme Ae, Oe, a pu être mal tracé sur le manuscrit. Les imprimeurs ont donc perpétué une erreur de lecture. Il est plus probable que la confusion remonte à Chateaubriand qui a pensé à Oinaron, *pampre,* ou à *Oinaros,* prêtre de Dionysos à Naxos.

De plus, *Prochyta* rappelle *prochutès* : urne pour les libations ; et *prochutai* : fleurs qu'on jette sur le passage de quelqu'un. *Sur la mer dont nous semions la surface de fleurs...,* précisément. De pareils échos enrichissent l'énoncé géographique.

Tout le développement trahit d'autre part des recherches très concertées d'écriture. L'article d'extension *le* permet de réaliser une unité d'impression, associée à une valeur d'épidictique et à un halo poétique, noble par tradition auprès des mots : l'aurore, l'azur, la mer, les voiles... *Un* marquera au contraire le relief d'une représentation : un portique, une colonne...

Pêcheurs eût paru trop simple dans ce contexte ; l'adjectif *blanches* a évité toute dissonance. Au terme d'une savante progression accordée à l'idée, *l'aurore commençait à paraître, le soleil se levait,* le verbe imagé *illuminait,* l'alliance insolite *feux les plus doux* confirment un dessein d'expressivité subjective : *devant moi. Enchantements,* au pluriel, par sa masse et à la faveur de connotations multiples, résume la charge poétique, concrète pourtant, de cet alinéa.

Or, comme si le discours restait d'un registre trop dépouillé pour l'épopée, Chateaubriand va lui insuffler une résonance nouvelle. L'élan de son imagination lui impose des imparfaits : c'est une limitation. Le présent atemporel va sauver ces matins de la durée qui s'effrite ; d'où le présent : *sont moins suaves... que le paysage de Naples, sortant des ombres.* La coloration temporelle de la forme en *-ant* s'harmonise à celle du verbe principal : ici donc un nouveau présent. *Toujours* répond à *chaque matin, me trouver* à *me rendais.* Le verbe pronominal a été maintenu pour sa charge active et passive. Justement, ce sont ces valeurs passives qui contribuent à l'unité du texte : du côté des verbes aussi bien que des substantifs : *enchantement, extase* et qui permettent une progression naturelle.

Malgré tout, la reconstitution d'un monde, fût-il privilégié, ne s'obtient qu'avec la complicité des sens : la vue principalement. Masses, lignes, formes émergent avec une progressive netteté, selon des plans bien observés. *Ombres* même peut passer pour un terme technique de peinture ; en tout cas, ces reflets avivent son sémantisme.

Plusieurs couleurs fondamentales sont offertes ou suggérées : *bleu* (le ciel et la mer) ; *blanc* pour les voiles (signes de pureté et de paix) ; les *feux* rouges de l'aurore... L'odorat est ensuite sollicité par les *fleurs* et les *fruits humides de rosée* (ce dernier mot si proche de *rose* !...), l'ouïe par le murmure des vagues. L'adverbe *à peine*, autant que l'adjectif antéposé *léger* en précisent la qualité essentielle, voisine du silence, favorable à l'accueil du divin. Sous forme négative, *moins suaves et moins frais que le paysage de Naples*, la comparaison acquiert un relief supplémentaire ; tandis que l'assimilation du bruit des vagues au *léger murmure d'une fontaine*, par le choix d'un rapport métaphorique inattendu, facilite la recréation d'un univers de rêve. Tout un jeu d'allitérations (les labiales surtout, *f, b, m*) orchestre ici la pensée, alors que les voyelles (*a* notamment si aimée de Chateaubriand) attiraient plus haut le regard : de Caprée à Baïes. Précisément, les deux dernières images ne sont livrées qu'après un temps de recueillement, quand la vue a épuisé son pouvoir de représentation.

Sans doute la *colonne* peut passer pour un détail d'ornementation, justifié ; mais dans la thématique de Chateaubriand elle tient une fonction précise. Il suffit de mentionner une page de *René* pour en marquer le rôle dans l'élévation spirituelle qui va suivre : « Je visitai d'abord les peuples qui ne sont plus ; je m'en allai, m'asseyant sur les débris de Rome et de la Grèce... quelquefois, une haute colonne se montrait seule debout dans un désert, comme une grande pensée s'élève, par intervalles, dans une âme que le temps et le malheur ont dévastée... Je méditai sur ces monuments dans tous les accidents et à toutes les heures de la journée... »

On voit comment le thème initial du soleil levant, qui est une constante de l'imagination, a pu s'enrichir d'harmoniques, préparant l'essor de la pensée.

**

A cette place, on pourrait certes mentionner maintes observations des *Rêveries du promeneur solitaire,* ou encore la lettre à M. de Malesherbes du 26 janvier 1762 : « Ainsi s'écoulaient dans un délice continuel les journées les plus charmantes que jamais créature humaine ait passées... », pour des échos assez précis, au départ du moins. Le syncrétisme de Chateaubriand est plus complexe : son imagination incorpore des éléments platoniciens à des idées bibliques et chrétiennes, le corps (sôma) est un tombeau (sêma) dont on s'évade par la mort (*Cratyle,* 400 c...). Le *charme* prolonge l'*extase* ; et de même que la mer s'était dissoute dans l'azur du ciel, Eudore va éprouver la métamorphose de son être au contact d'un paysage véritablement *enchanté.* Ce merveilleux, nécessaire à toute épopée, rencontre ici une formulation ingénieuse.

L'expression *Dieu tout-puissant* (*Genèse...*) remonte au XIIe siècle ; « la poussière du monde », à saint Jérôme. Dans *l'Epître aux Romains,* saint Paul s'interroge : « Qui me délivrera de ce corps de mort ? » Le prophète Malachie disait : « Alors se lèvera pour vous qui craignez mon nom le soleil de justice... » La correspondance entre le soleil du monde et Dieu, soleil des intelligences, n'est pas neuve ; elle s'inscrit ici dans une dialectique facile : cachots, fers... ; elle s'appuie sur une imagerie qui a trouvé ses formes les plus typiques dans l'art baroque de la Contre-Réforme : Tintoret en est un sûr témoin. L'ascension des corps transfigurés se réalise à travers des rayons de lumière émanés de la gloire du Très-Haut.

Symboliquement, cette fuite verticale de l'esprit est heureuse, puisque l'horizon napolitain ne permettait aucune évasion à l'âme.

Du coup, le matériel grammatical a été révisé : les démonstratifs insistants (*ce, cet, celui* qui) ou l'indéterminé (*quelque*) ont remplacé l'article discret.

L'imparfait n'a été maintenu qu'au prix d'une distorsion des époques. Ce n'est pas Eudore, spectateur des aurores merveilleuses, qui réfléchit sur la condition des chrétiens enchaînés ou bat sa coulpe avec l'adjectif grandiloquent : *misérable. Le jeu des passions,* dans une épopée chrétienne suivant la remarque de Chateaubriand dans la préface des *Martyrs,* imposait de pareilles servitudes.

Ce sont peut-être les phrases qui révèlent le mieux cette rupture de tons. A l'exception de celle qui ouvre notre développement : *le charme était si profond... comme un pur esprit,* et qui reproduit un schéma banal d'organisation, elles ont cessé de représenter la structure narrative et descriptive si caractéristique de la première partie où la chronologie imposait son ordre : *aussitôt que l'aurore commençait à paraître, je me rendais...* L'immense indépendante *il illuminait...* *avec tous ses enchantements,* aux paliers si bien distribués, transcrit même métaphoriquement la démarche circulaire du regard dans son long déplacement. Là, peu de subordonnées ; des jointures graciles ou nulles pour mieux appréhender des sensations fugitives. De tels énoncés n'excluaient pas cependant la ferveur. Toute prose poétique, et on le sait bien depuis *Télémaque,* mobilise les ressources du rythme. C'était ici le retour de formules métriques, le lyrisme de l'octosyllabe, si doux à Fontanes : *avec tous ses enchantements ; sortant des ombres de la nuit* (en fin de phrase de surcroît et sur une voyelle conclusive) ; ou la cadence du décasyllabe si facile à césurer : *le léger murmure d'une fontaine* (coupe musicale ici !) ; *à respirer un air délicieux* (§ 2. 4, 6 traditionnelle). Mais déjà, l'énoncé ternaire *sans pensée, sans désir, sans projet,* d'essence oratoire, préparait d'autres accents.

Ceux d'un lyrisme appliqué cette fois ! Une suite uniforme de phrases exclamatives durcit la spontanéité de ces élans ! Certes Chateaubriand a éprouvé le besoin de préparer l'audace de sa confession ! N'a-t-il pas ressenti quelque gêne devant cette rhétorique qui dissimule mal le patron de référence ? *Dieu tout-puissant !..., que j'étais loin..., Combien..., Ah...* La démarche reste inchangée : celle d'une pensée éperonnée, fouaillée jusqu'à l'épuisement. Dans les *Mémoires d'outretombe,* il s'est vite empressé d'effacer cette parenthèse édifiante.

*
**

La troisième partie, tout en prolongeant les échos de cette digression (*Hélas... faux* plaisirs), s'épanouit en une conclusion rigoureusement métaphysique. La fontaine ou la source de larmes provient de *Jérémie* 9, 1, texte adapté dans *Athalie,* III, 7 :

Qui changera mes yeux en deux sources de larmes
Pour pleurer ton malheur.

Larmes et *repentir* sont associés dans une mystique traditionnelle, illustrée, dès le Moyen Age, par le conte du *Chevalier au Barisel.*

Le changement de perspective est signalé dès le deuxième mot : *nous.* Jusqu'ici, le *moi* d'Eudore ne s'était guère effacé qu'au profit de personnifications, autre signe de sa présence au monde. A ce point du récit, le *nous* s'installe, preuve d'une transformation radicale dans l'économie de la narration. *Nous* de complicité avec Augustin et Jérôme ? De feinte lâcheté devant l'aveu ? ou de complaisante délectation ? Ruse d'écriture en tout cas.

Coupable n'est qu'un adjectif de circonstance dû à la présence de Cymodocée surtout, et biffé naturellement dans le passage correspondant des *Mémoires d'outre-tombe.*

La caractérisation par le substantif est un trait du style poétique. Elle élimine ici toute autre représentation accessoire plus concrète, attachée à la notion de jeune fille ou jeune femme. Mais cette « beauté » alliciante a la grâce des compagnes faciles célébrées par les élégiaques latins.

Nacelles aux résonances archaïques n'est pas indigne de l'épopée non plus. En 1809, le mot était déjà marqué, grâce surtout aux vibrations de son suffixe qui le relie à des séries d'hypocoristiques. Les dictionnaires le définissent : « petite barque sans voile ni mât ». Il contraste donc avec la synecdoque des *voiles blanches des pêcheurs,* dans le paragraphe initial.

Enchanteresse continue aussi directement *enchantements* de cet alinéa. Ainsi se trouve parfaite l'unité du développement. La Fontaine s'en est servi pour désigner *Circé.* Pareille référence assure à ce terme un surcroît de poésie.

On pourrait encore commenter le rapport entre les *voiles blanches* et les myrtes aux fleurs blanches, consacrées à Vénus ; aussi sûrement la métaphore précieuse *ses feux les plus doux,* image prémonitrice des joies des amants ; cercle magique en vérité : tant les parties de ce poème sont liées !

On s'attachera plus encore à un détail signifiant de l'univers de Chateaubriand : la jeune femme dans une barque, comme Velléda plus tard, comme telle divinité celtique sans doute, peut-être comme les jeunes filles du pays de Saint-Malo qu'il a évoquées dans ses *Mémoires* aux cheveux *emperlés de rosée,* porteuses de fruits et de fleurs... Les données les plus concrètes et sensibles du réel sont ainsi métamorphosées par la mémoire affective.

Et puis il y a le chant du bonheur qui parcourt une ample protase. La phrase ne retrouve son équilibre qu'à la faveur d'une apodose gonflée sur une dernière image : « source intarissable ». L'eau et les rêves, comme dans la *Nouvelle Héloïse : Mais se trouver auprès d'elle, mais la voir, la toucher, lui parler, l'aimer, l'adorer et, presque en la possédant encore, la sentir perdue à jamais pour moi ; voilà...*

Grâce aux infinitifs, une plénitude d'existence nous est enfin livrée, soustraite aux ravages du temps, dans une pureté idéale, débarrassée de tout aspect secondaire.

Quel itinéraire de délivrance imprévisible suivi par Chateaubriand !

*
**

L'analyse de cette page des *Martyrs* laisse donc apparaître des lignes de force multiples et peut-être divergentes : si lourdes sont les contraintes du genre ! Sa charge poétique est certaine : sa pesée sur l'action, à peu près nulle. Le moyen de concilier inspiration chrétienne et apologétique avec le récit des égarements du cœur et de la foi ? Les *Confessions* de saint Augustin ont une autre portée... Chateaubriand a-t-il cru vraiment triompher de cette épreuve par la séduction de son style ? Pourtant nous risquons d'être injustes devant ce qui nous semble étranger aux expériences tout humaines de l'écrivain. Un poète de haut vol, comme Lamartine, a subi la fascination de ces images de chaînes, prison, rayon : l'*Immortalité* (v. 26, 138, 140), la *Prière* (v. 60, 63), *Philosophie* (v. 59, 63), l'*Hymne au soleil* (v. 38, 40), *Le chrétien mourant* (v. 13, 18), *Dieu* (v. 1, 4)...

Et quand il se remémore son séjour à Procida auprès de Graziella, sa phrase (une kyrielle épuisante d'infinitifs) a retenu les accords de Chateaubriand : *Nous éveiller au cri des hirondelles... descendre rapidement à la plage... telles étaient nos occupations...*

Considérons à présent l'ensemble de cette description de l'existence à Baïes et peut-être arriverons-nous à mieux décrypter le sonnet de Baudelaire : « La vie antérieure » que l'on explique d'ordinaire seulement par Th. Gautier et Nerval.

Tant sont mystérieuses les dérives de la création et multiples les appels d'une œuvre d'art !

CYNTHIE
(Mémoires d'outre-tombe, XXXIX, 5)

Du fond de ma calèche, je regardais se lever les étoiles.

N'ayez pas peur, Cynthie ; ce n'est que la susurration des roseaux inclinés par notre passage dans leur forêt mobile. J'ai un poignard pour les jaloux et du sang pour toi. Que ce tombeau ne vous cause aucune épouvante ; c'est celui d'une femme jadis aimée comme vous : Cecilia Metella reposait ici.

Qu'elle est admirable, cette nuit, dans la campagne romaine ! La lune se lève derrière la Sabine pour regarder la mer ; elle fait sortir des ténèbres diaphanes les sommets cendrés de bleu d'Albano, les lignes plus lointaines et moins gravées du Soracte. Le long canal des vieux aqueducs laisse échapper quelques globules de son onde à travers les mousses, les ancolies, les girofliers, et joint les montagnes aux murailles de la ville. Plantés les uns sur les autres, les portiques aériens, en découpant le ciel, promènent dans les airs le torrent des âges et le cours des ruisseaux. Législatrice du monde, Rome, assise sur la pierre de son sépulcre, avec sa robe de siècles, projette le dessin irrégulier de sa grande figure dans la solitude lactée.

Asseyons-nous : ce pin, comme le chevrier des Abruzzes, déploie son ombrelle parmi les ruines. La lune neige sa lumière sur la couronne gothique de la tour du tombeau de Metella et sur les festons de marbre enchaînés aux cornes des bucranes, pompe élégante qui nous invite à jouir de la vie, sitôt écoulée.

Ecoutez ! La nymphe Egérie chante au bord de sa fontaine ; le rossignol se fait entendre dans la vigne de l'hypogée des Scipions ; la brise alanguie de la Syrie nous apporte indolemment la senteur des tubéreuses sauvages. Le palmier de la villa abandonnée se balance à demi noyé dans l'améthyste et l'azur des clartés phébéennes. Mais toi, pâlie par les reflets de la candeur de Diane, ô Cynthie, tu es mille fois plus gracieuse que ce palmier. Les mânes de Délie, de Lalagé, de Lydie, de

Lesbie, posés sur des corniches ébréchées, balbutient autour de toi des paroles mystérieuses. Tes regards se croisent avec ceux des étoiles et se mêlent à leurs rayons.

Mais, Cynthie, il n'y a de vrai que le bonheur dont tu peux jouir. Ces constellations si brillantes sur ta tête ne s'harmonisent à tes félicités que par l'illusion d'une perspective trompeuse. Jeune Italienne, le temps fuit ! sur ces tapis de fleurs tes compagnes ont déjà passé.

Après l'échec d'une mission diplomatique, Chateaubriand quitte Prague dans la nuit du 31 mai 1833 : « Hélas ! nouveau Symmaque, je pleure l'abandon des autels ; je lève les mains vers le Capitole ; j'invoque la majesté de Rome !... » En apparence donc, le *Journal de Carlsbad à Paris* qui célèbre Cynthie dans le cadre de la campagne romaine semble se rattacher naturellement, par le jeu de l'association, au même courant des *Mémoires*. Une étude stylistique du début de ce texte devrait permettre pourtant de mieux mesurer l'importance et la signification de ce mouvement lyrique.

*
* *

Le glissement de l'action au rêve est signalé tout de suite par le temps des verbes. Un imparfait *je regardais* éternise la contemplation, libérant la résurrection des souvenirs au présent. Un passé composé *ont déjà passé* unit deux époques sous un même regard d'actualité.

Une certaine analogie de situation facilite le transfert des souvenirs. Le voyage en calèche rappelle à Chateaubriand une promenade dans les environs de Rome. Le nuit de juin en Europe centrale suscite des souvenirs parallèles : *La première fois que j'ai vu Rome, c'était à la fin de juin... Des mots se répondent : Je regardais se lever les étoiles... Tes regards se croisent avec ceux des étoiles.* D'où les métamorphoses de cet univers multiple : les *bois* de Bohême deviennent une forêt de roseaux... L'aube seule interrompra cette fantasmagorie.

Mais cette fusion, cet entrelacement de temps dissemblables s'opère avec un art très sûr.

*
* *

A l'aide d'un vocabulaire d'une somptueuse variété d'abord. Peu nombreuses sont les pages des *Mémoires d'outre-tombe* où se rencontrent autant de néologismes : *Susurration*, créé à partir d'un étymon latin :

murmure et gémissement ; mot et sens n'ont pas été recueillis par l'Académie. Bien qu'attesté depuis le xvi⁰ siècle, le terme d'archéologie *hypogée* (construction ou tombeau sous terre) n'a été admis par le Dictionnaire de l'Académie qu'en 1835. *Villa* est un emprunt à l'italien, mal acclimaté à cette date, malgré l'autorité de Mme de Staël dans *Corinne*. Chateaubriand éprouve le besoin de l'excuser par l'italique. Le mot sera enregistré en 1835 aussi par l'Académie. L'adjectif dérivé *phébéenne* est plus précieux encore : Phébé est un des noms de Diane, identifié à la lune.

La valeur concrète de *candeur*, synonyme raffiné de « blancheur », est à relever, au même titre que l'emploi insolite de *neiger* : « répandre comme de la neige ». V. Hugo déjà avait écrit dans les *Orientales* : « Il neige des feuilles. »

La langue n'a pas assimilé ces créations. Toutefois, Chateaubriand n'a pas voulu déconcerter son lecteur : il a renoncé à *flagrance*, se bornant à suggérer *la senteur des tubéreuses*.

Un deuxième caractère de ce lexique réside dans l'abondance des termes qui présentent les végétaux : de la forêt de roseaux aux mousses et aux ancolies... Les animaux sont presque exclus de cette évocation : seul, le rossignol est nommé, au singulier, avec un article défini pour l'idéaliser. Le chevrier est présent, mais non son troupeau. Encore s'agit-il du *chevrier des Abruzzes* : la qualification rachète l'humilité du personnage. D'où la correction : *aux cornes des bucranes*, au lieu des « têtes de buffles » trop réalistes. Un terme technique a été préféré ; il ne figure pas non plus dans le Dictionnaire de l'Académie, à cette date. Mais il était sans dissonance avec le ton soutenu de cette méditation qui draine mots nobles et poétiques avec insistance.

Un autre aspect de ce texte est sa coloration antique : noms communs ou noms propres suscitent avec désenchantement un univers d'ombres et de ruines. Deux mots toutefois étonnent : la couronne *gothique* du tombeau de Metella, les mânes d'*Olympia*. En fait, la coupole antique du tombeau avait été remplacée au xiii⁰ siècle par des créneaux : l'adjectif est donc juste.

Plus surprenante la présence d'Olympia Pamfili au milieu du cortège des jeunes femmes chantées par Properce, Tibulle, Horace, Catulle. Le faste, la séduction de la belle-sœur d'Innocent X sont connus, mais son rôle se définit mal esthétiquement. Seules des préoccupations de nature morale ou psychologique pourraient l'expliquer. Chateaubriand a préféré la supprimer après 1845.

Telles sont les impressions premières que fournit un lexique rare, choisi, suscité pour un ultime « fantôme d'amour ».

*

Un examen attentif nous découvre des intentions plus précises de Chateaubriand ; quelques expressions nous éclairent immédiatement : *lignes plus lointaines et moins gravées... en découpant le ciel...* Ce sont des termes de peinture. Quelle science en effet des plans ! De la voie Appienne jusqu'à Albano, vingt kilomètres au S.-E. de Rome ; et au Soracte, en Etrurie, une distance double au nord... Quelle sûreté dans la distribution des masses et des couleurs ! Ne négligeons pas non plus ces appels réitérés des articles définis et des démonstratifs conviant nos yeux à se poser sur des détails d'architecture, les accrochant à des visions vraiment extraordinaires. Fidèle à un principe classique, Chateaubriand suggère même la présence de l'homme pour animer sa toile. Un tableau d'histoire (aqueducs, portiques, tombeau...), une nature toute extérieure paraissent ainsi plus dignes de contemplation.

Nous avons d'autre part une étude technique exigeante sur quelques nuances de blanc et de bleu-mauve, directement ou non suggérées : *diaphane, améthyste, azur des clartés phébéennes, ancolies,* etc. Cela ne va pas sans quelque affectation. La *solitude* devient *lactée* parce que le clair de lune blanchit la campagne. La lumière cendrée est celle de la lune dans son premier quartier. Mais *les sommets cendrés de bleu* ! L'expression n'acquiert tout son pouvoir de pittoresque qu'à la faveur d'un néologisme discret.

L'importance du regard est telle dans cette saisie des effets de nuit qu'il faut bien indiquer la source précise : Chateaubriand a voulu rivaliser avec Léopold Robert. N'y aurait-il donc ici qu'une transposition d'art ?

Remarquons d'abord le rôle des sensations tonales ou auditives : *la susurration des roseaux,* le bruit de *Quelques globules,* le chant de la fontaine et du rossignol... Chateaubriand explicite des données qui pourraient demeurer inexpressives. L'odorat se fait complice de l'enchantement de cette nuit : *la senteur des tubéreuses sauvages.* Nous devenons attentifs au mouvement des personnages et à leurs réactions. C'est parce que Cynthie a tressailli qu'il faut la rassurer : *que ce tombeau ne vous cause aucune épouvante...* Des notations comme *brise alanguie* ou *indolemment* échappent évidemment à l'objectivité du pinceau : elles relèvent d'une analyse affective.

La preuve décisive que cette page ne trouve pas sa justification essentielle dans un simple relais d'art, c'est qu'elle apparaît comme la reprise de descriptions précédentes : pensons aux *Promenades* à Rome du livre XXXI, ch. 13, et à la description de Lugano au livre XXXVI. En superposant ces trois textes, on voit que le dessein de Chateaubriand est nouveau. Le signalerait bien vite la fréquence des personnifications.

Il ne s'agit pas ici d'une variété banale de l'expression figurée. Toutefois une image paraît singulière : *Rome assise sur la pierre de son sépulcre...* Pour la comprendre il faut revenir au livre XXXI : *Rome ressuscite...* Chateaubriand a contaminé sa vision avec un souvenir de l'épisode évangélique de la Résurrection.

Ainsi tout prend une vie frémissante et inquiétante, la nature elle-même participe au vertige des amants.

*
**

Quel dessein a donc eu Chateaubriand ? Il a voulu réaliser une élégie en prose. Cette évocation du passé s'accompagne de nostalgie et de mystère. Le thème lyrique de la fuite irréparable du temps (déjà dans Horace) commande tout ce développement : Chateaubriand et Cynthie se meuvent dans un présent qui appelle la mort. Certes le motif des ruines est en honneur dans la poésie préromantique : encore que des poèmes de Du Bellay aient précédé tel livre de Volney. Mais il devient ici d'un tragique déchirant que la ferveur amoureuse exaspère : *vieux aqueducs, torrent des âges, sépulcres, ruines, tombeaux, villa abandonnée, corniches ébréchées, le temps fuit, ont déjà passé...* autant de notations convergentes. Accumulation des détails ou variation synonymique tendent au même but. Et c'est bien avec ce sentiment qu'il faut interpréter les nuances d'un vocabulaire qu'on pourrait croire simplement limité à l'objet.

Fidèle aux lois du genre, Chateaubriand a écrit une élégie réglée par l'amour. On pourrait s'étonner devant la phrase : *J'ai un poignard pour les jaloux et du sang pour toi.* Qu'il y ait un peu d'humour dans ce ton romanesque qui rappelle des passions théâtrales, le moyen d'en douter ? Pourtant n'est-ce pas une façon élégante d'indiquer une progression psychologique ? Au départ, une bonne fortune peut-être. Puis devant le spectacle de la nuit, l'émotion transfigure Chateaubriand. Il entraîne sa compagne ; l'intimité grandit entre eux, leurs corps se rapprochent. Quel plaisir âcre de connaître l'amour en de tels lieux ! Mais l'érotisme n'apparaît pas. La jouissance n'a plus rien de vulgaire. L'urgence du bonheur est devenue d'une dramatique nécessité. La rencontre se purifie en un hymne à la beauté.

Dans cette perspective on comprend mieux plusieurs variantes et divers procédés de style. *Cecilia Metella repose ici.* Ce présent devait renouveler l'épouvante de Cynthie. L'imparfait *reposait* évoquera seulement une ombre impalpable. *Les mânes blancs de Délie*, l'épithète insistait malencontreusement sur une vision funèbre. Elle a disparu.

Pâle ou pâlie n'est au contraire qu'une notation habituelle dans la langue de l'époque d'un des signes, un peu galvaudés par A. de Musset, de l'amour envahissant.

La métaphore *pompe élégante qui sera le dais de notre sommeil* a finalement été abandonnée. La version dernière porte : *pompe élégante qui nous invite à jouir de la vie.* L'image annonçait avec une indiscrétion prématurée la conclusion de cette nuit d'amour.

« Ecoute » devient *Ecoutez...* Une certaine distance, même matérielle, continue à séparer Chateaubriand de Cynthie. Après le silence qui aura permis d'entendre la voix d'Egérie (quel choix symbolique !) et du rossignol, ils seront mieux accordés à leurs sensations : *alanguie* et *indolemment* marquent les nouveaux progrès de leur passion. Alors le *tu* éclate souverainement.

Le rossignol répète les accents du Cygne de Mantoue. Allusion et périphrase savantes masquaient son rôle traditionnel : le rossignol annonce l'amour, en est le signe. *Tes regards se mêlent à leurs rayons.* L'adverbe « divinement » a été refusé ! trop précieux et presque sacrilège dans cette situation.

Jusqu'à présent, Chateaubriand avait paru confondre ses démarches avec celles de Cynthie : « Notre » *passage,* « Nous » *invite...* Il importe désormais que Cynthie prenne conscience toute seule de l'appel du plaisir et y réponde : *Le bonheur dont* « tu » *peux jouir...* « tes » *félicités...* se substituent à « *notre* bonheur », puis une large rature, « *nos* félicités ». L'égoïsme masculin fait place à une tendresse alliciante.

On peut penser que l'image *tu es mille fois plus gracieuse que ce palmier* est une réminiscence de l'*Odyssée,* VI, 163 : dans la rencontre d'Ulysse et de la fille d'Alkinoos. Mais au livre XXXI, Chateaubriand déjà mentionnait les « cloîtres où s'élèvent des palmiers » « ressemblant à des femmes de l'Orient ». Soyons sûrs que dans notre épisode il avait aussi à l'horizon de sa pensée le texte du *Cantique des Cantiques,* « votre taille est semblable à un palmier... J'ai dit : je monterai sur le palmier pour en cueillir des fruits. » Ce ne sont pas là des lectures valorisantes.

Et puis il y a les hyperboles baroques : *Tes regards se croisent avec ceux des étoiles et se mêlent à leurs rayons...* Elles proviennent non plus de l'antiquité, mais d'un courant issu de Pétrarque, de Boccace, de Marini. *Jeune italienne,* ce vocatif peut marquer à lui seul la rupture du ton.

*
**

La phrase enfin a pour mission d'orchestrer le mouvement de cette élégie. Tout y est calculé. *Les mousses, les ancolies, les giroflées :* la progression syllabique se trouvait contrariée ; *girofliers* la rétablit. *Asseyons-nous au pied de ce pin, écoutez ;* un souci de symétrie dans la présentation des impératifs fait supprimer « *au pied de* ». « Déploie son ombrelle sur des ruines », *sur* est nécessaire ailleurs : *sur la couronne gothique* et *sur les festons de marbre* (le parallélisme est plus accusé avec le retour de la préposition) ; d'où la correction : « parmi *les ruines* ». Cette nouvelle préposition moins abstraite s'accorde mieux à la métaphore si recherchée : *pin parasol, ombrelle.* Après que l'imagination s'est évadée vers un massif désolé de l'Italie centrale, la réalité s'impose concrètement.

La subordination complexe est évitée. La coordination reste élémentaire : *mais* sert à relancer la pensée dans une autre direction. Pressants impératifs, phrases exclamatives, inversions, mises en relief d'éléments appositionnels (*Plantés les uns sur les autres... législatrice du monde...*), vocatifs, autant de démarches variées pour rompre la monotonie d'un énoncé qui aurait pu trouver une banale formulation dans un schéma circonflexe.

Regardons la masse des paragraphes : elle est tour à tour peu ou très importante, selon une stricte alternance. Il faut donc les considérer comme autant de strophes libres ajustées à un développement nouveau, comme une réplique même à la structure élégiaque où hexamètres et pentamètres s'opposent.

En face de la finale consonantique suspensive *étoiles* qui déclenche la promesse de la rêverie, *ici, lactée, écoulée, rayons, passé,* offrent chaque fois une ferme résolution conclusive.

Admirons même le jeu des métaphores articulatoires : *quelques globules, abandonnée, améthyste, harmonisent...* ne sont pas beaux seulement par les associations qu'ils suscitent, mais par l'aisance des mouvements buccaux qu'ils autorisent. Consonnes et voyelles s'y succèdent sans effort, selon un ordre parfait, d'économie respiratoire, d'arrière en avant. Il est aisé de repérer des séries entières de mots unis par l'allitération et l'assonance. N'y cherchons pas a priori des intentions sémantiques. Sans doute le son *é* semble concerner la représentation de la lumière dans la technique de Chateaubriand : ce fait reste isolé. De telles réalisations servent d'abord à aimanter notre sensibilité vers des mots essentiellement poétiques.

Le glissement répété des sons vocaliques les uns sur les autres (*Cecilia, diaphanes, palmiers, gracieuse, phébéennes...*) nous oblige à détailler une vision ou une qualification. Ainsi s'explique la multiplication du *e* atone non élidé ou la fréquence du mot long (exceptionnel dans le vers) alors qu'il est recherché avec persévérance ici : *susurration, gérofliers, indolemment, mystérieuses, constellations...*

On devine déjà les formes que peut adopter le rythme dans ces phrases où l'élément sonore prend une telle importance : depuis les formules métriques prévisibles, en fin de propositions surtout (encore que les groupes *ie, ée,* etc., suivis d'une consonne soient interdits en vers), jusqu'aux organisations beaucoup moins contraignantes.

Cecilia Metella reposait ici : alexandrin sans hémistiche.
Quelle est admirable : frappé dynamique, 5.
La lune se lève derrière la Sabine pour regarder la mer ; crescendo
    2   3   3   4   5   2
accordé à l'idée ; symétrie initiale et terminale pour relier deux univers.
D'Albano ; du Socrate : parallélisme, 3,3.
Plantés les uns sur les autres, les portiques aériens, en découpant
    2   2   3'   3   4   4
le ciel, promènent dans les airs le torrent des âges et le cours des
  2   2   4   3   2   4
ruisseaux.
3

Une lecture insistante naturelle souligne des correspondances multiples. Le dernier membre sans ponctuation paraît démesuré à dessein, d'une durée illimitée.

Plus bas, un développement ternaire obéit aux mêmes préoccupations d'un rythme de plus en plus large, transposant des impressions de plus en plus lointaines : *la nymphe, le rossignol, la brise...* Diverses qualifications ou déterminations sont venues amortir la chute des phrases.

En regard des cellules accentuelles très rapprochées, on repérera la variété obtenue par le jeu combiné des *e* atones et des mots longs dans l'avant-dernière proposition où la langue tend à devenir oratoire et abstraite : *ces constallations...* Mais le prélude n'a pas manqué de diversité, préparant d'autres accords prestigieux.

Ainsi s'ordonne le début de cette digression lyrique connue d'ordinaire sous le nom d'*invocation à Cynthie. Evocation* serait plus juste. « Songe à la Jean-Paul, mais d'un beau pur », avait noté Sainte-Beuve. Les desseins philosophiques de Richter ne subissent pas nécessairement les mêmes orientations ou les revanches d'une sensibilité tourmentée par de semblables ardeurs.

Quel contraste surtout entre cette page brûlante et la sérénité de la lettre à M. de Fontanes ! Une étude de thèmes devrait même rapprocher notre nuit de celle du voyage en Amérique, auprès des ruines de l'Ohio. Alors on verrait à plein comment l'art et le style de Chateaubriand peuvent transfigurer les expériences de la vie.

RÊVERIE AU LIDO
(Début)

Venise, 17 septembre 1833.

RÊVERIE AU LIDO

*Il n'est sorti de la mer qu'une aurore ébauchée et sans sourire.
La transformation des ténèbres en lumière, avec ses changeantes merveilles, son aphonie et sa mélodie, ses étoiles éteintes tour à tour dans
l'or et les roses du matin, ne s'est point opérée. Quatre ou cinq barques
serraient le vent à la côte ; un grand vaisseau disparaissait à l'horizon.
Des mouettes posées, marquetaient en troupe la plage mouillée ; quelques-unes volaient pesamment au-dessus de la houle du large. Le reflux
avait laissé le dessin de ses arceaux concentriques sur la grève. Le
sable guirlandé de fucus, était ridé par chaque flot, comme un front
sur lequel le temps a passé. La lame déroulante enchaînait ses festons
blancs à la rive abandonnée.*

*J'adressai des paroles d'amour aux vagues, mes compagnes : ainsi
que de jeunes filles se tenant par la main dans une ronde, elles m'avaient
entouré à ma naissance. Je caressai ces berceuses de ma couche ; je
plongeai mes mains dans la mer ; je portai à ma bouche son eau sacrée,
sans en sentir l'amertume : puis je me promenai au limbe des flots,
écoutant leur bruit dolent, familier et doux à mon oreille. Je remplissais mes poches de coquillages dont les Vénitiennes se font des colliers.
Souvent je m'arrêtais pour contempler l'immensité pélagienne avec des
yeux attendris. Un mât, un nuage, c'était assez pour réveiller mes
souvenirs.*

*Sur cette mer j'avais passé il y a longues années ; en face du Lido
une tempête m'assaillit. Je me disais au milieu de cette tempête « que
j'en avais affronté d'autres, mais qu'à l'époque de ma traversée de*

l'Océan j'étais jeune, et qu'alors les dangers m'étaient des plaisirs [1] *».*
Je me regardais donc comme bien vieux lorsque je voguais vers la Grèce
et la Syrie ? Sous quel amas de jours suis-je donc enseveli ?
   Que fais-je maintenant au steppe de l'Adriatique ? des folies de
l'âge voisin du berceau : j'ai écrit un nom tout près du réseau d'écume,
où la dernière onde vient mourir ; les lames successives ont attaqué
lentement le nom consolateur ; ce n'est qu'au seizième déroulement
qu'elles l'ont emporté lettre à lettre et comme à regret : je sentais
qu'elles effaçaient ma vie.

Itinéraire :
   Venise a été vraiment un refuge pour l'inspiration poétique au
XIXᵉ siècle. Chateaubriand ne s'est pas laissé seulement fasciner par le
charme d'une ville et d'un site extraordinaires. Il lui a demandé des
émotions beaucoup plus profondes, à l'occasion d'un pèlerinage du
souvenir en septembre 1833. « Je me lèverai demain avant le jour, et
j'irai saluer l'Adriatique. » Après avoir trébuché « parmi des pierres
sépulcrales », il découvre enfin « la mer et ses froncis grisâtres, à la
lueur du crépuscule ». Récapitulant son voyage, « je laisse ici, dit-il,
sous le nom de *Rêverie,* un crayon imparfait de ce que je vis, sentis et
pensai dans ces moments confus de méditations et d'images ». Pages
fameuses certes, que son *Essai sur la Littérature anglaise* a d'abord fait
connaître sous le titre *Lord Byron au Lido.* Si les intentions majeures
de Chateaubriand sont explicitées, le rôle de l'analyse stylistique sera
d'en préciser la réalisation, à travers le vocabulaire, le matériel grammatical, les formes de l'imagination, la phrase elle-même et le rythme.

   Typographie et sens s'accordent pour manifester avec une exemplaire netteté l'ordonnance de ce texte : la mer et la grève ; Chateaubriand et la mer ; Chateaubriand et le passé ; Chateaubriand et le
présent. Le changement des temps, c'est-à-dire des perspectives, précise
l'autonomie de ces parties : *La lame... enchaînait. — J'adressai des*
paroles... — C'était assez... — J'avais passé... — Suis-je donc enseveli ?
a une valeur d'aspect surtout, face à l'actuel : *Que fais-je maintenant...*
   Le vocabulaire toutefois assure l'unité de ces différents mouvements.
On retrouve d'un bout à l'autre le mot *mer* ou des synonymes qui soutiennent le thème principal de cette *Rêverie.*
   Dans le détail, les recherches sont très savantes. Et d'abord *rêverie*
lui-même. Sans aucun doute, c'est une référence aux *Rêveries du prome-*
neur solitaire. J.-J. Rousseau lui aussi tente de remonter le courant

---

1. *Itinéraire.*

de la conscience. Comme le cadre de ses expériences est différent, l'originalité de Chateaubriand se manifeste avec plus de force. Mais on pressent une autre valeur : le mot se charge ici d'une nuance musicale. Et l'on évoque un genre très précis, une composition brève, comme tous les moments lyriques.

L'*Essai* ne contient ni *aphonie* ni *mélodie*. L'un appelle l'autre sans doute. Le premier est cependant très rare, en dehors d'une langue technique. Chateaubriand veut exprimer, signifier le passage du silence au bruit qui caractérise l'apparition du jour. Par leur place au début de ce développement, ces mots soulignent le caractère harmonieux de l'aurore ; ils prolongent les vibrations de *rêverie*. Mais *aphonie* définit aussi pour Chateaubriand une certaine qualité du silence : celui qu'on perçoit à la Trappe auprès de Rancé. Il possède donc un halo supplémentaire d'expressivité neuve.

Dans un tel contexte et au voisinage de *sacrée, limbe* ne désigne pas seulement le bord extrême du rivage. Le sens étymologique premier doit être complété par une référence implicite à la langue des théologiens : les abords du paradis.

Guirlandé est un terme rare aussi. Sur la route de Combourg, Chateaubriand déjà avait aperçu « des bruyères guirlandées des bois » et il décrit ainsi le paysage breton : « Entre la mer et la terre s'étendent des campagnes pélagiennes. » L'adjectif est repris ici curieusement.

Quant à *steppe,* attesté pour la première fois en 1679, puis dans le Dictionnaire de Trévoux, la langue des voyageurs l'avait suffisamment acclimaté pour que l'Académie l'enregistre dès 1835. Le genre du substantif est resté très longtemps indécis.

On pourrait encore noter une expression technique : *serrer le vent à la côte* (se placer dans la direction du vent) ; ou des mots qui se rapportent fidèlement à l'univers marin : mouettes, plage, reflux, grève, sable, fucus, flot, lame, rive, vagues, coquillages, mât, tempête, traversée, écume...

Ce serait alors pour admirer la discrétion des mots nobles, obligés (*onde*...), la richesse au contraire d'un vocabulaire si précis, ou la puissance d'évocation d'un décor qui ressuscite le passé, métamorphose le présent. Nous le devinons bien, cette langue si sûre n'est pas au service d'une vision simplement concrète ; elle doit permettre l'expression du rêve.

*
**

L'examen du matériel grammatical confirme ces impressions premières. La multiplicité des articles indéfinis est inquiétante. Plusieurs peuvent se confondre du reste avec des numéraux : « un » *mât,* « un » *nuage*... En réalité, il s'agit d'une indifférenciation voulue. On s'explique dès lors la correction apportée à la première rédaction : « un mât, *le* vent, un nuage... » L'article défini venait suspendre une vision indéterminée, découragée, que le pluriel d'autre part aurait affaiblie.

Chateaubriand n'éprouve pas le besoin non plus de préciser la tempête qui l'assaillit. Mais l'article indéfini apporte ici un élément de caractérisation, comme au début : « une » *aurore,* autorisant une personnification. Au lieu de marquer ainsi l'accident et la discontinuité, par un tel outil, avec l'article défini au contraire, on isole sous le regard : *la lame déroulante, la dernière onde* ; on épuise la vertu du singulier poétique.

Si l'actualisation ne permet qu'un jeu limité du discours, la qualification se prête à des effets variés. Elle se manifeste sous des formes très nombreuses.

L'adjectif d'abord. Postposé, il a une valeur surtout descriptive : *ses festons* « blancs ». Antéposé, il livre mieux une charge affective (hormis les cas de contrainte syntaxique) : « changeantes » *merveilles...* L'épithète offre souvent l'expression simultanée d'une sensation et d'un jugement. Une impression intellectuelle se superpose à la perception : *leur bruit* « dolent, familier et doux ».

La longueur de plusieurs adjectifs nous oblige aussi à détailler leur substance sémantique ou phonique : *ses arceaux* « concentriques », *l'immensité* « pélagienne », *le nom* « consolateur ».

On comprend que Chateaubriand ait sacrifié des épithètes faciles : « aux vagues, mes *fidèles* compagnes », dans la première rédaction. Le texte de 1835 n'a qu'une phrase quelconque : « les vagues que je retrouvais ont été partout mes fidèles compagnes ». Si proche d'un tel substantif, l'adjectif devenait insignifiant.

La qualification se présente avec une fréquence anormale sous l'aspect d'un adjectif verbal ou d'une forme participiale. Une vision dynamique s'ajuste ainsi à la tâche descriptive pour l'enrichir : *la lame* « déroulante ». C'est un néologisme sans doute, au lieu du pronominal « qui se déroulait », d'essence active.

Négligeons *ébauchée* ou *mouillée* qui ont presque le statut de purs adjectifs. Pourquoi *abandonnée* plutôt qu'un adjectif prévisible : « déserte » ou « vide » ? Le verbe ajoute au tableau, statique, les résonances d'une action incomplètement expliquée : abandonnée par qui ? comment ? etc.

Une expression substantive peut contenir la qualification, faute d'adjectif approprié : « aurore *sans sourire* ». Le nom offre encore la qualité dans son idéale pureté : *paroles* « d'amour ». Le contexte *eau sacrée* prouve que Chateaubriand imite une syntaxe hébraïque : « jour de gloire »...

Sous forme d'une image, on a des recherches précieuses : *l'or et les roses du matin* ; au lieu de : « le matin étincelant, lumineux, délicat... »

Tous ces faits montrent bien des intentions concertées. Car justement il s'agit de ressusciter un univers et de forcer nos yeux à le découvrir : d'où la primauté de la catégorie nominale et du substantif notamment dans cette page, le choix même d'abstrait insolite, comme : *la transformation des ténèbres en lumière* qui substitue une contemplation essentielle au déroulement d'un procès.

Pareillement, soyons attentifs au prestige des noms propres si nombreux : *Lido* (deux fois), *Vénitiennes, l'Océan* (l'Atlantique), *la Grèce, la Syrie, l'Adriatique,* porteurs de rêve, d'exotisme, d'invitation à une vie nouvelle...

Le verbe en revanche reprend sa primauté pour montrer les actions de Chateaubriand : *j'adressai, je caressai, je plongeai, je portai, je me promenai, je remplissais, je m'arrêtais.* Sept fois on enregistre des moments de plénitude existentielle.

La fonction si particularisée des substantifs et des verbes n'implique donc pas une qualité neutre de ces derniers. Leur densité dramatique est au contraire frappante : *disparaissait, marquetaient, enchaînait...* Il arrive que le choix d'un verbe de nature banale fasse mieux éclater le pouvoir d'objets humbles ou familiers : *un mât, un nuage,* c'était *assez...* Désireux de souligner sa participation active à l'événement, Chateaubriand écrit : *sur cette mer* j'avais *passé.* L'auxiliaire *être* l'eût trahi.

Les temps eux-mêmes ont ici un rôle exceptionnel. Le signaleraient tout de suite les corrections du manuscrit de 1835 : « il ne sortit de la mer » devient *il n'est sorti...* Le passé simple se bornait à inscrire l'événement dans l'histoire, alors que le passé composé ressaisit la durée dans sa permanence vivante.

Au contact d'une négation, la langue tend à éliminer toute résonance actuelle de l'événement. Elle le rejette donc vers le passé simple. D'instinct, Chateaubriand avait écrit : « ne s'opéra point », aux sonorités tapageuses du reste, il y a renoncé, au profit de : *ne s'est point opérée.* En outre cette forme évoquait avec maladresse le substantif « opéra ». Démarche inverse ; le plus-que-parfait « m'avait assailli » est remplacé par *m'assaillit.* C'est le temps du récit objectif. Du coup les perspectives sont aisément situées, au long d'un paragraphe qui rassemble des époques très diverses, où la chronologie est multiple.

Le plus-que-parfait dirige enfin notre regard vers l'infini : c'est le temps privilégié des évocations épiques. Chateaubriand l'a mis en rapport avec une forme archaïque : *il y a longues années,* symétrique de « il y a longtemps ». La convergence stylistique des effets se trouve ainsi réalisée.

L'imparfait revient avec une fréquence insolite pour marquer la répétition d'abord : *Je remplissais mes poches de coquillages.* D'où la correction de Chateaubriand qui avait commencé par mettre : « Souvent je remplissais. » Il a évité une surcharge sémantique. Au voisinage d'un verbe qui note une action ponctuelle, l'adverbe se justifie plus aisément : *souvent je m'arrêtais.* La première rédaction « le plus souvent » n'était qu'une gaucherie.

L'imparfait sert la description, nous présente une situation qui se prolonge, étale le spectacle dans le temps : ainsi dans le tableau initial. Cette marine contraste avec la notation des attitudes successives de Chateaubriand sur la grève.

L'imparfait exprime même les faits conçus comme ayant une certaine durée intérieure : *Je sentais qu'elles effaçaient ma vie* ; le manuscrit de 1834 portait : « je sentis » ; constat sans résonance.

Dans cette *Rêverie,* les présents sont rares naturellement. Purs, ils n'ont guère d'autre intérêt que d'actualiser une scène avec netteté : *Que fais-je maintenant ?* L'adverbe renforce la temporalité. Mais nous avons un présent remarquable : *Je remplissais mes poches de coquillages dont les Vénitiennes se* font *des colliers.* Une dimension atemporelle se glisse dans l'évocation. Indépendante de la vie de Chateaubriand, une autre existence surgit, d'une permanence merveilleuse.

Il n'y a pas de futur. Chateaubriand sait bien qu'il ne pourrait rejoindre que l'éternité.

Ainsi sont exploitées les ressources de la langue pour cerner une pensée au plus près de son frémissement intérieur.

Les formes de l'imagination peuvent désormais s'analyser plus sûrement.

*⁎
⁎ ⁎*

On repère sans mal les personnifications diverses, les comparaisons insistantes avec l'agrafe : *ainsi que* ou *comme,* les métaphores surtout : qu'elles soient présentées dans un nom (*festons*), une qualification (*guirlandé*), un verbe (*enseveli*)... Cela ne nous instruit guère sur le processus de la création.

Un examen plus attentif nous découvre d'abord la mobilité du regard de Chateaubriand. Même sa marine est complexe.

Les yeux passent de l'horizon vers des plans plus ou moins rapprochés. Ciel et terre sont constamment observés.

Au deuxième paragraphe, nous voyons aussi la mer toute proche, le sable, le large, puis le ciel. Alors que le premier tableau s'achevait sur une vision horizontale, plane, ici un mouvement vertical intervient : *un mât, un nuage...*

Des perspectives abstraites, chronologiques, remplacent au paragraphe 3 les mouvements spatiaux.

Le dernier paragraphe offre une réplique à la conclusion du premier tableau : la mer efface jusqu'au souvenir. La vanité d'une vie entière est scellée dans un symbole pathétique. D'autres correspondances lient cette *Rêverie*. Les traversées de Chateaubriand ont été préparées par le vaisseau qui disparaît à l'horizon. Le sable ridé, les *festons blancs* sur *la rive abandonnée* annoncent l'*amas de jours* sur un vieillard solitaire.

Il convient certes de repérer les mots et les tours négatifs dans le paragraphe initial. Comment ne pas remarquer aussi que tout nous oriente vers des idées d'accablement, d'anéantissement ? Efforts des barques, disparition du navire, le reflux (non le flux) découvre un sable souillé ; les oiseaux n'apparaissent que dans des mouvements sans grâce, ou au repos. Leur nature véritable est écartée, refusée. Qu'il est inquiétant le silence ! Au vrai, il prépare la méditation, il fonde un état de réceptivité.

Le paragraphe 2 amène une antithèse : la ferveur succède au découragement. D'où l'addition : *avec des yeux attendris*. Pourtant il ne faudrait guère insister pour retrouver une affectivité dolente comme le bruit de la mer et une amertume spirituelle plus vive que celle de l'eau.

La réussite de cette page vient en partie de la richesse des sensations qui permettent de tels essors à la rêverie. Au point de départ cependant, il n'est pas possible de refuser des sources certaines. L'*aurore ébauchée et sans sourire* renvoie à une Vénus Anadyomène, à un tableau fameux d'Apelle, plus précisément à la naissance de Vénus par Botticelli : la conque immense au premier plan de cette toile est rappelée par les coquillages des Vénitiennes. Chez Homère, l'aurore a des doigts de roses. Chateaubriand parle de *l'or et des roses du matin*. La même qualification se lit dans une œuvre de Colluthus qu'il pouvait connaître : *L'enlèvement d'Hélène*. On y voit des Nymphes invitées à former des danses, à sortir du sein bruyant des ondes... Ce tableau des *jeunes filles se tenant par la main dans une ronde* est en puissance déjà dans les évolutions souples des Néréides et dans l'allégorie du Printemps de Botticelli où Vénus rythme le pas des Grâces, ordonne les mouvements des femmes dont les draperies révèlent la beauté.

On peut même penser que l'atmosphère antique est entretenue savamment par les mots *aphonie, mélodie, Grèce...*

Ce rêve de formes féminines, harmonieuses, est transposé dans les notations multipliées des figures sphériques ou rondes : courbure de l'horizon, *arceaux concentriques, coquillages, colliers...*

Et puis il y a ce ciel bas et triste, pareil à celui de la Bretagne. C'est Chateaubriand qui a imposé cette couleur du paysage à plusieurs

générations d'écrivains : Lamennais, Michelet, Renan, Loti... La méditation prend alors une neuve direction, d'autant plus qu'il a regardé
les Vénitiennes comme des Bretonnes. On comprend dès lors que pour
décrire le Lido, il ait choisi des traits du pays breton. Dans sa conscience,
plusieurs univers coexistent véritablement.

Mer et amour ont rythmé parallèlement sa vie. On peut relever
l'apostrophe des *Mémoires d'outre-tombe* : « Salut ô mer, mon berceau
et mon image » ; ou cet aveu de l'introduction au *Voyage en Amérique* :
« Me trouver au milieu de la mer... c'était, pour ainsi dire, être porté
dans mon premier voyage par ma nourrice... » Mais ici la métaphore
est *berceuse.* Je ne serais pas surpris que ce fût l'écho d'un chant breton
répercuté plus tard dans le « Kousk, Breiz Izel », quelle qu'en soit la
valeur d'archétype.

Mer ou « *mor* » (en celtique) attire *mort* inexorablement. C'est la
résolution dernière du thème de l'errance. Ici peut-être une réminiscence
classique. A l'écart, sur un coin désolé du rivage, les Troyennes pleurent
une mort cruelle et regardent avec des larmes la mer qui s'étend à perte
de vue : *profundum pontum* ; tant d'écueils et d'océans à vaincre ! Ce
texte de l'*Enéide* (V, 615) fait écho du reste aux gémissements d'Ulysse
sur le rivage, dans l'île de Calypso (*Odyssée*, V, 165). Mais les expériences personnelles de Chateaubriand (celles de 1791, 1806 ou de 1833)
garantissent la vérité de son témoignage.

La mort était déjà virtuellement suggérée dans la présentation négative du paysage. Mais Chateaubriand a voulu retrouver sa propre jeunesse. Les rites de communion ont été sans efficace pour le présent.
Sous quel amas de jours suis-je donc enseveli ? Notons cette double
métaphore. Pourquoi *steppe* ? C'est une autre image de désolation. Cette
terre sans vie annonce un implacable destin. Genèse manquée ; re-naissance
impossible... on peut mieux interpréter ainsi la portée de la conclusion.
Le *nom consolateur,* effacé *au seizième déroulement* des *lames,* quel
est-il ? Natalie de Noailles, Juliette Récamier ? Ce serait alors rétrécir
la méditation. La Sylphide aussi avait seize ans, comme Cymodocée,
l'Occitanienne, la jeune fille inconnue de Naples, la magicienne de Rome
dans l'évocation à Cynthie...

Et voici que nous entendons le chant de Ronsard :

> *L'an se rajeunissoit en sa verde jouvence*
> *Seize ans estoyent la fleur de votre age nouvelle...*

En vérité, nous voyons bien que Chateaubriand a retrouvé les données permanentes du lyrisme dans cette *Rêverie.*

**
*

De surcroît, il a su lui imprimer un élan souverain grâce à une phrase, un rythme accordés sans cesse à son regard et à son émotion.

Nous frappe tout de suite l'attaque si variée des propositions dans le paragraphe d'ouverture : forme impersonnelle créant une attente saisissante, nom d'action abstrait, nom concret au pluriel, nom concret au pluriel avec une brève qualification, nom abstrait très court, nom concret accompagné d'une large caractérisation, nom concret escorté d'une forme verbale en *-ant*...

A cette variété d'ouverture correspondent des protases et des apodoses pareillement diversifiées. Une phrase est typique de ces recherches. Une série de continuations mineures, marquées par la ponctuation, s'achève à la protase majeure (... *l'or et les roses du matin*) ; après quoi nous avons une sèche finalité, abrupte, signe de l'échec et de la déception : *ne s'est point opérée.*

Il convient cependant de résister à la tentation de tout définir par ces vastes ensembles d'aspect circonflexe. « Un crayon » ne s'accommode pas nécessairement de structures plus ou moins oratoires. *A fortiori*, quand il s'agit de noter la ferveur ou la passion de gestes ou de mouvements réitérés. De là, ce rythme obsédant du paragraphe 2 obtenu d'abord par une construction qui met en vedette un sujet pronominal et le verbe : *j'adressai, je caressai,* etc.

L'énoncé poétique rejette la subordination ou les coordinations pesantes : telle est bien aussi la démarche contemplative, immédiate, de Chateaubriand. Une fois seule, la phrase se charge d'incidentes et de conjonctions : dans l'avant-dernier paragraphe. Mais c'est pour marquer l'effort de la pensée appelant ses plus lointains souvenirs. Qu'on relise le texte de *l'Itinéraire* auquel renvoie le monologue intérieur et l'on verra que notre écrivain a dû plier ses phrases à ces plongées dans un temps enfoui au plus profond de son être.

Parce qu'elle suscite des lignes mélodiques originales, l'inversion a toujours paru une composante du plaisir poétique. Sa fonction est encore plus précise dans cette *Rêverie*. Chateaubriand vient d'évoquer *un mât, un nuage*. Son regard aimante ses *souvenirs* : *sur cette mer j'avais passé... en face du Lido une tempête m'assaillit.*

D'autres mouvements plus impérieux sont enregistrés par les interrogations. Pour finir, une dernière phrase très courte arrête le rêve et nous ramène à la vision première : *la lame déroulante... abandonnée.* C'est d'elle en effet que cette page tire sa substance. Il importe donc de tenter, après M. Mourot, une analyse systématique de ce paragraphe pour en saisir l'organisation interne.

Structure tonique	Eléments toniques		Unités respiratoires		Syllabes	
43334.	5		1	Il n'est... sourire.	17	
634, 53', 45, 334234, 6.	14	3 2 2 6 1	5	La transformation... lumière, avec... merveilles, son aphonie... mélodie, ses étoiles... matin, ne s'est point opérée.	56	13 9 9 19 6
4323 ; 444.	7	4 3	2	Quatre... côte ; un grand... horizon.	24	12 12
33, 3233 ; 333333.	12	2 4 6	3	Des mouettes posées, marquetaient... mouillée ; quelques-unes... large.	35	6 11 18
343434.	6		1	Le reflux... grève.	21	
243, 43, 3323.	9	3 2 4	3	Le sable... fucus, était... flot, comme... passé	27	9 7 11
243434.	6		1	La lame... abandonnée.	20	

C'est un jeu, certes, d'isoler ou de reconstituer des unités métriques élémentaires : 8, 10, 12 syllabes. L'essentiel pourtant n'est pas là. On le voit bien, si on se rend compte que les formules traditionnelles d'alexandrins n'existent pas. L'hémistiche ne coïncide plus avec la fin d'un mot autonome : *c'était assez pour réveiller mes souvenirs*. La formule de « trimètre » où un mot unique s'étale de part et d'autre de la sixième syllabe : *un grand vaisseau disparaissait à l'horizon*, est inconnue avant Verlaine. De là encore, ces décasyllabes césurés « irrégulièrement » : *Je sentais qu'elles effaçaient ma vie*. D'où aussi les formules impaires si nombreuses ou les calculs de Chateaubriand pour briser des cadences attendues : *Sous quel amas de jours* (six syllabes) *suis-je donc enseveli ?* (7). Malgré tout, il s'est arrangé pour situer devant ponctuation, comme à la fin d'une cellule métrique, les terminaisons *-ée*, *-ie*, suivies d'une consonne.

Le rythme consiste d'abord dans cette alternance de phrases brèves ou longues. Notre schéma permet de suivre cette structure variée : vague courte ou puissante, déroulée amplement, quelles que soient par ailleurs les correspondances plus intimes. L'attaque sur un frappé dynamique long avec une diérèse poétique (*la transformation*) reçoit sa conclu-

sion dans un mouvement de même étendue : *ne s'est point opérée*.
La ponctuation précise ces desseins. Le manuscrit de 1835 portait :
« sans sourire ; » « sur la grève ; » « à ma naissance ; » alors que
le point va augmenter le silence qui précède les nouvelles propositions :
La transformation... Le sable... Je caressai...

En revanche, au lieu d'une phrase essoufflée : *Je caressai ces berceuses de ma couche*, arrêtée par un point, un point-virgule permettra de
la relier à d'autres unités parallèles : *je plongeai... je portai...*

On enregistrera aussi les ponctuations illogiques qui forcent l'attention : *des mouettes posées, marquetaient* ; *le sable guirlandé de fucus,
était ridé...* ; en regard des énoncés d'un seul tenant, au paragraphe 3,
pour rendre la remontée des souvenirs dans la conscience.

Le manuscrit de 1835 contient deux exclamations à la fin de l'avant-
dernier paragraphe. Sémantiquement, nos interrogations sont mieux accordées à celle qui suit : *Que fais-je maintenant... ?* Surtout, l'intonation est
plus variée. La ligne mélodique de la question : *je me regardais donc... ?*
ne se confond pas avec celle de l'exclamation qui a été refusée ou
de la vraie interrogation qui suit : *Sous quel amas de jours suis-je donc
enseveli ?* D'instinct, l'oreille de Chateaubriand a tenu compte de faits
que la phonétique vient seulement de reconnaître.

Pareillement, on admirera le choix des syllabes qui ferment chaque
paragraphe : féminine, masculine, masculine, féminine ; c'est-à-dire : résolution conclusive pour *abandonnée* ; suspensive après *souvenirs*, afin de
préparer l'évocation du passé. L'interrogation modifie une ligne circonflexe sans imprévu : *enseveli ?* Une courbe de finalité : *ma vie*, clôt cet
exorde musical.

Oui, il faudrait commenter longuement les correspondances sonores
distribuées tout au long de cette *Rêverie* : sans aller jusqu'à prendre la
température physique des phonèmes (ce ne doit pas être le moyen le
plus sûr d'atteindre la vérité d'un pareil texte), on accueillera la grâce
des voyelles *é*, *i*, accordées à la lumière ou à une sensibilité lancinante,
le pouvoir rythmique des consonnes ou leur potentiel de suggestion poétique, la multiplicité des *e* atones ou la densité des nasales, conformément
aux constantes du récitatif poétique. Le moyen de ne pas éprouver la
réussite des métaphores articulatoires ? Sachons toutefois ne pas nous
faire complices d'effets faciles, grossiers ou subjectifs : cette page est
d'abord une méditation réalisée dans une âme et pour l'âme. Comment
saurait-on en épuiser les résonances ?

A propos du Lido, on peut rappeler les impressions de Nodier,
Delavigne ou même de Brizeux. Mais il y a aussi dans le *Fils du Titien*

(1838) cette description de Venise au soleil levant : « Les brouillards se jouaient sur la lagune déserte et couvraient d'un rideau les palais silencieux. Le vent ridait à peine l'eau ; quelques voiles paraissaient au loin du côté de Fusine... les brouillards s'élevaient peu à peu ; le soleil parut ; quelques pêcheurs secouèrent leurs manteaux et se mirent à nettoyer leurs barques... » Ce sont là des choses vues par A. de Musset, bien différentes des exercices d'école. Dans un décor plus caractéristique, Chateaubriand a transfiguré le réel. Sa méditation fait éclater la durée et l'espace. Nous assistons ici à une recréation de la mémoire affective. Parti à la recherche du temps, il le ressaisit pour découvrir sa puissance de dévastation. Si son message peut être décodé avec quelque fidélité, c'est bien à l'efficacité d'un discours sans défaillance qu'il le doit, à la vertu d'un style qui a maîtrisé les forces de la langue.

TRISTESSE D'OLYMPIO

. . . .

Eh bien ! oubliez-nous, maison, jardin, ombrages ;
Herbe, use notre seuil ! ronce, cache nos pas !
Chantez, oiseaux ! ruisseaux, coulez ! croissez, feuillages !
140   *Ceux que vous oubliez ne vous oublieront pas.*

Car vous êtes pour nous l'ombre de l'amour même,
Vous êtes l'oasis qu'on rencontre en chemin !
Vous êtes, ô vallon, la retraite suprême
Où nous avons pleuré nous tenant par la main !

Toutes les passions s'éloignent avec l'âge,
L'une emportant son masque et l'autre son couteau,
Comme un essaim chantant d'histrions en voyage
Dont le groupe décroît derrière le coteau.

Mais toi, rien ne t'efface, amour ! toi qui nous charmes !
150   *Toi qui, torche ou flambeau, luis dans notre brouillard !*
Tu nous tiens par la joie, et surtout par les larmes ;
Jeune homme on te maudit, on t'adore vieillard.

Dans ces jours où la tête au poids des ans s'incline
Où l'homme, sans projets, sans but, sans visions,
Sent qu'il n'est déjà plus qu'une tombe en ruine
Où gisent ses vertus et ses illusions ;

Quand notre âme en rêvant descend dans nos entrailles,
Comptant dans notre cœur, qu'enfin la glace atteint,
Comme on compte les morts sur un champ de batailles
160   *Chaque douleur tombée et chaque songe éteint,*

Comme quelqu'un qui cherche en tenant une lampe,
Loin des objets réels, loin du monde rieur,
Elle arrive à pas lents par une obscure rampe
Jusqu'au fond désolé du gouffre intérieur ;

Et là, dans cette nuit qu'aucun rayon n'étoile,
L'âme, en un repli sombre où tout semble finir,
Sent quelque chose encor palpiter sous un voile... —
C'est toi qui dors dans l'ombre, ô sacré souvenir !

Tristesse d'Olympio se présente comme une méditation de Victor Hugo sur la vie de la nature et l'impossibilité pour l'homme de retrouver inchangé le cadre de ses expériences les plus profondes. Le thème du souvenir s'associe à celui du temps : ils en constituent l'essence lyrique. Après avoir reconnu l'indifférence de la nature voulue par Dieu, le poète affirme en conclusion le triomphe invincible du souvenir.

La dernière partie du poème s'ouvre sur un défi : *Eh bien !* oubliez-*nous*, réplique du vers précédent ; la progression se fait donc sans artifice. La reprise de ce verbe scelle l'unité de la strophe :

Ceux que vous oubliez ne vous oublieront pas.

Un lot imposant de termes concrets se remarque dans le développement. Plusieurs rappellent des circonstances vécues, occasionnelles de ce texte : la maison de Metz, dans la vallée de la Bièvre. Les vers :

vous êtes, ô vallon, la retraite suprême
où nous avons pleuré, nous tenant par la main !

insinuent même une allusion à une réconciliation de Juliette Drouet et Victor Hugo en septembre 1834.

Herbe au singulier (v. 138), au milieu des pluriels, s'explique par un souci de variété, une recherche de style poétique noble, peut-être tout simplement par une contrainte de versification, ainsi que la préposition *à*, vocalique (au *poids des ans*, v. 153), nécessaire après le *e* de l'hémistiche.

La charge poétique de plusieurs mots est du reste évidente : *ombrages, feuillages, oiseaux, ruisseaux* (unis par leur masse sonore et le pluriel d'amplification), autant que la valeur symbolique de : *ombre, oasis, retraite*, livrés d'ailleurs en second lieu au terme d'une réflexion : « car » *vous êtes*, selon une gradation expressive.

Ombre apparaît d'autre part suscité par *ombrage* ; et dans un contexte qui offre un renvoi précis au livre de *Job* 1, 21, pour *Dieu nous prête... Puis il nous retire* (v. 129-133), il est tentant de relier le vallon et ses pleurs à la vallée de larmes du Psalmiste 83, 7, par une lecture valorisante. Dans cette perspective, la couleur orientale de *oasis* ne forme pas dissonance.

On suivra le mouvement du regard au cours de ses déplacements : de la *maison* aux *ombrages*, s'attardant sur l'*herbe* et la *ronce* (la variation synonymique est efficace), s'orientant sur les *oiseaux*, glissant vers l'eau, rejoignant le ciel en une élévation dernière : *croissez feuillages*. Dès lors, la spiritualisation de la strophe suivante se comprend mieux avec ses effets d'antithèse et déjà l'expression figurée qui prépare les métaphores du refuge, intemporel cette fois. L'émotion du poète y est vive, extériorisée par l'anaphore : « vous êtes », le choix même d'un tel verbe qui réalise une identification absolue de l'image avec son objet.

L'aventure de Victor Hugo est désormais dépassée :

Toutes les passions s'éloignent avec l'âge...

Il avait d'abord écrit : « nos autres passions » ; la distance avec son propre destin n'était pas suffisante. Il a essayé aussi : « les autres passions ». L'indéfini de la totalité a une résonance plus large. Sémantiquement, le lien avec la strophe précédente est assuré par des mots : *s'éloignent* ; *en voyage...* qui rappellent *en chemin, la retraite...*

Au départ, on se trouve en présence d'une image classique : la vie est un théâtre (longuement développée par Lucien ou Epictète par exemple) et dont les formes sont multiples, jusque dans Pascal. *Masque* semble évoquer surtout la comédie ; *couteau*, la tragédie. Dans la réalité, les passions peuvent être grotesques ou tragiques ; elles s'opposent cependant à l'amour. La comparaison avec les comédiens en voyage est curieuse par son insistante précision. Pourquoi le *coteau* ? Si l'on veut bien réfléchir à l'évocation du destin de l'homme, que Victor Hugo présente ensuite, on ne sera pas surpris qu'ait pu chanter dans sa mémoire un verset de la Genèse : « Jusqu'à ce que vienne le désir des collines éternelles », d'après la Vulgate.

Le deuxième volet de cette conclusion s'ouvre sur une coordination qui signe une information positive cette fois sur la nature vraie de l'amour. *Rien ne t'efface* répond d'ailleurs à *effacer notre trace* du vers 136. *Charmer* (v. 149) doit être entendu au sens fort : « agir comme par un sortilège ». L'antithèse est flagrante partout : la violence maté-rielle de la *torche* se retrouve dans l'ardeur du *jeune homme* ; tandis que la flamme assagie du *flambeau* est celle de l'âge mûr ou du *vieillard*.

On retrouve ici personnification et apostrophe qui animaient le début de cette conclusion. Une certaine rhétorique se manifeste dans des effets oratoires de reprise ou la présentation inversée des termes au vers 152. La phrase, constamment haletante, s'oppose à l'ample période qui suit.

Là, les propositions subordonnées s'accumulent en tête pour mieux ménager l'attente de l'énoncé principal. Des agrafes concrète et abstraite diversifient l'expression de la temporalité : *dans ces jours où — quand*. Des groupes ternaires et binaires ralentissent encore la progression (v. 153 et 156) mais l'enrichissent de nuances.

Victor Hugo avait d'abord écrit : *sans but, sans passions* (v. 154). La correction *sans visions* est heureuse à plus d'un titre : elle élimine une espèce de contradiction et définit une forme de sensibilité.

Tombe et *gisent* : les images sont évidemment convergentes.

Les *entrailles* désignent les tréfonds de la sensibilité, comme au XVIIe siècle, tandis que le *cœur* et ses sentiments s'opposent à l'*âme*, siège de l'activité spirituelle, fine pointe par conséquent de l'être.

Si la métaphore de la *glace* reste assez conventionnelle, l'image du *champ de bataille* est plus vive grâce au faisceau de mots qui l'en-tourent. Victor Hugo avait mis : « chaque douleur passée ». Il s'est bien rendu compte de la maladresse de cette notation divergente. On pourrait s'interroger sur les sources de cette expression figurée. Men-tionnons au moins que pour *Job* encore 7, 1, la vie de l'homme est un combat...

Autre variante : *jusqu'au fond ténébreux* (v. 164). L'adjectif sans surprise n'ajoutait aucune idée supplémentaire à *obscure*. La forme adjec-tivale du verbe, plus rare, *désolé*, entoure au contraire de remous nou-veaux la pensée.

Le conflit entre la nuit et la lumière, essentiel dans l'univers du poète, est entretenu grâce au verbe imagé *étoile*, hérité peut-être de Delille, sans préjudice du reste pour une nouvelle antithèse qui s'affirme entre les volets du diptyque : vie — mort ; élévation — descente... resser-rant l'unité de cette conclusion. Elle culmine dans la dernière strophe lancée sur un *et* victorieux du silence et de l'attente marquée par la ponctuation forte qui a précédé. La phrase trouve ici sa résolution totale. Un double silence imposé par les points de suspensions et le tiret dégage un vers final d'une plénitude mystérieuse et d'une résonance illimitée favorisée par l'allitération et la qualité suspensive de *souvenir*, mot clef de cette méditation : la fidélité du cœur humain triomphe de la nature insensible.

Si tels sont les sentiers suivis par la sensibilité de Victor Hugo dans cette ultime démarche, on sera tenté de la juger déconcertante parfois à cause d'un afflux d'images matérielles assez inattendues. Elles sont pourtant typiques de son univers intérieur puisqu'elles se retrouvent par exemple à la fin de la dernière pièce des *Contemplations* ; et comme il serait instructif, même après la thèse de L. Keller, d'observer la fortune de l'image de l'escalier vertigineux ! Ainsi dans Baudelaire : sur *Le Tasse en prison d'Eugène Delacroix* :

> *Le poète au cachot...*
> *Mesure d'un regard que la terreur enflamme*
> *L'escalier de vertige où s'abîme son âme...*

Pour l'expliquer, on recourt à l'escalier sans fin de Piranesi et Thomas Quincey, alors qu'il est tellement plus naturel de songer à Rembrandt ; *Le Philosophe au livre ouvert*, peint vers 1633, au musée du Louvre. Dans *Le Philosophe en méditation* (1642), l'escalier angoissant se retrouve derrière le vieillard en méditation. Rembrandt est précisément nommé dans *Ce qui se passait aux Feuillantines*. J.-B. Barrère a du reste insisté dans « Victor Hugo et les arts plastiques » (*Revue de Littérature comparée*, 1956) sur la similitude de leur regard créateur.

En vérité, au-delà de tous les repères que nous avons marqués, le texte de Victor Hugo ne se comprend totalement que si on y déchiffre en filigrane le mythe de Psyché à la découverte de l'Amour « qui dor(t) dans l'ombre ». *Lampe, âme, voile*, même le verbe *charmer* aux résonances sémantiques si particulières s'ordonnent alors en faisceau cohérent. Du coup, l'unité interne du poème est ressaisie ; le mouvement de ces strophes n'apparaît plus artificiel. Le caractère si concret de cette quête trouve enfin sa justification dans cette métamorphose idéale du thème du refuge.

*
**

La versification sert fidèlement l'inspiration de Victor Hugo. La strophe d'alexandrins à rimes croisées a toujours favorisé un lyrisme noble. La qualité de la rime est assez éclatante ici : le couteau — coteau (v. 146-148), atteint — éteint (v. 158-160) sont même très voisines. L'isosyllabisme est très fréquent ; dans des strophes entières : vers 136-140 ; 156-160... Les appels grammaticaux ne sont pas éliminés sur de longues suites : vers 145 à 152. De nature suspensive habituellement (les deux dernières strophes par exemple sont consonantiques), elles s'accordent à la tension de la pensée et à son jaillissement.

On entendra aisément les accords des *e* atones, des voyelles graves, des nasales. Le dessein des correspondances sonores sera interprété sans

mal comme des métaphores secondaires d'une idée ou d'une sensation ;
tonale surtout dans la strophe :

> *Quand notre âme...*
> *Comptant dans notre cœur, qu'enfin la glace...*
> *Comme on compte...*
> *Chaque douleur tombée et chaque songe éteint.*

Il faut se montrer réceptif aussi devant des effets plus discrets : à cause
de la ponctuation et malgré l'élision, *Herbe* a le même volume que
ronce ; le vers entier joue sur cet équilibre : *use — cache* (v. 138).

Sans doute l'apostrophe, *ô vallon* (v. 143), détache le verbe de
son attribut, par un souci d'affectivité et de variété. Pourtant *êtes* et
retraite ont une unité essentielle !

Percevons même les accords subtils d'hémistiche à hémistiche ;
avec l'appui de la rime *tête — projets — plus — vertus* (v. 153-156)
tissent par leurs assonances le schéma d'un huitain d'hexasyllabes.

Dans la dernière strophe d'un art si sûr : *sombre* et *ombre* se
répondent, mais *nuit* et *fini* aussi, sémantiquement même ! Telles sont
les rencontres qu'il faut guetter pour saisir la puissance des sonorités
aimantant vers des représentations neuves, suscitant des rapports insoup-
çonnés entre les mots. C'est dire aussi le pouvoir de la parole !

Le rythme se manifeste d'abord dans le choix d'un mètre long enfer-
mant un quatrain dans une progression simple (a b a b). Exclamations,
impératifs, apostrophes... suffisent à définir d'emblée des courbes d'intonation multiples. La période d'allure oratoire : *Dans ces jours... gouffre*
intérieur, s'insère entre deux mouvements d'amplitude différente. Elle
est seule à connaître une discordance externe.

A l'intérieur des strophes, des enjambements distendent le cadre
préfix des douze syllabes. Le mètre se trouve ainsi allégé des contraintes
de la rime ; c'est l'occasion aussi d'accorder rythme et pensée :

> *Elle arrive à pas lents par une obscure rampe*
> *Jusqu'au fond désolé du gouffre intérieur ;*

La démarche de l'âme s'inscrit à la fois dans une image concrète et
une durée symbolique.

La structure de l'alexandrin exige quelques remarques. L'hémistiche
est toujours respecté. On notera le vers occupé par trois mots pleins
seulement, comme si souvent chez Corneille, avec un mot abstrait qui
s'étale :

où gisent ses vertus et ses illusions.

Il est facile sans doute d'observer des symétries accentuelles ; les vers 163-164 ont une cadence comparable : 3342, 3324 ; les formules descendantes insolites 1 + ... sont significatives :

> Herbe, *use notre seuil !* ronce, *cache nos pas !*
> Sent *qu'il n'est déjà plus qu'une tombe en ruine...*
> Sent *quelque chose encor palpiter sous un voile...*

Lexique, antithèse, rythme convergent ici efficacement.
Mais comment interpréter :

> *Chantez, oiseaux !* ruisseaux, coulez ! croissez, feuillages !*

En pur trimètre ? Certes l'exclamation dessine une courbe mélodique d'une autre nature qu'une simple virgule ! Et il est clair que Victor Hugo a voulu souligner des effets grammaticaux. Aussi n'a-t-on pas le droit de lire mécaniquement : 4.4.4, ce qui estomperait une vision concrète. Tous les termes ont un poids qu'il faut respecter dans le langage poétique. En notant par ' ou " le relief musical, je dirai donc :

> '   "   '   "   '   "
> *Chantez, oiseaux ! ruisseaux, coulez ! croissez, feuillages !*

Intention et mouvement lyriques sont ainsi préservés dans cette variété de ternaire.

Sortilèges du discours et prestiges du verbe restent donc associés tout au long de cette méditation.

*
**

Les rapprochements nécessaires avec *Le Lac, Le Dernier chant du pèlerinage d'Harold, Jocelyn* de Lamartine, ou *La Nuit d'Octobre* d'A. de Musset ont déjà été faits. La mesure exacte de l'imagination de Victor Hugo se prend mieux quand on constate chez lui l'obsession de l'antithèse et une vision dramatique des êtres et de la nature. De tous les sens, c'est la vue qui lui permet de recréer le plus fidèlement la suggestion d'un univers mythique aux couleurs fortement contrastées. C'est bien ainsi qu'ont été conçus les derniers quatrains de *Tristesse d'Olympio* qui se sont substitués à une autre conclusion plus sèche et intellectuelle.

La maîtrise du vers assure à cette philosophie déjà la puissance de son rayonnement.

LORENZACCIO, IV, 9

Pauvre Philippe ! une fille belle comme le jour ! Une seule fois je me suis assis près d'elle sous le marronnier ; ces petites mains blanches, comme cela travaillait ! Que de journées j'ai passées, moi, assis sous les arbres ! Ah ! quelle tranquillité ! quel horizon à Cafaggiuolo ! Jeannette était jolie, la petite fille du concierge, en faisant sécher sa lessive. Comme elle chassait les chèvres qui venaient marcher sur son linge étendu sur le gazon ! La chèvre blanche revenait toujours, avec ses grandes pattes menues. (Une horloge sonne.)
Ah ! ah ! il faut que j'aille là-bas. — Bonsoir, mignon ; eh ! trinque donc avec Giomo. — Bon vin ! Cela serait plaisant qu'il lui vînt à l'idée de me dire : Ta chambre est-elle retirée ? entendra-t-on quelque chose du voisinage ? Cela serait plaisant ; ah ! on y a pourvu. Oui, cela serait drôle qu'il lui vînt cette idée.
Je me trompe d'heure ; ce n'est que la demie. Quelle est donc cette lumière sous le portique de l'église ? on taille, on remue des pierres. Il paraît que ces hommes sont courageux avec les pierres. Comme ils coupent ! comme ils enfoncent ! Ils font un crucifix ; avec quel courage ils le clouent ! Je voudrais voir que leur cadavre de marbre les prît tout d'un coup à la gorge.
Eh bien, eh bien, quoi donc ? j'ai des envies de danser qui sont incroyables. Je crois, si je m'y laissais aller, que je sauterais comme un moineau sur tous ces gros platras et sur toutes ces poutres. Eh, mignon, eh, mignon ! mettez vos gants neufs, un plus bel habit que cela, tralala ! faites-vous beau, la mariée est belle. Mais, je vous le dis à l'oreille, prenez garde à son petit couteau. (Il sort en courant.)

Lorenzaccio a décidé de tuer Alexandre de Médicis : il imaginera pour le duc un rendez-vous avec Catherine dans sa propre chambre. Le dénouement n'est pas loin. La scène 9 de l'acte IV n'est qu'un long monologue qui permet à Lorenzaccio d'extérioriser ses sentiments avant le meurtre. Par sa masse insolite dans le décor nocturne, il s'impose d'emblée à la réflexion. A ce point précis de l'action, A. de Musset l'a chargé de définir les aspects les plus troubles et inquiets de son héros. Notre analyse concernera seulement la dernière partie pour en marquer les lignes de force spécifique.

*
* *

Au cours de l'acte IV déjà, nous avons entendu des monologues de Lorenzaccio : à la fin des scènes 3 et 5. Celui-ci se caractérise par un mouvement plus dramatique et contrasté ; à l'approche de la catastrophe, l'âme va s'offrir dans une transparence dépouillée.

Quatre moments ici : va-et-vient entre le passé obsédant et l'avenir indéterminé ; retour au présent : *Je me trompe d'heure* ; échappée dernière sur l'avenir immédiat ; moments soulignés par les alinéas du texte écrit.

Or nous sommes au théâtre : il faut donc dessiner ou deviner les attitudes : de rêve au début (il est assis sur un banc) ; gestes ensuite dans la rencontre mimée avec Alexandre. Puis l'apaisement : seule doit bouger la tête de Lorenzaccio pour entendre l'heure et comme pour observer le travail des ouvriers. Enfin, accès d'enthousiasme. Son corps tout entier doit exprimer la fièvre impatiente de l'action ; jusqu'au bout aura été jouée avec le duc la comédie de la complicité dans la débauche.

« Les règles défendent, disait Baron, de lever les bras au-dessus de la tête ; mais si la passion les y porte, ils feront bien : la passion en sait plus que les règles. »

L'existence du monde extérieur modifie déjà l'organisation de ce monologue par rapport à l'usage classique de la tragédie : une horloge sonne, des ouvriers travaillent... Pour discrètes qu'elles demeurent, ces notations contribuent à créer avec plus de vraisemblance un univers vivant qui pèse sur l'action du personnage et l'infléchit d'une façon plus naturelle. Mais cette esquisse de danse, pour une situation tragique, *si je m'y laissais aller... je sauterais comme un moineau sur tous ces gros platras et sur toutes ces poutres,* n'évoque pas seulement tel rite funéraire, elle montre d'abord la force de l'âme soulevant le corps au moment où on pourrait le croire écrasé.

Par les variations de tons qu'il implique, on voit aussi combien pareil monologue peut différer du monologue traditionnel, d'un registre beaucoup plus soutenu, sans dissonance, soumis à un ordre rationnel. Celui-ci subit le déferlement des pensées, brouillant les pistes balisées par la rhétorique. Une conscience tumultueuse affirme désormais les lois plus secrètes de l'affectivité.

C'est du reste un monologue et un dialogue par l'esquisse des répliques. Le style direct sert la vérité psychologique des personnages jusque dans leur impatience ou leur mépris (*Bon vin*).

Le premier vocatif *mignon* permet d'identifier les acteurs en perçant leur nature secrète, grâce à l'artifice typographique des tirets. Lorenzo s'imagine auprès du duc en compagnie d'un écuyer. Renversement des rôles : Lorenzo interpelle à la fin le duc : *Eh, mignon, eh, mignon.* Il lui a déjà donné cette qualification, par jeu (II, 4). Le détail du *bel habit* et des *gants neufs* sera repris quelques instants plus tard. La poétique du vêtement tient une fonction précise dans l'imagination d'Alfred de Musset : elle ressortit à la thématique du masque et du double. Pour mémoire : « Quand j'ai commencé à jouer mon rôle de Brutus moderne, je marchais dans mes habits neufs de la grande confrérie du vice... » (III, 3). Ici, le duc va donc ordonner : « Qu'on me donne mon pourpoint de zibeline... » (IV, 10). Et il demande : « Quels gants faut-il prendre ? Ceux de guerre, ou ceux d'amour ? » — « Ceux d'amour, Altesse », réplique Lorenzo. Le souvenir du passage parallèle dans G. Sand, *Une conspiration en 1537*, importe assez peu. Plus grave me paraît être ce regard de voyant qui déchire l'avenir avec une allégresse tragique. L'effet d'anticipation reconnu, la scène prend une nouvelle résonance.

La dernière phrase encore est dite par Lorenzaccio : l'ironie, macabre, cette fois, éclate aux oreilles des spectateurs qui se rappellent la réplique de l'acte II, scène 2 : « (Lucrèce) s'est donné le plaisir du péché et la gloire du trépas. Elle s'est laissé prendre toute vive comme une alouette au piège, et puis elle s'est fourré bien gentiment son petit couteau dans le ventre. »

Ainsi, le renversement des situations crée une tension pathétique. L'accélération du temps est même notée par cette indication scénique : *Il sort en courant.* Pareilles contraintes du texte écrit (outre les tirets du dialogue fictif) marquent bien les servitudes d'un genre qui est d'abord *mimesis* vivante. Et l'on comprend que Musset ait sacrifié à cette place une ébauche de scène entre Lorenzo et un personnage épisodique pour ne pas interrompre le crescendo du monologue.

L'examen de la langue et du matériel grammatical précisera les orientations du texte. On notera le sens classique de *il paraît* sans nuance dubitative. Mais d'emblée, le vocabulaire : *lessive, chèvres, platras, poutres*, impose un univers insolite, déconcertant nos habitudes d'une langue choisie, abstraite, purifiée de l'accident et du quotidien.

Cafaggiuolo plein de sonorités étrangères évoque un monde banni de la tragédie classique. A côté de ce nom d'un obscur village toscan,

Jeannette (avec un suffixe d'hypocoristique !...) apporte une nouvelle dissonance. Le sourire d'A. de Musset passe dans cette évocation de fantaisie, pleine de contrastes.

A la faveur d'un anachronisme, il glisse *mignon* qui évoque d'abord le XVIe siècle français, la cour de Henri III.

Plaisant, courageux... sont chargés d'amère ambiguïté. *Drôle* est grinçant. L'expression proverbiale *la mariée est belle* se double d'une équivoque sinistre... L'antiphrase semble organiser ce discours.

La pensée de Lorenzaccio choisit pour s'exprimer une inquiétante imprécision : *Là-bas... quelque chose.* L'érotisme sera étouffé dans le sang.

Cela mis à la mode au XVIIIe siècle (Laclos en abuse dans *Les Liaisons dangereuses*) peut introduire une note de familiarité : *comme cela travaillait* ; permet aussi de suivre une idée au plus près de son jaillissement : *cela serait plaisant qu'il lui vînt à l'idée de me dire...* *Cela* résume, comme en écho, un énoncé précédent : *cela serait plaisant.*

On remarquera la volontaire indétermination de la représentation pronominale : « on *y a pourvu* », « il... » qui servent des effets dramatiques. Le duc n'est pas nommé alors que son ombre obsède toutes les pensées et les démarches de Lorenzaccio.

L'encadrement du substantif par l'adjectif : « petites mains blanches », « grandes pattes menues » qui relève d'une stylistique courante au XIXe siècle traduit ici une vision symétrique et complémentaire d'êtres d'une innocente fraîcheur.

Les temps ont pour rôle de situer les actions dans des perspectives multiples. Le passé composé permet de représenter vivant le passé dans un étalement indéfini : *que de journées j'ai passées.* L'imparfait éternise sous le regard des souvenirs abolis : *Jeannette était jolie.*

La forme perspective — *rais* s'ajuste au monologue qui élit d'ordinaire la modalité indicative et le présent. Les impératifs qui se pressent en conclusion : *mettez vos gants neufs, faites-vous beau ; prenez garde* signalent que l'étape du rêve est franchie ; l'action doit se précipiter.

La phrase s'accorde aux différentes tensions de ce monologue. Des propositions courtes, haletantes, traduisent fidèlement des pensées qui se bousculent dans l'esprit de Lorenzaccio, à l'instant où son corps va connaître un tel ébranlement. C'est une conquête du drame nouveau. Les subordonnées sont rares ; les mots de liaison, discrets. *Donc : eh bien, eh bien, quoi donc ?* souligne une réaction affective. *Mais* prend un relief inhabituel devant la parenthèse : « Mais », *je vous le dis à l'oreille, prenez garde.*

Gonflée d'émotion, la phrase se libère de tout support verbal ! Dès le départ de l'évocation un état de contemplation est ainsi offert.

La mise en relief s'opère par des phrases segmentées : *ces petites mains blanches, comme cela travaillait. Jeannette était jolie, la petite fille du concierge...* Allitérations et assonances en soulignent les éléments.

La dissociation du sujet pronominal produit également des énoncés fidèles au rythme de la phrase parlée : *que de journées, j'ai passées, moi...*

Autre nouveauté : les variations multiples de hauteur et l'introduction du silence dans le débit de ce monologue. Impossible de dire sur les mêmes notes musicales les parties si contrastées d'un pareil texte ! A diverses reprises, Lorenzaccio s'interrompt, selon l'afflux des sensations et des sentiments qui occupent le champ de sa conscience. Le *tempo* ou l'agogique obéit donc aussi à des principes d'une dramaturgie renouvelée.

*
**

Si l'utilisation des ressources du matériel grammatical révèle des intentions concertées d'expressivité et d'émotion, le choix de certaines valeurs au plan du style nous guide jusqu'au centre même des desseins les plus secrets.

On repérera immédiatement l'antithèse entre un univers vivant (*arbre, chèvre...*) et mort : *pierres, platras...* ; de repos et d'action : *Ah ! quelle tranquillité !... ; Ah ! il faut que j'aille là-bas.*

La comparaison *une fille belle comme le jour* sert à formuler un haut degré en évitant un banal adverbe : *très.* Mais dans cette nuit qui pèse sur Lorenzaccio, la comparaison prend une autre valeur, d'essence symbolique. Il convient de rappeler les paroles de Marie, à l'acte II, scène 4 : « Je songeais aux jours où j'étais heureuse, aux jours de ton enfance, mon Lorenzino. Je regardais cette nuit obscure et je me disais... »

La tableau initial ne manque ni de fraîcheur ni de lyrisme. Sa fonction est de ressusciter un passé aboli d'innocence, sans mignardise. A. de Musset a élagué : « elle battait sa chèvre, mais elle... la baisait de bon cœur... » Tous les éléments sont choisis pour leur force de représentation. Le signalerait tout de suite l'épithète *blanche,* directement livrée ou non. La chèvre, comme ensuite le moineau, représente la liberté et la fantaisie : tout ce que n'a plus le pauvre Lorenzaccio et qu'il voudrait retrouver. Ainsi encore dans la *Confession d'un enfant du siècle !*

Le marronnier est un des arbres préférés d'A. de Musset : on le retrouve dans ses poèmes, mais déjà ici dans la scène 6 de l'acte III : « Tu te promènes sur la terrasse, devant les grands marronniers... La pelouse soulève son manteau blanchâtre aux rayons du soleil... » Ces effets de symétrie ou de correspondance même antithétique assurent l'unité psychologique du drame.

Au lieu d'une *chambre retirée* qui étouffe les bruits de la luxure, nous avons l'ouverture illimitée du ciel dans la paix du paradis perdu.

La *lumière sous le portique de l'église* paraît mystérieuse. Le cadavre est un *objet* bien macabre. Eléments traditionnels du roman noir ou de l'imagination romantique, va-t-on penser. Est-ce si simple ? Il conviendrait d'abord de se souvenir de la scène 3 de l'acte précédent « une statue qui descendrait de son piédestal pour marcher parmi les hommes sur la place publique, serait peut-être semblable à ce que j'ai été, le jour où j'ai commencé à vivre avec cette idée : il faut que je sois un Brutus ». On pense en outre ici à la statue vengeresse du Commandeur !

Il y a plus. L'image du Christ a fasciné toute cette génération plus qu'aucune autre. Ce cadavre de marbre ne représente pas seulement Alexandre. Lorenzo évoque ici un rôle sublime. Comme le Christ, il est médiateur ; il va racheter Florence au prix même de son sacrifice. D'où encore ces justes repentirs d'outrances : « Imbéciles ! ils savent crucifier un cadavre de marbre... Ils clouent leur bon dieu... »

Au vrai, la genèse de cette démarche symbolique est étrange. Au point de départ, Brutus certes, mais *Don Juan* aussi, me semble-t-il, puis *René* : « Comme je me promenais un jour dans une grande cité, en passant derrière un palais, dans une cour retirée et déserte, j'aperçus une statue qui indiquait du doigt un lieu fameux par un sacrifice. Je fus frappé du silence de ces lieux ; le vent seul gémissait autour du marbre tragique. Des manœuvres étaient couchés avec indifférence au pied de la statue, ou taillaient des pierres en sifflant... »

La scène se passe à Londres, derrière White-Hall, il s'agit de la statue de Jacques II élevée en souvenir du supplice de Charles Iᵉʳ, à l'endroit où il avait été exécuté selon la volonté de Cromwell.

La note des éditions dernières de *René* livre le nom de Charles II, parce que Chateaubriand a préféré l'art à la réalité : quoi qu'il en soit, le texte est suffisamment explicite.

A suivre les sentiers de cette création qui amène jusqu'à la transfiguration du rôle par l'image du Christ rédempteur, on voit ainsi combien l'art dramatique exploite les symboles les plus persuasifs.

*
**

Au terme de l'analyse, on a pu mieux discerner la fonction de cette scène, véritable clef de voûte du drame. Elle se rattache à l'histoire tout entière de Lorenzaccio ; elle scelle son destin.

Assurément, ce monologue juxtapose des tons de nature différente. Mais son romantisme puise à des sources plus secrètes et lointaines. Sa portée dynamique est assez évidente sans qu'il soit besoin de

confrontation ou de parallèle. L'ambiguïté et la richesse du rôle ont une
économie bien apparente aussi. Le dernier mot qu'il faudrait livrer
serait sans doute, moins par fidélité à une tradition du genre et à la
rhétorique, mais parce qu'il atteint ici une profondeur essentielle :
catharsis.

LES DESTINÉES (vers 43 à 75)

— *Un soupir de bonheur sortit du cœur humain.*
La terre frissonna dans son orbite immense,
45   *Comme un cheval frémit délivré de son frein.*

Tous les astres émus restèrent en silence,
Attendant avec l'Homme, en la même stupeur,
Le suprême décret de la Toute-Puissance,

Quand ces filles du Ciel, retournant au Seigneur,
50   *Comme ayant retrouvé leurs régions natales,*
Autour de Jéhovah se rangèrent en chœur

D'un mouvement pareil levant leurs mains fatales,
Puis chantant d'une voix leur hymne de douleur
Et baissant à la fois leurs fronts calmes et pâles :

55   « *Nous venons demander la Loi de l'avenir.*
Nous sommes, ô Seigneur, les froides Destinées
Dont l'antique pouvoir ne devait point faillir.

« *Nous roulions sous nos doigts les jours et les années.*
Devons-nous vivre encore ou devons-nous finir,
60   *Des Puissances du ciel, nous, les fortes aînées ?*

« *Vous détruisez d'un coup le grand piège du Sort*
Où tombaient tour à tour les races consternées :
Faut-il combler la fosse et briser le ressort ?

« *Ne mènerons-nous plus ce troupeau faible et morne,*
65   *Ces hommes d'un moment, ces condamnés à mort*
Jusqu'au bout du chemin dont nous posions la borne ?

« *Le moule de la vie était creusé par nous.*
Toutes les passions y répandaient leur lave,
Et les événements venaient s'y fondre tous.

70   « *Sur les tables d'airain où notre loi se grave,*
Vous effacez le nom de la FATALITÉ,
Vous déliez les pieds de l'Homme notre esclave.

« *Qui va porter le poids dont s'est épouvanté*
Tout ce qui fut créé ? ce poids sur la pensée,
75   *Dont le nom est en bas :* RESPONSABILITÉ ? »

Le poème *Les Destinées* est daté du Maine-Giraud, août 1849.
Mais la méditation d'A. de Vigny sur le problème de la liberté, de
l'échec et du mal est bien antérieure à ces vers. Comment s'étonner
dès lors des sources variées qui ont alimenté une réflexion sans cesse
inquiète de ces problèmes : Eschyle, Byron..., autant de jalons soigneusement repérés déjà. Notre examen portera sur une partie seulement du
poème : l'arrivée des *Destinées* devant le trône de Jéhovah et leur question pressante : la loi du Christ va-t-elle détruire l'*anankê* primitive ?
Langue, style, versification, soutiennent-ils l'effort du poète pour
formuler cette instance qui s'insère entre deux silences pathétiques ?

La syntaxe n'est guère particularisée. « En » *la même stupeur*
(v. 47) : la préposition assez incolore reste traditionnelle dans la langue
poétique au lieu de *dans* ou d'un outil plus précis.
Retournant au *Seigneur* (v. 49) : autre emploi conforme à l'usage
classique d'une préposition au sémantisme large, qui réalise même le
gain d'une syllabe.
Le recours au sens étymologique permet d'insuffler à divers mots
un sens plus riche et moins banal ; *les astres* « émus » (v. 46) : dans
leur anxiété, leur course s'immobilise (*restèrent : stare*). Le préverbe
est un intensif. Conformément aussi à l'usage noble, expliqué par La
Harpe, *rester* se fait escorter d'une détermination.
Fatal (v. 52) définit bien un Destin inexorable : *fatum* est un mot
de la langue augurale. L'adjectif se retrouve dans divers poèmes de
notre recueil, notamment dans la *Maison du Berger* :

Tout un monde fatal, écrasant et glacé.

Chez Ronsard aussi, le Destin a une nette valeur astrologique. Ici le pouvoir de ces déités ne connaît pas de trêve ou de faiblesse (*faillir*) (v. 57) à l'égard des races écrasées dans la défaite : *consternées* (v. 62).

Il serait rassurant de ne voir dans *régions* (v. 50) qu'un substitut noble, de *pays*. Mais *Regio* appartient en propre aussi à la langue des augures (Varron, Cicéron), si bien qu'A. de Vigny a pu rechercher cette résonance supplémentaire digne de ses *Destinées*.

Les mots concrets sont évidemment attendus et nombreux puisqu'il s'agit d'associer l'univers et l'homme dans ce drame : d'où la fréquence de la catégorie substantive. Pourtant cette évocation de la condition humaine et du rôle des *Destinées* se réalise avec une intensité toute particulière grâce aux verbes qui tiennent une place prépondérante.

N'en sont que plus caractéristiques les termes très spécialisés, de nature abstraite, en accord du reste avec un poème de prétention philosophique. On relèvera notamment les mots dotés de majuscules qui nous invitent à une méditation soustraite au temps, à la contingence, rivée à l'absolu : l'*Homme* (v. 47), le *Sort* (v. 61) ; ou ceux que les capitales soulignent : FATALITÉ (v. 71) ; RESPONSABILITÉ (v. 75), d'une longueur insolite de surcroît dans la langue poétique.

Ainsi le dessein majeur d'A. de Vigny est déjà rendu explicite.

Cependant la coloration religieuse de ce vocabulaire doit nous frapper encore plus. *Seigneur* (v. 49) remonte aux plus anciens textes. *Toute-Puissance* (v. 48), attesté isolément au XVIᵉ siècle, fait écho à *Tout-Puissant* (*omnipotens* dans Saint-Jérôme) : forme qui remonte au XIᵉ siècle.

Puissances (v. 60) traduit *potestates* de l'*Epître aux Colossiens* 1, 16.

Filles du ciel rappelle la construction biblique : fils de... Mais c'est une création aussi d'A. de Vigny pour caractériser les *Destinées* « filles de l'ombre » ou « de la nuit » chez Eschyle, d'où spontanément la qualification *froides* (v. 56).

Un tel syncrétisme est curieux. A cet égard *Jéhovah* (v. 51) pose un problème. Le mot renvoie au Dieu de l'Ancien Testament. Le poète unit l'Ancienne et la Nouvelle Loi (mot biblique aussi) ; or les tables de Moïse n'étaient pas d'airain ; encore qu'on en trouve de telles dans *I Machabées* 14, 18, 26, 48. Mais A. de Vigny a parlé lui-même de « *la verge d'airain* » de Moïse... Etrange permanence d'une atmosphère essentielle où le *silence* même devient oraison.

Jéhovah représente donc le nom ineffable de Dieu dans l'Ancien Testament. Le mot est inconnu des premiers traducteurs et des auteurs profanes. Il ne doit pas remonter au-delà du XVIᵉ siècle. En fait, il n'est apparu dans la langue littéraire qu'au XIXe siècle, avec quelque fréquence : en 1823 dans la 2e édition des *Odes* de Victor Hugo, dans une *Harmonie* de Lamartine en 1828, surtout dans les *Martyrs* (III) de Chateaubriand ; et c'est là, sans doute, que notre écrivain a trouvé l'ordonnance de cette scène : « Le Père habite au fond de ces abîmes de vie... Là sont cachées les sources des vérités incompréhensibles au ciel même : la liberté de l'homme et la prescience de Dieu... Jéhovah fait un signe, et les temps rassurés reprennent leurs cours... et les astres poursuivent leurs chemins harmonieux. Les cieux prêtent alors une oreille attentive à la voix du Tout-Puissant qui déclare quelques-uns de ses desseins sur l'univers... »

Oui, plutôt que de recourir aux sonnets de G. de Nerval, *le Christ aux Oliviers* :

> *En cherchant l'œil de Dieu, je n'ai vu qu'une orbite*
> *Vaste, noire et sans fond...*
> *Immobile Destin, muette sentinelle,*
> *Froide nécessité...*

tout nous invite à retrouver dans une épopée qu'A. de Vigny connaissait intimement, les maîtres mots d'un développement personnel.

A son tour, le matériel grammatical se prête à des remarques variées. L'article défini souligne une entente mutuelle logique entre les acteurs du drame et nous-mêmes aussi bien que l'unicité de l'idée : « Le » *suprême décret* (v. 48), « le » *grand piège du Sort* (v. 61) ; tandis que l'article indéfini peut apporter une note concrète, précise : « un » *soupir de bonheur* (v. 43). Plus d'une fois, on s'oriente vers une valeur d'épidictique : « les » *fortes aînées* (v. 60) ; à cause surtout de la fréquence des démonstratifs qui matérialisent une scène, une vision, ont une valeur de geste méprisant :

> *Ne mènerons-nous plus ce troupeau faible et morne*
> *Ces hommes d'un moment, ces condamnés à mort...*

Pareillement, les possessifs fréquents imposent la réalité d'une présence angoissante : « leurs » *mains,* « leur » *hymne,* « leurs » *fronts* (v. 52, 53, 54).

Quatre temps retiennent notre attention : le passé événementiel inscrit ce récit dans l'histoire, tout au début de notre passage :

> *Un soupir de bonheur sortit du cœur humain.*
> *La Terre frissonna...*

Puis la scène s'actualise au présent. Les imparfaits *roulions* (v. 57) ; *tombaient* (v. 62), *posions* (v. 66) permettent de retrouver une durée indéfinie ; mais la périphrase *ne devait point faillir* suggère plutôt une modalité. C'est une façon discrète pour les *Destinées* de marquer leur hostilité au dessein de Dieu.

Le futur, rare dans la langue, est tout à fait remarquable. Il ouvre une trouée imprévue dans le déroulement implacable du temps :

> *Ne mènerons-nous plus ce troupeau...*

En dernier lieu, la périphrase *qui va porter...* rappelle l'urgence du débat.

Beaucoup plus neuf se révèle l'emploi du tiret :
> — *Un soupir de bonheur...*

pour marquer une rupture dans la trame du récit. C'est A. de Vigny, semble-t-il, qui le premier, dans *Moïse*, a eu l'idée de recourir à ce procédé typographique pour suggérer l'éclatement et la succession de plans narratifs.

En ce qui concerne la qualification, on notera la relative fréquence de la postposition de l'adjectif ; c'est-à-dire qu'il fonctionne comme un lexème, pleinement signifiant, autonome ; *orbite immense* (v. 44) ; *fronts calmes et pâles* (v. 54),

> *d'un mouvement pareil levant leurs mains fatales...*

Les tours *soupir de bonheur* (v. 43) ; *hymne de douleur* (v. 53) et même *hommes d'un moment* (v. 65) sont à repérer aussi, même si la construction à des attaches latines, car ils sont destinés à suggérer une syntaxe hébraïque où la détermination substantive remplace l'adjectif inexistant. Dans cet esprit précisément, on appréciera la présentation abrupte, incisive, du discours direct :

> *Nous venons demander la Loi de l'avenir*

qui reproduit un schéma biblique, sans verbe introducteur : *Jérémie* 20, 10...

La phrase se présente avec une extrême variété. Si le mètre contient parfois une proposition unique :

> *Un soupir de bonheur sortit du cœur humain*

plus souvent, elle s'étale sur deux ou plusieurs vers : 44-45. Une phrase est très complexe. Certes, **A.** de Vigny a voulu concentrer sa pensée dans un seul mouvement très ample à l'image de l'idée qu'il développe. Mais l'abus des formes verbales en *-ant* qui économisent des ligatures plus précises la rend pesante, embarrassée. Du reste, les outils conjonctionnels ont un sémantisme trop riche. La temporalité se charge de nuances diffuses en définitive ; *quand* : lorsque, et soudainement ; *comme* : au moment où, et parce que.

Ouvrant le tercet, la proposition :

> *D'un mouvement pareil levant leurs mains fatales...*

semble appartenir à une série nouvelle ; tandis que l'ellipse d'un verbe déclaratif ne contribue pas à éclairer des rapports incertains de prime rencontre.

Malgré tout, la voix reste soumise à des inflexions variées. Le vocatif *ô Seigneur* (v. 50) détruit une simple ligne assertive. La mise en attente de l'apposition nominale, avec un retour expressif du pronom, *nous, les fortes aînées* (v. 60), accroît le volume de la phrase. La reprise énergique : *qui va porter le poids... ce poids...* (v. 73-74) est à l'image de cette mise en demeure.

Remarquons encore la forme de cette interrogation dont le niveau mélodique est autre que celui de la question :

> *Devons-nous vivre encore ou devons-nous finir ?*
> *Ne mènerons-nous plus le troupeau... ?*

L'expression formelle révèle donc autant de diversité que de souplesse.

Plus décisives cependant apparaissent les intentions stylistiques de ce texte. Le procédé de l'antithèse est déjà flagrant : opposition entre les Destinées et l'Homme ; entre les Destinées et Dieu (*vous - nous*) ; entre les Destinées elles-mêmes et les autres Vertus ou Puissances des cieux.

C'est une page surtout d'Apocalypse qui découvre les abîmes du ciel et de la terre : d'où les effets de perspective grandiose :

> *La terre frissonna dans son orbite immense...*
> *... ayant retrouvé leurs régions natales...*
> *Dont le nom est en bas...*

Le regard plonge ou s'élève dans l'espace, mais dans le temps aussi : de l'infini du passé à l'infini de l'avenir. Cette révélation (c'est le sens premier d'*Apocalypse*) s'accompagne de notations dramatiques ; mouvements solennels, gestes pathétiques réalisés avec une harmonie troublante. Le dialogue même souligne l'aspect tragique de cette instance surnaturelle. En vérité, tout reste subordonné à une conception très particularisée de cet univers mystique. L'imagination d'A. de Vigny pour régler le déroulement de cette scène a délibérément sacrifié plusieurs espèces de sensations trop concrètes. Les notations de mouvement doivent demeurer prépondérantes ; en revanche, les couleurs sont peu ou mal représentées : *leurs fronts calmes et pâles* (v. 54). Les épithètes symbolisent et résument la rage glacée et le rôle des Destinées, pourvoyeuses de mort.

Le caractère tragique, implacable de cette vision se découvre à travers les notations absolues : « tous » *les astres* (v. 46) ; *venaient s'y fondre* « tous » (v. 69) ; *d'un mouvement pareil, d'une voix, à la fois* (v. 52, 54) : ces trois caractérisations sont postées à l'hémistiche. On aura constaté que le poète reste fidèle à la conception antique : il représente la terre au centre du monde ; et n'oublie pas de faire allusion à l'harmonie musicale des sphères : *restèrent en silence* (v. 46).

La métaphore se manifeste rarement à l'état isolé, dans un verbe, par exemple :

Nous roulions sous nos doigts les jours et les années...

D'ordinaire, il y a convergence de multiples éléments grammaticaux. Ainsi dans le tercet :

Ne mènerons-nous plus ce troupeau...

Il faut noter aussi le cachet noble obtenu par le développement équilibré des deux versants de l'image.

La Terre frissonna...
Comme un cheval frémit...

Il convient plus encore d'observer que la plupart des images ne se présentent pas d'une façon isolée : *Joug de plomb* (v. 31), *doigt d'airain* (v. 11), *pieds d'airain* (v. 37) et ici : *tables d'airain*, pour un même univers minéral, dur et glacé.

A *pesaient* (v. 3), *poids colossal* (v. 15) répliquent :

Qui va porter le poids dont s'est épouvanté
Tout ce qui fut créé ? ce poids sur la pensée...

Pareillement : *détachant les nœuds lourds* (v. 31) devient :

> *Vous déliez les pieds de l'Homme, notre esclave.*

Esclave ou *esclavage*, vers 8, 10 (entraves), vers 72, 95 (domination), *le collier qui nous lie* (v. 110) : l'écho est total.
Le vers :

> *Jusqu'au bout du chemin dont nous posions la borne* (v. 65)

répond à celui-ci :

> *Sans dépasser la pierre où sa ligne est bornée* (v. 6).

C'est dire l'obsession des images fondamentales tout au long de ce texte. Dans cet esprit, on pourrait encore commenter :

> *Nous roulions sous nos doigts les jours et les années* (v. 58)

par rapport au texte de la *Maison du Berger* :

> *Je roule avec dédain sans voir et sans entendre*
> *A côté des fourmis les populations...*

L'originalité d'A. de Vigny se laisse mieux appréhender si l'on parvient à dégager l'origine de ces images. *Roule* justement fait penser au fuseau des Parques. Mais le Livre de la vie (biblique) est un rouleau qu'on développe. Une telle valorisation enrichit l'énoncé d'harmonique supplémentaire.
Corneille avait dit dans *Cinna ou la clémence d'Auguste* :

> *N'en croyez point, Seigneur, les tristes destinées* (v. 444),

rimant aussi avec *années*. *Froides* vivifie l'allégorie.
Hommes d'un moment (v. 65) : « créature d'un jour », avait écrit A. de Musset dans la *Lettre à Lamartine*.

> *Le troupeau faible et morne... ces condamnés à mort* (v. 65)

rappellent les brebis destinées à la boucherie du *Psaume* 43. De là peut-être les images du piège où tombent les animaux. Mais Pascal

déjà avait écrit : « Nous courons sans souci dans le précipice » (Edition
Faugère, 1844, t. II, p. 18). Mais le cheval et son frein (v.
45) sont
évoqués dans l'*Epître de Jacques* 3, 3. Toutefois, *cheval* surprend un
peu dans un contexte noble. En fait, dans *Moïse*, on trouve :

> *Au coursier d'Israël qu'il attache le frein.*

Pourquoi donc ce mot ? Le cheval est par excellence un animal
de l'*Apocalypse* : on l'y retrouve quatorze fois.

Le chœur des *Destinées* semble d'inspiration grecque. Mais face au
Seigneur, elles se comportent comme des personnages de l'Apocalypse
devant le trône de Dieu, non plus pour une adoration mais pour un
procès.

Ainsi par-delà Eschyle ou les trois Destinées de *Manfred* le substrat
biblique affleure sans cesse ; le signaleraient tout de suite les bouleverse-
ments cosmiques : *La Terre frissonna, tous les astres émus*, indice
d'une prochaine théophanie.

L'image des *condamnés à mort* est spécialement révélatrice. Elle
nous renvoie à Pascal : « qu'on s'imagine un nombre d'hommes dans
les chaînes et tous condamnés à la mort » (t. II, p. 23). C'est même
là, plus sûrement que dans A. de Musset, qu'il a trouvé son inspiration ;
Pascal cite la *Sagesse* (v. 15) : « Memoria hospitis unius diei praete-
reuntis. » L'hôte d'un jour qui passe ! La même page (t. I, p. 224)
évoque « le silence éternel des espaces infinis » et l'esclavage fondamental de l'homme !

Malgré tant d'apports, A. de Vigny parvient à donner à son évocation une progression et une unité profondes.

Les images d'oppression et d'anéantissement trouvent une direction
imprévue dans un tercet d'une extraordinaire puissance symbolique :

> *Toutes les passions y répandaient leur lave...*

L'image du feu vital illumine ce vertige cosmique. Mieux : la métaphore du cercle se retrouve sous des formes multiples : l'orbite de la
Terre, le chœur des Destinées, le fuseau ou le livre qui se déroule, le
moule de la vie... Le cercle : image de la plénitude existentielle, comme
le chiffre 3. Préméditation ou démarche instinctive ? L'objet de la
stylistique est d'éclairer ces réalisations.

La volonté d'art se révèle enfin à travers une forme d'écriture
contraignante. Le mètre choisi pour cette vision épique est l'alexandrin

aux cadences larges. Le rythme, c'est d'abord l'alternance de ces douze syllabes, avec la rime comme régulateur ou repère. La césure à l'hémistiche assure une symétrie satisfaisante dans ce mouvement régulier.

La faible longueur moyenne du mot dans la langue poétique y installe d'ordinaire des séries 2,4, ou 3,3 ; mais sans rien de systématique. On sera plus attentif au choix de *antique* (et non « ancien »), habituel dans le style soutenu depuis le xviiᵉ siècle, parce que la langue hésitait sur la diérèse ou non de « ancien » : le témoignage de Voltaire est formel.

Fatalité et *responsabilité* composent un hémistiche : signe, non pas d'une désaccentuation, mais d'une mise en relief, à la fin d'une courbe d'intonation.

Le rythme est ensuite constitué par des phénomènes de discordance entre le mètre et la syntaxe ; grâce à l'enjambement (phénomène de liaison autant que de rupture), l'unité de la vision ou de la pensée se trouve sauvegardée :

> *Nous sommes, ô Seigneur, les froides Destinées*
> *Dont l'antique pouvoir...*
> *Vous détruisez d'un coup le grand piège du Sort*
> *Où tombaient...*

Mais le rythme réside surtout dans l'opposition entre phrases brèves et périodiques, les lignes mélodiques des questions et des interrogations, inhabituelles en fréquence dans le discours lyrique. Si bien que le *tempo* de cette page, constamment varié, stimule sans arrêt notre attention.

En apparence, A. de Vigny utilise la terzarima dont le caractère d'ouverture, d'appel, est si net (a b a b c b). On peut évoquer Gautier, Brizeux, la *Divine Comédie* surtout qu'il lisait dans le texte original : Dante, à cette époque, était à la mode. (Lamennais en avait préparé une traduction.) Remarquons toutefois qu'il avait initialement songé au septain pour ce poème. C'est le cadre aussi de *cinq* autres pièces de ce recueil ; 3.5.7. : dans l'élection de ces chiffres entrent sans doute des intentions « philosophiques ».

La nature si particulière du poème inaugural a donc conduit notre poète à choisir une forme représentative de son dessein secret : 3 est un chiffre rituel ; Jéhovah ou Dieu, le Christ, les Destinées : voilà l'immmuable Trinité, implacable, responsable de la Comédie Humaine ; et cette thèse s'impose à notre esprit grâce à l'espace blanc qui isole chaque tercet. Le mouvement demeure impérieux à cause des rimes attendues, le système strophique ne trouvant sa résolution que tout à la fin.

Précisément, il suffit de parcourir les rimes de ce texte pour constater qu'A. de Vigny a contrevenu maintes fois au principe de l'alternance interne régulière.

Vers 46-54 : a'b a', b c' b, c' b c' ; v. 55-62 : a b' a, b' a b', c b' c...

Sans doute, on peut essayer de relier certains systèmes à la progression dramatique. Plus simplement, il faut voir dans ces faits la preuve que la structure théorique des rimes n'est pas choisie pour elle-même, mais en fonction de la valeur symbolique du groupe 3 et aussi à cause de sonorités privilégiées : *-eur, -or* (*sort*, res*sort*, m*orne*, *mort*, b*orne*), *é* surtout , ou *-ées* à la rime nécessairement (*Destinées, années, aînées, consternées*), à une place éminente dans le cadre métrique. A ces calculs s'ajoutent diverses correspondances homophoniques : *s*ilence, *s*tupeur, Pui*ss*ance, *S*eigneur, *s*ort, con*s*ternées, re*ss*ort ; épouvanté, pensées, res*p*onsabilité... si bien que la rime, sans être somptueuse, laisse une impression générale de richesse. Sémantiquement, elle regroupe ou projette l'éclairage sur les idées maîtresses du vers. Il suffit de les parcourir verticalement pour recueillir un sentiment de force et de mystère. Les associations grammaticales prévisibles ne détruisent pas ces rencontres fulgurantes du sens et du son : *fatales, pâles, faillir, finir...*

Il faut même percevoir d'autres échos plus vastes, des accords persévérants entre l'hémistiche et la rime, qui soulignent à l'occasion une antithèse : *bonheur, stupeur, douleur* ; *au Seigneur, ô Seigneur* ; *filles du ciel, Puissances du ciel...*

D'une façon plus générale encore, le jeu des consonnes apparaît ici raffiné, servant parfois une discrète harmonie imitative :

> *Comme un cheval frémit, délivré de son frein...*
> *Nous roulions sous nos doigts les jours et les années...*

utiles surtout à détailler la richesse du vocabulaire : *suprême, Toute-Puissance* ; *retournant, retrouvé* ; *autour* ; *porter, poids, épouvanté, poids, pensée, responsabilité...*

Tous ces éléments définissent un discours poétique prompt à utiliser les ressources du mot, sa charge de vibration physique et son pouvoir de représentation.

**

L'enquête historique a donc permis de mieux cerner la démarche créatrice d'A. de Vigny. Au point de départ, Eschyle, sans doute. Mais dans les *Burgraves* (1843), V. Hugo n'avait-il pas rêvé aussi à la stature surhumaine des héros d'Eschyle ? Dans sa « trilogie » il voulait « faire briser la fatalité par la providence ». Notre poète n'écrit pas une pièce de théâtre. La nature épique de son imagination le conduit vers les *Martyrs* de Chateaubriand où il découvre un canevas pour sa réflexion philosophique. Les *Pensées* de Pascal l'aident d'autre part à préciser son dessein. Familier de l'Orient (les fragments de l'*Almeh* le prouvent) et de la Bible, il conçoit alors une vaste fresque épique pour résumer son ambitieux dessein d'une poésie métaphysique.

A travers un réseau serré d'images, il est parvenu à s'exprimer avec force et vérité, grâce aussi à l'austère contrainte du vers. La réussite semble ici incontestable : son âme violemment ébranlée par un problème éternel a pu capter l'émotion et la cristalliser au plus près de ses sources les plus vives.

AU LECTEUR

La sottise, l'erreur, le péché, la lésine,
Occupent nos esprits et travaillent nos corps,
Et nous alimentons nos aimables remords,
4   Comme les mendiants nourrissent leur vermine.

Nos péchés sont têtus, nos repentirs sont lâches ;
Nous nous faisons payer grassement nos aveux,
Et nous rentrons gaiement dans le chemin bourbeux,
8   Croyant par de vils pleurs laver toutes nos taches.

Sur l'oreiller du mal c'est Satan Trismégiste
Qui berce longuement notre esprit enchanté,
Et le riche métal de notre volonté
12   Est tout vaporisé par ce savant chimiste.

C'est le diable qui tient les fils qui nous remuent
Aux objets répugnants nous trouvons des appas ;
Chaque jour vers l'Enfer nous descendons d'un pas,
16   Sans horreur, à travers des ténèbres qui puent.

Ainsi qu'un débauché pauvre qui baise et mange
Le sein martyrisé d'une antique catin,
Nous volons au passage un plaisir clandestin
20   Que nous pressons bien fort comme une vieille orange.

Serré, fourmillant, comme un million d'helminthes,
Dans nos cerveaux ribote un peuple de Démons,
Et, quand nous respirons, la Mort dans nos poumons
24   Descend, fleuve invisible, avec de sourdes plaintes.

Si le viol, le poison, le poignard, l'incendie,
N'ont pas encor brodé de leurs plaisants dessins
Le canevas banal de nos piteux destins,
28   C'est que notre âme, hélas ! n'est pas assez hardie.

Mais parmi les chacals, les panthères, les lices,
Les singes, les scorpions, les vautours, les serpents,
Les monstres glapissants, hurlants, grognants, rampants,
32   Dans la ménagerie infâme de nos vices,

Il en est un plus laid, plus méchant, plus immonde !
Quoiqu'il ne pousse ni grands gestes ni grands cris,
Il ferait volontiers de la terre un débris
36   Et dans un bâillement avalerait le monde ;

C'est l'Ennui ! — L'œil chargé d'un pleur involontaire,
Il rêve d'échafauds en fumant son houka.
Tu le connais, lecteur, ce monstre délicat,
40   — Hypocrite lecteur, — mon semblable, — mon frère !

Le poème « Au lecteur » fut initialement publié dans la *Revue des Deux Mondes* en juin 1855. Précédé pour la première fois du titre *Les Fleurs du Mal*, il accompagnait des pièces d'orientation spirituelle ou marquées d'inquiétude religieuse : « Réversibilité », « La Cloche », « De profundis clamavi »... Devait-il encore s'insérer dans une construction plus vaste, « les Limbes » ? En tout cas, le souffle d'une pensée chrétienne guide ces vers implacables au-dessus de toutes les dissonances. Comment percevoir ces voix multiples ?

Les variantes sont instructives à plus d'un titre. La strophe *Ainsi qu'un débauché...* ne figurait pas dans la *Revue* : son réalisme eût choqué les lecteurs inutilement.

Dans l'édition posthume, le poème s'intitule « Préface », plus neutre en apparence, plus prosaïque aussi. « Au lecteur » a le mérite de rappeler *les Tragiques* d'A. d'Aubigné : « Aux lecteurs ». En effet une épigraphe empruntée aux *Princes* ornait le texte de 1855. Mais le singulier établit un contact plus personnel entre Baudelaire et son lecteur. « Préface » insinue peut-être de surcroît une note religieuse très particulière. A la messe, c'est la prière qui précède la consécration. Et Baudelaire s'en souvient dans *Bénédiction* :

> *... vous l'invitez à l'éternelle fête*
> *des Trônes, des Vertus, des Dominations...*

Ici, le mot semble préluder à quelque liturgie noire. Etait-ce vraiment l'ultime dessein du poète ?

> *Dans nos cerveaux malsains, comme un million d'helminthes,*
> *Grouille, chante et ripaille un peuple de démons...*

A l'action pure s'est substituée une vision dynamique grâce aux formes adjectives du verbe : *serré, fourmillant* (v. 21).
S'engouffre, comme un fleuve... (v. 24).
La répétition de l'outil *comme* dans une même strophe manquait de variété. La présentation de l'image sous forme de métaphore *descend, fleuve invisible*, lui donne plus de force. Le choix même d'un tel verbe suffit à révéler la profondeur avec une troublante précision : une descente progressive, sans tumulte, insidieuse.
Sur un exemplaire personnel, Baudelaire a porté :
Les ours, les scorpions, les singes, les serpents (v. 30). Dans le bestiaire du Moyen Age, à Sens, Andlau, Nevers, Reims, l'ours apparaît comme une bête redoutable qu'on affronte l'épée au poing, qui se rue sur l'homme, ou qui l'enserre dans un corps-à-corps terrible. Ces notions sont absentes du vautour, même prométhéen. Et du reste Héraclès le tue...
Au vers 34 enfin, *quoi qu'il ne fasse...*, *Pousser* est certainement moins banal. D'ailleurs, à l'époque classique, il s'emploie avec des nuances variées : produire, exprimer, manifester. Scudéry remarque dans ses *Observations sur le Cid* : Chimène et Rodrigue « ne poussent et ne peuvent pousser qu'un seul mouvement ».
Ainsi l'examen des variantes nous guide déjà vers une plus juste appréciation de la langue et du style dans ce poème liminaire.

*
**

Dès l'abord, le matériel grammatical et la phrase doivent livrer quelques enseignements précis sur les intentions de Baudelaire.
L'article défini nous jette en plein absolu, comme caractérisant des substantifs :

> *La sottise, l'erreur, le péché, la lésine...* (v. 1).
> *... le viol, le poison, le poignard, l'incendie...* (v. 25).

Il se charge de valeurs extensives et démonstratives avec les noms concrets :

> *... parmi les chacals, les panthères, les lices,*
> *les singes, les scorpions, les vautours, les serpents,*
> *les monstres glapissants...* (v. 29-31).

Le singulier *sein* (v. 18) estompe une vision réaliste insoutenable ; dans cette strophe, l'article indéfini est motivé par un souci de représentation précise : il actualise dans l'indétermination.

Les possessifs *notre* et *nos*, le pronom *nous* reviennent avec insistance : à chaque strophe, plusieurs fois, comme si Baudelaire craignait que nous détournions notre regard, ou que nous ne nous sentions pas concernés. A la fin éclate brûlante l'apostrophe, après que s'est réduite la distance avec l'interlocuteur : *Tu le connais* (v. 39) :

> *Hypocrite lecteur, — mon semblable, — mon frère !*

Mes frères eût été digne du ton d'un sermonnaire. Le singulier a de tout autres résonances affectives.

Cette présence du Mal et du Malin est dénoncée à l'aide d'un temps privilégié qui fait éclater la durée. Trouant les présents métaphysiques, la forme en *-rait* (*ferait, avalerait*, vers 35-36) ajuste quelque perspective humaine dans cette méditation faite sous un angle d'éternité.

La qualification se réalise essentiellement par l'adjectif. Leur nombre est imposant, même leur masse : *répugnants* (v. 14), *martyrisé* (v. 18), *clandestin* (v. 19)... *A posteriori*, il est aisé d'en justifier la place ; attitude objective ou aspect impressionniste ; compte tenu de servitudes grammaticales, dans le cas notamment des lexèmes verbaux. Notons encore la fréquence des formes adjectives du verbe et leur densité sémantique :

> *Les monstres glapissants, hurlants, grognants, rampants* (v. 31).

Qu'on est loin des « chiens dévorants » de Racine où l'épithète reste « de nature » !

Sous forme de proposition relative, elle introduit un élément d'expressive variété : *à travers des ténèbres qui puent* (v. 16). « Puantes » délivrait surtout une notion statique.

Parallèlement, quelques adverbes s'étalent dans le vers : *grassement* (v. 6), *gaiement* (v. 7), *longuement* (v. 10). Substantive, la détermination est à la fois plus discrète et plus imprévue : *chaque jour* (v. 15), *sans horreur* (v. 16), *au passage* (v. 19)...

Les problèmes de liaison sont sans doute plus caractéristiques. Remarquons les séries ouvertes dans les énumérations :

> *La sottise, l'erreur, le péché, la lésine...*
> *Si le viol, le poison, le poignard, l'incendie...*

En dehors même de tout effet de gradation, elles nous obligent à poursuivre un examen de conscience.

La plus élémentaire des jointures, *et*, se pose à la fin de presque toutes les strophes : preuve de la résolution d'un mouvement de pensée ; sans qu'on puisse donc alléguer quelque influence biblique.

Une conjonction adversative rompt l'ordonnance carrée du poème : *Mais* (v. 29), signe de transition vers un élément inédit. En harmonie avec ce déchirement, la phrase rebondit sur trois strophes, aidée par divers tremplins syntaxiques : incidente, segmentation ; tandis que les deux derniers vers forment, dans leur simplicité apparente, malgré les reprises, une conclusion insolite, grammaticalement, par rapport à la régularité ou l'ampleur du développement.

Si Baudelaire s'est ingénié à varier la structure de chaque strophe, les faisant commencer tour à tour par un substantif, un complément circonstanciel, une apposition..., une formule de mise en relief doit nous frapper : *c'est Satan* (v. 9) ; *c'est le Diable* (v. 13) ; *c'est l'Ennui* (v. 37). Cette triple répétition inquiétante scande et unifie tout le discours.

Telle est la démarche grammaticale du poète nous guidant avec autant de sûreté que d'autorité jusqu'à un point limite de tension.

*
**

Du reste, cet itinéraire est jalonné par des mots savamment choisis. Plusieurs demandent une explication. *Lésine* (v. 1) est attesté en français depuis 1610 au moins, dans l'*Art poétique* de Deimier. Le sens d'avarice sordide peut se lier chez Baudelaire à celui de « léser » ; il trahirait alors une rancune personnelle contre certaine décision de sa famille de le pourvoir d'un conseil judiciaire afin de l'obliger à sauvegarder son capital.

Travailler (v. 2) doit s'entendre dans son acception étymologique : « torture ».

Trismégiste (v. 9) est d'abord le nom donné par les Grecs au tout-puissant Hermès, ou au dieu Thôt égyptien ; littéralement : trois fois grand.

Enchanté (v. 10) garde trace de son sens primitif, fort.

Catin (v. 18) représente une femme de mauvaise vie ; par ses sonorités, le mot se rapproche de l'ancien verbe *catir* : presser. On surprend ainsi la naissance de l'image *que nous pressons bien fort* (v. 20).

Helminthes (v. 21), vers intestinaux, figure dans le complément du *Dictionnaire de l'Académie* en 1842.

Riboter (v. 21) est issu de « ribaud » : débauché. La liaison se fait ainsi naturellement avec la précédente strophe. Mais Baudelaire l'unit sans doute à « ribot » : pilon d'une baratte. Le verbe s'enrichit de ces données complexes, complémentaires : « marteler », « s'agiter avec frénésie », « mener un sabbat ».

La *lice* (v. 29) désigne la femelle d'un chien de chasse, née du croisement avec un loup ou une louve : *lycisca* ; d'où l'orthographe acceptée au début par Baudelaire : *lyce*. Mais c'est aussi un terme de tissage. L'association a pu jouer sans mal d'une strophe à l'autre : « broder », « canevas ».

Débris (v. 35) est employé comme au XVIIe siècle : « amas de choses brisées ».

Houka (v. 38) : chez les Hindous, c'est une variété du « narghilé ». Balzac aussi y recourait, pas seulement dans ses romans. Le mot a une valeur de dépaysement et nous introduit de plain-pied dans un paradis artificiel.

Quant à *délicat* (v. 39), il faut l'interpréter : « subtil », « ingénieux », plus que « raffiné », ou « d'une sensibilité extrême ». « Délicatus » avait toutes ces extensions.

Au total, un certain nombre de termes rares : plusieurs gagnent à être rapprochés de leur sens originel.

Ce qui frappe ensuite, c'est la complaisance de Baudelaire pour les mots familiers, vulgaires, réalistes ou repoussants, exclus traditionnellement de la langue poétique. Ils s'embusquent dans toutes les strophes. Même le singulier « noble », *un pleur* (v. 37) est placé là en vue de produire un effet calculé d'ironie, en contraste avec les *pleurs* concrets du remords (v. 8).

En face de ce lexique, si peu conventionnel, si provocant, on bute sur des mots qui appartiennent de claire évidence au registre de la théologie ou de l'éthique chrétienne la plus exigeante.

Des précisions s'imposent : *le péché — nos péchés*. Dans l'énumération initiale, le singulier représente la luxure ; le pluriel, les fautes en général.

La sottise pourrait bien être la vaine sagesse du monde (Stultam), d'après *I Corinthiens* 1, 19-20 ; *l'erreur* ; sans doute le péché contre l'Esprit, irrémissible selon l'Evangile, puisqu'il opère la confusion entre les œuvres de Dieu et celle de Satan.

11

Le viol, le poison, le poignard, l'incendie sont à coup sûr les fruits de la colère et de l'envie. Les métonymies demeurent explicites.

L'Ennui, Ce monstre délicat se dissimule sous une forme agressive de la paresse.

La gourmandise n'est pas nommée. Mais qu'elle fût à l'horizon de la pensée de Baudelaire, on la devine à travers les mots : *alimentons* (v. 3), *nourrissent* (v. 4), *grassement* (v. 5), *orange* même (v. 20).

En somme, nous avons une énumération assez fidèle, quoique indirecte, des péchés capitaux, à quoi correspond celle des monstres symboliques.

L'orientation spirituelle du poème s'affirme.

*
**

Plus nettement encore à travers le réseau des *figures de style*.

L'énumération est la pièce la plus simple de toute rhétorique : synonymie (*serré, fourmillant*, v. 21) ; groupes binaires positifs ou négatifs :

> *Occupent nos esprits et travaillent nos corps* (v. 2).
> *Quoiqu'il ne pousse ni grands gestes ni grands cris* (v. 24).

Progressions élémentaires : *Qui baise et mange* (v. 17) ; entassement de notions concrètes ou abstraites avec anaphore :

> *Il en est un plus laid, plus méchant, plus immonde !* (v. 33).

Tels en sont les modes obligés, efficaces presque toujours par leur seule fréquence.

L'antithèse se manifeste avec des raffinements subtils ; non pas celle-là seule qui oppose la vie à la mort :

> *Et quand nous respirons, la Mort dans nos poumons*
> *Descend...* (v. 23, 24),

l'ignorance plus ou moins complice et le Mal triomphant :

> *Sur l'oreiller du mal, c'est Satan Trismégiste*
> *Qui berce longuement notre esprit enchanté* (v. 9, 10)

mais celle-ci plus immédiate et cinglante dans sa concision : *nos aimables remords* (v. 3), *vils pleurs* (v. 8) ; ou cette autre d'apparence sacrilège :

> *Le sein martyrisé d'une antique catin* (v. 17)

destinée à nous faire prendre une bouleversante idée de la luxure.

Les ténèbres qui puent contrastent avec les fumées aromatiques du houka...

Dans le voisinage de *âme, le viol, le poison, le poignard, l'incendie* (v. 25) s'étalent avec insolence. Mais l'interjection *hélas* ou l'adjectif *hardie* rétablissent une identique préoccupation : l'exigence cruelle de vérité.

Précisément, ce sera la fonction de l'expression figurée de révéler peu à peu le sens obscur de notre vie grâce à une série de correspondances. *Comme* et *ainsi* sont les attaches habituelles, encore que l'image puisse se glisser dans un substantif (*l'oreiller du mal,* v. 9), un adjectif (*nos péchés sont têtus,* v. 5), un adverbe (*grassement,* v. 6), les verbes surtout : de là leur puissance évocatrice. Ce fait de style explique qu'ils soient si nombreux par rapport aux normes du discours poétique.

Au lieu d'un cliché « une volonté de fer », Baudelaire a choisi : *le riche métal de notre volonté.* L'abstraction a disparu.

La personnification n'est qu'un type particulier de l'image, insistante ici, rehaussée parfois d'une métaphore :

> *la mort dans nos poumons*
> *Descend, fleuve invisible, avec de sourdes plaintes* (v. 23, 24).

Baudelaire insiste violemment sur ces rapports grâce à la convergence de plusieurs termes, si bien que l'on doit s'interroger sur la portée exacte de certains mots.

Aux objets répugnants nous trouvons des appas (v. 14). La distinction entre *appât* et *appas* (toujours au pluriel) ne remonte qu'à 1718 ; graphiquement, au pluriel, ils continuaient à se confondre. Une lecture valorisante donne donc : « Jusque dans les objets répugnants nous trouvons des pièges et pas seulement des charmes. » Or les proverbes de Salomon mettent en garde contre la femme qui tend ses filets pour nous y faire tomber ! Justement Baudelaire va lever l'anathème rituel : *martyrisé.*

> *C'est le Diable qui tient les fils qui nous remuent* (v. 9).

Sans doute ! Mais un *hypocrite* n'est-il pas encore un acteur sous un masque, une sorte de pantin !

La richesse en même temps que l'ambiguïté de cet univers baudelairien se découvrent dans la fusion d'éléments concrets et abstraits. Les sensations ne se livrent presque jamais à l'état pur, mais interprétées par la conscience du poète.

Le chemin bourbeux (v. 7) est de nature morale. *Boueux* n'aurait n'aurait pas permis cette dématérialisation. Les *ténèbres* (v. 16) sont avant tout spirituelles. La Mort (v. 23) est celle d'une âme privée de la grâce, livrée au Démon.

Montaigne disait : « Oh ! que c'est un doux et mol chevet et sain que l'ignorance. » Et voici que Baudelaire imagine au travail le dieu de toute science : alchimiste croise chimiste dans un même champ sémantique. Prenons-y garde : la copulation métallique est une des opérations du grand œuvre ! Et c'est le destin de l'homme qui s'est joué dans cette monstrueuse union !

Il ne suffit pas de considérer le caractère dégradant des images. Il faut s'interroger sur les sources de cette inspiration. Trop simple de renvoyer au *Second Faust* pour expliquer la comparaison *comme une vieille orange*, alors que c'est l'existence même de Faust qu'il faut surprendre dans cette conscience !

Les *pleurs* sont une manifestation de la grâce. Leur vertu mystique est illustrée par la légende du « chevalier au barisel ». Mais Baudelaire rejette l'âme dans le désespoir.

Le fleuve du temps est une image classique, reprise par les moralistes chrétiens, tel Lamennais : « Ils ont descendu le fleuve du temps. Pendant qu'ils passaient, mille ombres vaines se présentèrent à leurs regards » (*Hymne des morts*, 1831). Ici, Baudelaire ne se borne pas à suggérer le Styx, le fleuve des enfers, mais l'Enfer lui-même.

Satan Trismégiste s'oppose à Dieu trois fois saint, *Trisagios* dans *Isaïe*, v. 3, célébré à la messe, en conclusion de la préface.

Un peuple de démons (v. 22) : pourquoi ? Mais à cause d'un épisode de l'Evangile ! Jésus chasse un esprit immonde et lui demande : « Quel est ton nom ? Il lui dit : je m'appelle Légion, parce que plusieurs démons étaient entrés dans cet homme » (Luc 8, 30-31). Et les démons se réfugient dans un troupeau de pourceaux...

Baudelaire sans doute précise la nature close, sans échappée de sa vision : *dans nos cerveaux, dans nos poumons, ménagerie*. Surtout il demande à *Isaïe* encore de lui fournir des animaux sauvages, symboles de toutes les concupiscences dégradantes : 13, 19-22. Comme Sodome et Gomorrhe, Babylone est détruite, des bêtes affreuses hantent les ruines. Lilith triomphe, 34, 11-14, couchée sur ces décombres : « *ibi cubavit lamia et invenit sibi requiem...* »

A ce point, il n'est plus possible d'éluder une question sur la nature du dernier monstre ; car on passe à côté des intentions les plus profondes de Baudelaire, si on se borne à noter les valeurs allégoriques du tableau final, même les nuances psychologiques du mot *Ennui* par rapport à « spleen ». Dans *Ennui*, il y a « haine », étymologiquement. De fait, *il rêve d'échafauds*. *Lamie*, très ancien dans la langue, a des sonorités bien proches de l'*Ennui*. Or Verlaine dans *Sagesse* écrit : « *L'Ennemi se déguise en l'ennui...* ». Satan, l'ennemi en hébreu !... Tout s'éclaire. Car dans la littérature mystique, celle des Pères, d'abord, l'ennui est une forme insidieuse du Démon, qui torture jusqu'aux moines et anachorètes.

Prince de la science, prince des ténèbres, l'immonde qui se dissimule sous l'aspect de bêtes répugnantes parvient même à séduire et investir les âmes d'élite.

Quelles visions de cauchemar en définitive dans ce panorama d'un monde sans lumière et sans rachat !

*
**

La technique du vers garantit enfin à la pensée de Baudelaire toute plénitude efficace.

Le compte des syllabes ne pose pas de problème original ; une licence facile ; *encor* (v. 26), une diérèse qui nous oblige à détailler toute la substance de *million* (v. 21) ; le choix de l'adjectif *antique* (v. 18) peut être dû à l'embarras des théoriciens qui, hésitant à tenir « ancien » pour di ou trisyllabique, préféraient un autre mot.

Par souci de variété et d'efficacité, Baudelaire limite parfois la rime à un accord ténu : *remuent — puent* (v. 13-16) approximatif même, classiquement du reste : *lâches — taches* (v. 5-8). Mais en règle générale, elle est au moins suffisante, renforcée d'ordinaire par des homophonies plus ou moins complexes : *lEsine — vErmine ; Catin, Clandestin* (v. 1-4 ; 18-19).

Pas plus que l'isométrie, l'identité grammaticale des mots à la rime ne retient l'attention. Ce qui frappe, ce sont des appels imprévus de sens dus à des mots rares ; type : *lésine — vermine ; houka — délicat ;* si bien que des associations surprenantes se créent : *Trismégiste — Chimiste, Démons — poumons,* au-delà même des rencontres occasionnelles avec un nom propre.

Il faut de surcroît noter la nature consonantique, donc la valeur suspensive, d'attente, de la plupart de ces rimes : dès la strophe d'ouverture, tout au long du poème, et en finale naturellement.

L'extraordinaire densité des voyelles nasales est remarquable aussi. Leur nombre, à la rime, dépasse l'habituelle fréquence de pareilles sonorités dans le discours poétique : les strophes 5 et 6 en entier, une fois sur deux aux strophes 7, 8, 9...

Les sons térébrants, *i, é,* reviennent avec insistance, signe peut-être d'un ricanement douloureux ou d'une détresse ravagée par l'ironie.

Des calculs de sonorité sont poursuivis sans défaillance à travers toutes les strophes ; métaphores articulatoires subtiles :

Et Nous aLiMentons Nos aiMaBles reMords

ou échos à l'hémistiche : *mal — métal* ; *Enfer — à travers* ; *débauché — martyrisé,* allant jusqu'à la reprise d'un mot essentiel : *lecteur.*

Rimes et hémistiches sont même soudés de façon ingénieuse : *volonté — vaporisé* ; *Démons — respirons* ; *serpents — glapissants...* Il y a là vraiment incantation déjà.

Les recherches de Baudelaire ont porté plus encore sur le choix d'un type probablement inédit de structure strophique FMMF, sans alternance et sans liaison pour tout un long poème. Si les quatrains d'alexandrins embrassés remontent à Baïf, Malherbe les ignore et depuis Corneille la résolution de la strophe est presque toujours masculine. Il faut donc enregistrer cette volonté symbolique de surprise ou d'étonnement, de scandale même, dès cette introduction, aux *Fleurs du Mal.*

Par essence, la strophe constitue une formule rythmique, d'autant plus accusée ici qu'une ponctuation forte en marque le dessin, sauf dans la dernière partie où la discordance se manifeste avec éclat.

Comme dans une péroraison, un large mouvement oratoire prévient et secoue l'apathie. En toute rigueur, le poète transmet son message et son émotion dans un élan impérieux.

Sur l'alexandrin repose, en définitive, le mouvement du texte : mètre noble, à la fois épique, tragique, lyrique. Certes, on y perçoit l'antique balancement :

> *Occupent nos esprits et travaillent nos corps...* (v. 2).
> *Nos péchés sont têtus, nos repentirs sont lâches...* (v. 5).

Un tel parallélisme a cessé d'être prépondérant ; d'abord à cause de la structure de la strophe, développée dans une phrase unique :

> *Ainsi qu'un débauché pauvre qui baise et mange...*

par suite également des reliefs du vers ; les énumérations martèlent le débit :

> *La sottise, l'erreur, le péché, la lésine...*
> *Si le viol, le poison, le poignard, l'incendie...*

la strophe 8 est tout entière haletante.

Assurément il est possible de tenir compte des accents toniques et par conséquent d'aligner des séries 3333 : vers 1, 14, etc. Ne parlons plus d'alexandrins isochrones, puisque cette notion a été reconnue fausse : mais du moins ces cadences ne sont pas exceptionnelles, elles sont même accordées à la longueur moyenne du mot en poésie et à la démarche iambique ou anapestique de notre langue.

Précisément, les mots longs de Baudelaire la contrarient souvent : *alimentons, ménagerie, bâillement,* etc.

Dans ces conditions plutôt que de s'interroger sur le sens de toniques successives :

Ainsi qu'un débauché pauvre...

il est plus urgent de voir que l'hémistiche a cessé d'être l'unique pôle d'attraction des syllabes. La césure peut occuper toutes les places, mais elle reste signifiante par rapport à ce repère idéal, traditionnel : les leçons d'un Ténint gardent tout leur mérite.

Il ferait volontiers de la terre/un débris (v. 35).

Cette lecture est impérative, sinon on transgresse une règle stricte : un nom complément d'un autre nom ne doit pas le précéder à l'intérieur d'un même hémistiche.

La présence d'une atone à la sixième syllabe est d'une audace neuve que Verlaine a comprise :

Quoiqu'il ne pousse NI... (v. 34).

L'alexandrin s'apprête donc à recevoir une nouvelle formule d'équilibre. Il ne s'agit pas seulement de repérer des vers qui n'ont que trois crêtes accentuelles, liées à trois mots pleins (fait banal depuis les origines) :

Et dans un bâillement avalerait le monde (v. 36)

mais d'éprouver une ébauche de trimètre, à travers un ternaire profilé par la typographie, aux masses décroissantes :

— Hypocrite lecteur, — mon semblable, — mon frère !

Par suite les problèmes de la discordance interne ou externe doivent être reconsidérés.

Serré, fourmillant, comme un million d'helminthes (v. 21).

L'axe du vers se situe à la cinquième syllabe. L'épingle adverbiale reçoit un éclairage, non par sa place plus ou moins fortuite à l'ancien hémistiche, ou sa qualité intrinsèque, mais après une rupture mélodique. De même, les inflexions tonales guident la lecture des vers suivants :

Et, quand nous respirons, la Mort dans nos poumons
Descend, fleuve invisible, avec de sourdes plaintes (v. 23-24).

Non seulement, nous ne disons pas : nous respirons la Mort ; mais le décrochement de *Et,* dans la chaîne phonétique, introduit une espèce de métaphore expressive. Le rejet métrique, « *descend* », est amorti par l'apposition qui suit, avant la courbe de finalité.

Voilà bien des réalisations, habiles ou hardies. En vérité, sous des apparences classiques, le vers, dès ce poème, a cessé de reproduire un schéma circonflexe banal. Certes, V. Hugo eût pu signer celui-ci (c'est un de ses types favoris) :

> *Chaque jour vers l'Enfer nous descendons d'un pas*
> *Sans horreur, A TRAVERS des ténèbres qui puent* (v. 26).

Mais Baudelaire peut encore « disloquer » davantage son mètre, sans aucun scrupule, attentif seulement à lui imprimer les mouvements d'une imagination torturée.

*
* *

Ainsi s'offre à notre méditation ce poème *Au lecteur,* après qu'une analyse stylistique s'est efforcée d'en comprendre la genèse et les intentions par-delà les ressources si diverses du discours et d'une rhétorique persuasive. Quelle ouverture sur les *Fleurs du Mal* ! On y saisit déjà les thèmes majeurs de tout le livre. Tandis qu'un regard hâtif découvre derrière le rideau des vapeurs d'empyreume une mythologie peu inquiétante, un examen plus curieux révèle une obsession fondamentale : toute quête de la joie est illusion. Alors s'insinue, fascinant, le mystère de l'idéal.

LA MORT DES PAUVRES

C'est la Mort qui console, hélas ! et qui fait vivre ;
C'est le but de la vie, et c'est le seul espoir
Qui, comme un élixir, nous monte et nous enivre,
Et nous donne le cœur de marcher jusqu'au soir ;

A travers la tempête, et la neige, et le givre,
C'est la clarté vibrante à notre horizon noir ;
C'est l'auberge fameuse inscrite sur le livre,
Où l'on pourra manger, et dormir, et s'asseoir ;

C'est un Ange qui tient dans ses doigts magnétiques
Le sommeil et le don des rêves extatiques,
Et qui refait le lit des gens pauvres et nus ;

C'est la gloire des Dieux, c'est le grenier mystique,
C'est la bourse du pauvre et sa patrie antique,
C'est le portique ouvert sur les Cieux inconnus !

Tout un groupe de poèmes des *Fleurs du Mal* est commandé par une méditation sur la Mort ; en 1857 le cycle comprend trois sonnets parallèles : « La Mort des Amants », « La Mort des Pauvres », « La Mort des Artistes ». Initialement, notre poème s'intitulait « la Mort ». Le nouveau titre en marque mieux la place dans un ensemble, bien qu'il en limite la portée, semble-t-il.

Nous tenterons de suivre la poussée créatrice de Baudelaire.

*
**

Le poème débute sur une brusque affirmation qui semble clore une méditation, comme une espèce de conclusion paradoxale et douloureuse. Le regret d'être obligé d'admettre cette constatation s'exprime par l'interjection *hélas !* mise en relief après l'hémistiche. Du coup la seconde partie du vers est déséquilibrée.

Pour formuler ce regret, Baudelaire a sacrifié l'antithèse plus brutale de la première rédaction où la ligne de l'alexandrin n'était pas brisée : *et la Mort qui fait vivre.* Le paradoxe de la Mort qui fait vivre ressort d'ailleurs avec autant de netteté de l'écartèlement aux extrémités du vers des deux antinomies.

La majuscule est habituelle à Baudelaire pour concrétiser l'abstraction. Ici, la mort est personnifiée avec force.

La Mort, annoncée dès le titre, ne sera plus désignée par son nom, mais définie par une série d'équivalents dont l'accumulation même doit exprimer la richesse de cette mort. Il s'agit donc d'un éloge paradoxal qui ne peut emporter l'adhésion que si l'on sous-entend le procès de la vie dont l'éloge de la mort est le négatif.

C'est le procès préalable de la vie qui implique le *hélas* initial et dans le deuxième vers l'exclusivité marquée par l'épithète *seul.* La succession des définitions laudatives rappelle la manière des litanies, tandis que la progression qui aboutit à l'exaltation dans la louange s'apparente au mouvement de l'hymne. A cette démarche ascensionnelle concourent à la fois l'agencement des constructions syntaxiques et rythmiques, la disposition des rimes, le choix et la présentation des images.

Le sonnet tout entier est bâti sur une seule phrase : un élan continu, avec des pauses marquées par des ponctuations fortes et suivies de reprises, énonçant une nouvelle définition, introduite chaque fois par *C'est.* Les courbes d'intonation ne s'abaissent donc jamais totalement vers un palier de finalité ; les tercets au contraire les relancent impérieusement.

Le présentatif *c'est* revient dix fois, avec une répartition égale entre les quatrains et les tercets ; dans le dernier cependant il est accumulé. Au vers 1, sa valeur n'est pas la même que dans les vers suivants : elle y souligne l'affirmation, mettant en évidence que c'est la mort, non la vie, qui est bienfaisante et qu'ainsi c'est elle, paradoxalement, *qui fait vivre.* Dans les autres cas, *c'est* se fait accompagner d'un substantif qui énonce un aspect de la mort.

Dans le premier quatrain, les deux attributs correspondent aux deux bienfaits mis au compte de la mort au vers 1, avec un chiasme : *le but de la vie* correspond plutôt à *qui fait vivre.* Dès lors que la vie a un but, elle n'est plus à considérer en elle-même, mais en fonction de ce but qui la justifie. Tout ce qui a un but a nécessairement une raison d'être. Du moment qu'on a reconnu un but à la vie, l'homme a une raison de vivre. Dès lors, *l'espoir* correspond plutôt à *console.* Les deux termes présentent la résonance affective de la constatation. Les deux notions sont du reste solidaires : parce que l'homme est consolé, il peut continuer à vivre ; parce qu'il entrevoit un terme, un but même à la vie, il possède cet espoir d'avenir qui le console de la vie présente et lui donne le courage de *marcher jusqu'au soir.*

Le chiasme suggère cette interdépendance et la répétition à la même place dans ce vers de la coordination *et* marque l'union entre ces deux vertus de la mort. Les rimes *vivre — espoir* précisent ce champ sémantique à l'image de leur coloration contrastée, féminine et masculine, qui n'altère pas leur essence consonantique d'élan.

La consolation n'est donc pas simple résignation, mais espérance, par suite mouvement vers un au-delà, mouvement indiqué par la construction de la phrase qui s'amplifie avec trois verbes subordonnés, introduits par *qui* déterminant la valeur de cet *espoir.* Alors que les hémistiches du vers 2 paraissaient s'équilibrer rigoureusement pour la pensée comme pour la voix, l'*espoir* s'épanouit tout au long des vers 3 et 4 avec l'enjambement qui unit les idées plus qu'elle ne les interrompt.

Au rebondissement assuré par la conjonction *et* du vers 4 correspond l'ampleur du rythme par l'effacement de la césure très discrète par rapport aux inflexions tonales si nettes des trois vers précédents, indiquées par la ponctuation elle-même.

Au plan des sonorités, on enregistrera enfin les appels entre les hémistiches et les rimes ; *vivre/vie/elixir/enivre ;* et même *console/cœur :* vers les mots clefs en somme.

Le deuxième quatrain repose sur une symétrie rigoureuse : au centre sont placés les deux vers qui commencent par *c'est,* encadrés par deux autres vers qui apportent une précision valorisante. Grammaticalement les vers 1 et 4 ne se correspondent pas, mais l'identité de rythme est flagrante marquée par la ponctuation. La rime *s'asseoir* rejoint *jusqu'au soir* du premier quatrain. Le vers d'ouverture : *A travers la tempête...* paraît même définir les conditions de cette marche. C'est dire l'unité intrinsèque sonore et sémantique des quatrains. Tel est le premier regard. Un examen plus approfondi permet de mieux dégager les correspondances et les intentions stylistiques.

La coordination *et* regroupe trois termes pour produire un effet d'accumulation, trois termes que la voix avait détachés. Au premier vers qui exprime la misère terrestre fait écho le quatrième où cette misère apparaît encore en négatif : dans la mort seule seront satisfaits les besoins essentiels ; tandis que les deux vers centraux expriment l'espoir offert par la mort.

Mais en même temps, en progressant du premier au deuxième de ces groupes symétriques, on passe d'un versant à l'autre, du versant de la vie, où ce qui est positif, ce sont encore les souffrances et où *la clarté vibrante* contraste, sans l'abolir, avec *l'horizon noir,* jusqu'au versant de la mort où l'auberge est une certitude et où ce qui est positif c'est désormais l'apaisement des souffrances, le repos. Toutefois, il ne s'agit que d'une perspective d'avenir, comme l'indique le futur *pourra.* Cette perspective recèle néanmoins la vertu d'une promesse *qui console* et *fait vivre.* Par degrés insensibles, nous changeons de plan.

*
**

Formellement déjà ; car si les quatrains présentent une succession de rimes anormales par rapport au canon rassurant *a b b a,* les tercets offrent de prime abord une irrégularité bien plus voyante avec quatre rimes féminines de même tonalité : *c' c' d e' e' d,* sémantiquement convergentes. Chacun d'eux s'arrête sur une voyelle. L'opposition avec les quatrains s'accuse dans le choix de rimes de nature grammaticale identique : des adjectifs, d'essence descriptive ; et térébrants : *i, u !*

Ces divergences accompagnent le mouvement même de l'idée. Alors que dans les quatrains, c'est la pensée, la perspective de la mort qui sont présentés comme bénéfiques, dans les tercets nous sommes invités à contempler la mort et ses bienfaits auxquels un présent atemporel confère déjà un signe d'éternité, qui peuvent donc être éprouvés comme actuels. La progression amorcée au vers 7, du versant de cette vie au versant de l'au-delà, se confirme par le passage des bienfaits matériels aux bienfaits spirituels. *L'Ange* succède à *l'auberge,* le *sommeil* ouvrant l'accès au rêve. Il s'agit non d'une rupture, mais bien d'une avancée ; le sommeil procuré par l'Ange s'insère entre la mention de l'auberge et celle du lit refait, donnant à ces détails concrets leur véritable éclairage spirituel, tandis que le deuxième hémistiche du vers 11 rappelle encore cette misère terrestre qui s'efface dans la mort. S'agit-il simplement d'un dénuement physique ? La pauvreté évangélique intéresse aussi bien le cœur !

Le deuxième tercet chante la gloire de la mort et l'apothéose qu'elle représente pour le pauvre. Parmi les cinq titres à la louange assignés à la mort, le troisième (donc central) est un ultime rappel de la misère du monde, que l'on peut à présent définitivement nier puisque la mort est la « bourse du pauvre ». Ce tercet, et avec lui, le poème entier s'achève sur une exclamation de triomphe, préparée grâce à un élargissement du rythme. Au vers 12 : symétrie parfaite des hémistiches, au vers 13 une coordination ; plus rien au vers 14 : le premier hémistiche déborde sur le second.

Les deux premiers vers allient à la diversité dans la manière de présenter le second hémistiche, le parallélisme des constructions : complément de nom et adjectif. Le troisième vers se distingue avec ses deux adjectifs. L'idée d'ouverture se trouve ainsi en relief, rejoignant la notion d'inconnu sur laquelle s'achève le sonnet.

*
* *

La succession des images est constamment soumise à cette progression qui anime le poème. Les deux premiers titres accordés à la mort sont de caractère abstrait : *but, espoir.* Toutefois, à cette désignation abstraite, *l'espoir,* fait place aussitôt une image, introduite dans la rédaction de 1861 par une comparaison substituée à l'opposition « divin elixir », *comme un elixir.* En se corrigeant, Baudelaire a sans doute voulu éviter d'indiquer prématurément l'aspect divin des bienfaits de la mort.

L'image du *but* peut être une réplique aux *Essais* III, 12. Méditant sur la mort, Montaigne écrit : « Mais il m'est advis que c'est bien le bout, non pourtant le but de la vie. »

L'espoir est assimilé aussi à l'ivresse dont Baudelaire a chanté les bienfaits : *l'Ame du vin.* Parmi tous les termes qui désignent les breuvages susceptibles de procurer l'ivresse, le poète a utilisé avec quelque prédilection le mot *elixir.* Le même terme désigne par exemple l'ivresse procurée par Jeanne Duval. Mais comment ne songerait-on pas en outre à l'elixir magique des « deux amants » de Marie de France dans leur ascension justement sur cette montagne qui sera leur tombeau !

Et ici nous devinons déjà « le désir des collines éternelles » chanté dans la *Genèse* 49, 26 ! Car c'est à l'espoir directement que sont assignés les effets de l'ivresse : *nous monte.* Dans cet emploi transitif, à l'époque classique, « monter » signifie : « poser en haut », « élever ». Mais le verbe profite des reflets du composé : « remonter ». D'autre part, *monte* suggère une ascension ; « remonte » indiquerait seulement le retour à un niveau d'équilibre après une dépression. Il s'agit bien d'une montée à un niveau supérieur atteint seulement dans l'ivresse dont la double mention *elixir* et *enivre* encadre l'idée d'ascension. Cette montée morale sous l'effet de l'ivresse aboutit à un état d'esprit conquérant, analogue à celui qui s'exprime dans les derniers vers du poème *Le serpent qui danse.* Mieux que le mot « courage », « cœur » désigne l'élan, la ferveur qui anime l'homme dans sa marche jusqu'au soir de la vie. Ne dit-on pas encore : « avoir du cœur à l'ouvrage » ?

La comparaison des étapes de la vie avec les moments successifs d'une journée, celle aussi de la vie avec une marche, un voyage, sont toutes deux traditionnelles. Le thème de *l'homo viator* est particulièrement familier aux deux Testaments.

La première image est esquissée par les mots : *jusqu'au soir* ; la seconde amorcée par *marcher* se poursuit tout au long du deuxième quatrain, précisée par la triple notation : *tempête, neige, givre,* qui représentent la misère, les souffrances de la vie. Ces images atmosphériques sont surtout expressives en raison de la coloration affective qui leur vient d'autres poèmes des *Fleurs du Mal.*

Le vers 7 oppose *clarté* à *obscurité* ; *l'horizon noir* précisé par le possessif *notre* est celui de l'existence. Notre destin est donc engagé pleinement aussi dans cette aventure.

Baudelaire n'avait d'abord retenu dans l'image que l'idée d'éclat : « c'est la lampe brillante ». Il a préféré *vibrante* qui substitue à l'impression statique une force dynamique, évoque un appel fervent capable de vaincre la fixité de *l'horizon noir. La clarté* a plus d'ampleur que *la lampe* qui au voisinage de *l'auberge* aurait eu un sens concret trop limitatif. *La clarté,* comme *l'auberge* avec l'article défini, apparaissent comme les seuls qui existent, vraiment *le seul espoir,* mais aussi comme bien déterminées : un espoir sans surprise. Cette sécurité est affirmée pour l'auberge à l'aide de l'épithète *fameuse* qui a ici toute la force qu'elle tient de son étymologie. Il s'agit de l'auberge dont la renommée ne peut décevoir. C'est à cette réputation qu'elle doit d'être inscrite dans le Baedeker, dans le guide du voyageur ; c'est aussi celle du Bon Samaritain. L'ambiguïté est voulue comme source de richesse poétique.

La confiance dans la qualité de l'auberge continue à s'exprimer par la certitude affirmée au vers 8 où les trois infinitifs restent groupés autour de l'image centrale de l'auberge, chère au poète.

Les tercets font dominer le registre spirituel avec la personnification de la Mort en un Ange. Les majuscules assurent une correspondance supplémentaire entre les quatrains et les tercets. A la déification vague, en apparence païenne de la Mort, succède son identification avec un être céleste familier à la mythologie chrétienne.

Cette évasion vers la spiritualité s'exprime pourtant dans des images qui allient constamment les éléments matériels, physiques, aux réalités surnaturelles. L'Ange tient dans *ses doigts, magnétiques* il est vrai, donc dotés d'un pouvoir surnaturel, *le sommeil* favorisé de *rêves extatiques,* qui entraînent la pensée du rêveur hors de son univers, dans un autre monde auquel aspire si intensément Baudelaire. Ce sommeil profond a un nom spécial dans la Bible : « tardêmah », propice aux manifestations de Dieu et aux interventions célestes : *Genèse* 15, 12...

L'Ange... refait le lit : il apparaît ainsi comme l'hôte qui reçoit dans l'auberge, hôte plein de délicatesse, à la différence de la « maussade hôtesse » dans « un Fantôme ». Mais ce détail surprend : il coïncide peu avec l'imagination de Baudelaire. La référence habituelle à la *Comédie de la Mort* de Gautier ne suffit pas. Il faut rappeler les paroles de Mob à Ahasvérus :

« Toujours errant !... veux-tu aujourd'hui que je te fasse ton lit ? »
(4ᵉ journée, 8) ; Mob qui avait déjà affirmé : « et la mort n'est-ce pas
l'ivresse de la vie ? » (III, 3). Il est remarquable que ce soient les
tercets qui explicitent à deux reprises les formes de la pauvreté aux
vers 11 et 13, cette détermination symbolique ayant été finalement
retenue par le poète lorsqu'il a modifié le titre du sonnet.

La gloire des Dieux nous transporte dans un domaine purement
surnaturel. La mort est la glorification des Dieux qui ont dépassé la
mort par leur immortalité. Le pluriel *Dieux* donne à l'expression une
nuance vague qui s'oppose à une idée exclusivement chrétienne : celle
du Christ vainqueur de la mort, instrument de sa glorification. A ce
pluriel, fait écho *cieux,* de semblable tonalité religieuse, mais impré-
cise, en accord du reste avec l'épithète *inconnu.*

Le *grenier mystique* (v. 12) évoque un verset du *Cantique* : « intro-
duxit me rex in cellaria sua ». Le mot « grain » a de plus une saveur
néo-testamentaire grâce à toutes les paraboles qu'il rappelle : la moisson,
l'aire...

La *bourse* (v. 13) reprend l'idée de richesse soigneusement conservée.
Le mot renvoie aussi à *auberge.* Le pauvre n'ayant pas sur terre de
bourse ou une bourse vide ne serait pas reçu dans une auberge. Mais
la mort lui tient lieu de bourse ; par la Mort l'Auberge lui est ouverte.

La patrie a des résonances bibliques certaines : *Hébreux* 11, 14.
L'adjectif noble « antique » sert à préciser une atmosphère rare, annon-
çant *portique* : pièce d'architecture noble, grandiose. Le pluriel *cieux*
poétise et agrandit la dernière vision. *Inconnus* est un mot important
du lexique de Baudelaire. *Le voyage* précisément s'achève sur le vers :

> *Au fond de l'Inconnu pour trouver du nouveau*

Les cieux inconnus évoquent enfin les cieux nouveaux entrevus
par Jean dans son *Apocalypse* : et vraiment nous avons ici une révélation !
Sans artifice, on pourrait citer des versets de même résonance : « vous
ne savez pas que vous êtes malheureux et misérable et pauvre et aveugle
et nu » (3, 17). L'Agneau ouvre un livre bien mystérieux ; Dieu essuiera
toute larme des yeux...

Ainsi l'étude de la variété et de la signification des parallélismes
grammaticaux, de l'orientation des images, permettent une saisie plus
sûre d'un poème très savant. Le mot témoignage serait ambigu. Il
s'agit plutôt d'une quête spirituelle : partie d'une réflexion sur la vie, la
méditation de Baudelaire définit des approches de plus en plus précises
de la mort. Mais comment dissiperait-elle le mystère ?

L'ÉDUCATION SENTIMENTALE

Il voyagea.

Il connut la mélancolie des paquebots, les froids réveils sous la tente, l'étourdissement des paysages et des ruines, l'amertume des sympathies interrompues.

Il revint.

Il fréquenta le monde, et il eut d'autres amours encore. Mais le souvenir continuel du premier les lui rendait insipides ; et puis la véhémence du désir, la fleur même de la sensation était perdue. Ses ambitions d'esprit avaient également diminué. Des années passèrent ; et il supportait le désœuvrement de son intelligence et l'inertie de son cœur.

Vers la fin de mars 1867, à la nuit tombante, comme il était seul dans son cabinet, une femme entra.

— Madame Arnoux !

— Frédéric !

Elle le saisit par les mains, l'attira doucement vers la fenêtre, et elle le considérait tout en répétant :

— C'est lui ! C'est donc lui !

Dans la pénombre du crépuscule, il n'apercevait que ses yeux sous la voilette de dentelle noire qui masquait sa figure.

Quand elle eut déposé au bord de la cheminée un petit portefeuille de velours grenat, elle s'assit. Tous deux restèrent sans pouvoir parler, se souriant l'un à l'autre.

Enfin, il lui adressa quantité de questions sur elle et sur son mari.

Ils habitaient le fond de la Bretagne, pour vivre économiquement et payer leurs dettes. Arnoux, presque toujours malade, semblait un vieillard maintenant. Sa fille était mariée à Bordeaux, et son fils en garnison à Mostaganem. Puis elle releva la tête :

— Mais je vous revois ! Je suis heureuse !

Il ne manqua pas de lui dire qu'à la nouvelle de leur catastrophe, il était accouru chez eux.

— *Je le savais !*

— *Comment ?*

Elle l'avait aperçu dans la cour, et s'était cachée.

— *Pourquoi ?*

Alors, d'une voix tremblante, et avec de longs intervalles entre ses mots :

— *J'avais peur ! Oui... peur de vous... de moi !*

Cette révélation lui donna comme un saisissement de volupté. Son cœur battait à grands coups. Elle reprit :

— *Excusez-moi de n'être pas venue plus tôt.*

Et désignant le petit portefeuille grenat couvert de palmes d'or :

— *Je l'ai brodé à votre intention, tout exprès. Il contient cette somme dont les terrains de Belleville devaient répondre.*

Frédéric la remercia du cadeau, tout en la blâmant de s'être dérangée.

— *Non ! Ce n'est pas pour cela que je suis venue ! Je tenais à cette visite, puis je m'en retournerai... là-bas.*

Et elle lui parla de l'endroit qu'elle habitait.

C'était une maison basse, à un seul étage, avec un jardin rempli de buis énormes et une double avenue de châtaigniers montant jusqu'au haut de la colline, d'où l'on découvre la mer.

— *Je vais m'asseoir là, sur un banc, que j'ai appelé : le banc Frédéric.*

Puis elle se mit à regarder les meubles, les bibelots, les cadres, avidement, pour les emporter dans sa mémoire. Le portrait de la Maréchale était à demi caché par un rideau. Mais les ors et les blancs, qui se détachaient au milieu des ténèbres, l'attirèrent.

— *Je connais cette femme, il me semble ?*

— *Impossible ! dit Frédéric. C'est une vieille peinture italienne.*

Elle avoua qu'elle désirait faire un tour à son bras, dans les rues. Ils sortirent.

La lueur des boutiques éclairait, par intervalles, son profil pâle ; puis l'ombre l'enveloppait de nouveau ; et, au milieu des voitures, de la foule et du bruit, ils allaient sans se distraire d'eux-mêmes, sans rien entendre, comme ceux qui marchent ensemble dans la campagne, sur un lit de feuilles mortes.

12

La dernière rencontre de Frédéric Moreau et de Madame Arnoux est nimbée de nostalgique poésie. M. Proust en a montré la préparation. « A mon avis, écrit-il dans *Chroniques,* la chose la plus belle de *l'Education sentimentale* ce n'est pas une phrase, mais un blanc. Flaubert vient de décrire, de rapporter pendant de longues pages, les actions les plus menues de Frédéric Moreau. Frédéric voit un agent marcher avec son épée sur un insurgé qui tombe mort : " Et Frédéric, béant, reconnut Sénécal. " Ici, un *blanc,* un énorme *blanc,* et, sans l'ombre d'une transition, soudain la mesure du temps devenant, au lieu de quarts d'heure, des années, des décades... » Entre les événements du 3 décembre 1851 et la scène de mars 1867, Flaubert a imprimé un « extraordinaire changement de vitesse » à sa narration. Mais il sait retrouver une durée différente pour évoquer l'ultime entrevue des amants. Proust a bien marqué encore les réalisations stylistiques dues aux temps grammaticaux et à la coordination ; il nous suffira donc de commenter d'autres aspects de l'art de Flaubert dans cette page.

*
* *

La phrase (celle du romancier ou de ses personnages) est l'aboutissement de recherches savantes. L'énumération initiale s'étire sans ligature afin de mieux suggérer une série ouverte d'infortunes illimitées : *Il connut...* Le silence plus ou moins long, selon la nature de la ponctuation, creusé devant *et,* annonce un rapport de pensées situé à un plan autre que l'énoncé antérieur. Tout le paragraphe *il fréquenta...* repose sur cette hiérarchie des énoncés. Un changement de temps peut souligner cette modification de la perspective : *Elle le saisit... l'attira doucement vers la fenêtre, et elle le considérait...* un plan descriptif succède à une trame narrative.

La place de l'adverbe *avidement* a été calculée au terme d'une énumération non fermée encore qui accompagnait le regard dans ses déplacements : *les meubles, les bibelots, les cadres.* Au bout de la phrase, le verbe *attirèrent,* dans sa nudité, marque une surprise cruelle.

Enoncés ternaires et binaires se font un judicieux équilibre : *au milieu des voitures, de la foule et du bruit, ils allaient sans se distraire d'eux-mêmes, sans rien entendre ;* tandis que la comparaison, en fin de phrase, *comme ceux qui marchent* redonne à la pensée un nouvel épanouissement rythmique et sémantique.

L'ordre subordonnée temporelle puis principale correspond sans doute à une préoccupation chronologique autant qu'à une habitude de la langue : *quand elle eut déposé... elle s'assit.* Mais Flaubert aime jouer sur l'attente de l'idée essentielle ; après s'être débarrassé de notations accessoires, il pose ainsi en relief mots et images qui ont une charge affective particulière : *vers la fin de mars 1867, à la nuit tom-bante, comme il était seul dans son cabinet, une femme entra. Tous deux restèrent sans pouvoir parler, se souriant l'un l'autre.* La forme en -*ant* économise des conjonctifs ; de plus, à cette place, une vision très belle arrête l'attention, celle des amants émus, attendris, incapables d'autre expression.

Le temps aussi pèse dans cette rencontre : d'où la fréquence des adverbes qui en marquent le progrès : *alors, enfin, puis,* à des moments décisifs, par rapport à des observations sèches du type : *ils sortirent,* dont le rôle est de déblayer l'action de circonstances vides.

C'est au centre précisément de la durée qu'il faut se situer pour commenter les valeurs d'éternité incluses dans les présents : *d'où l'on découvre la mer ; comme ceux qui marchent ensemble,* par référence à des instants qui s'effritent. Alors se manifeste dans une lumière crue la vanité de cette dernière expérience, privilégiée cependant, que connais-sent les amants et qui rejoint de façon paradoxale celle de l'évasion man-quée, rappelée au début du chapitre, caractérisée par une succession de sentiments douloureux, de la *mélancolie* à *l'amertume.* Grammaire et typo-graphie soulignent un constat d'échec : *il voyagea ; il revint ; ils sor-tirent.*

Plus qu'à travers le récit, la distance intérieure s'éprouve dans le dialogue. Il frappe par sa concision. Alors que dans la première *Education sentimentale* les répliques sont multipliées et d'une longueur parfois accablante, le discours direct prend ici une force émotive toute spéciale grâce aux exclamations et aux interrogations qui jettent face à face les personnages. Le silence même s'introduit dans la parole, marque de pudeur ou de tension : *j'avais peur ! oui... peur de vous... de moi ! — puis je m'en retournerai... là-bas.* En somme le discours direct découvre et fixe les éléments les plus riches de cette confrontation, ceux qui révèlent des âmes meurtries au plus près de leur vérité fondamentale. De là, le souci de Flaubert d'éviter les agrafes traditionnelles, à l'excep-tion d'un seul *dit. — Madame Arnoux ! — Frédéric.* Il n'y a là vraiment que deux cris d'une pureté déchirante.

Toutes les répliques reflètent un mouvement psychologique extério-risé ou inscrit d'abord dans l'intonation : *c'est* donc *lui ;* mais *je vous revois ;* par quoi se trouvent balayées incertitudes et peines.

Le style indirect libre permet de ne garder que l'essentiel des propos en éliminant le détail des faits secondaires ou déjà connus. La narration conserve ainsi un rythme nerveux, accordé à l'ouverture de ce chapitre, d'un mouvement impatient, et à la masse très brève des paragraphes. Surtout il nuance de mystère la conversation. La voix parvient assourdie, comme un écho, et d'une distance infranchissable : *Ils habitaient le fond de la Bretagne* ; *c'était une maison basse*. L'intimité de Frédéric et de Mme Arnoux se trouve préservée, c'est encore le signe qu'entre eux existe une communication intérieure d'une autre essence. Par là aussi plan narratif et plan discursif interfèrent et coïncident en une troublante ambiguïté. Seuls jalons à percer cette nappe souterraine de leur vie, des phrases d'une élémentaire syntaxe — lourdes de quelles passions ! — jusqu'au mensonge de Frédéric devant le tableau de la maréchale. *Je connais cette femme, il me semble. — Impossible, dit Frédéric. C'est une vieille peinture italienne.* L'adjectif *vieille*, le premier livré, réconcilie morale et réalité dans cette violente affirmation d'amours mortes.

Le reniement s'imposait pour mieux assurer ensuite l'union idéale des cœurs. Le choix de l'*objet* s'explique par des motivations aisées à interpréter. Mais il est clair qu'entre l'épisode du tableau dérobé dans la *Princesse de Clèves*, la notation fugitive de Flaubert et la scène de sadisme jouée par Mlle Vinteuil avec le portrait de son père à Montjouvain, si longuement rapportée dans *Du côté de chez Swann*, des constantes symboliques affleurent, qu'un psychologue dégagerait avec assurance. Un stylisticien se borne à noter les différences et d'abord cette poésie de l'adieu soutenue par une évocation où le langage demande à des arts complémentaires un surcroît de relief.

D'autre part, une analyse strictement littéraire s'attacherait à relever l'aspect autobiographique des premières lignes de ce chapitre, de cette rencontre même qui peut transposer une visite à Croisset de Mme Schlésinger au moment où Flaubert modelait les derniers traits d'un visage aimé. Le commentaire stylistique ne peut refuser cette recherche, mais pour cerner la précision du souvenir ou en marquer la transcendance dans l'œuvre réalisée par la façon dont s'établit la relation entre conscience objective du monde et conscience subjective de l'être.

L'évocation de la maison bretonne semble purement intellectuelle. Il n'est que de se reporter à *Par les champs et par les grèves* pour apprécier la fidélité des détails. A Kérouséré : « de la plate-forme de l'une des tours (...) on découvre la mer au bout d'un champ, entre deux collines basses couvertes par des bois ». Dans les environs de Locmaria (comment ce nom propre n'aurait-il pas été associé à celui de Marie Arnoux ?) « quelquefois, au contraire, s'élevait une longue avenue de hêtres... bien loin à travers la brume, dans un trou du ciel, apparaissait un méandre bleu, c'était la mer. Les oiseaux se taisent ou sont absents ; les feuilles sont épaisses, l'herbe étouffe le bruit des pas, et la contrée muette vous regarde comme un triste visage. Elle semble faite exprès pour recevoir les existences en ruine, les douleurs résignées ; elles pourront, solitairement, y nourrir leurs amertumes à ce lent murmure des arbres et des genêts et sous le ciel qui pleure... C'est là qu'il doit être doux de tirer du fond de son cœur ses désespoirs les plus chéris avec ses amours les plus oubliées ».

Au-delà de ces résonances, l'important reste le symbolique du regard dans le réseau nocturne tissé entre Frédéric et Mme Arnoux principalement. C'est par elle que *l'Education sentimentale* diffère de l'œuvre conçue en 1843-1845. Les deux personnages ne se voient que dans l'ombre. La nuit et de profil, dans l'embrasure d'une fenêtre, à la lueur d'une lampe ou près d'un feu qui exalte sa beauté, voilà comment se manifeste l'héroïne, telle une apparition de rêve.

Si l'on veut bien considérer cette *Histoire d'un jeune homme* comme un récit d'épreuves initiatiques, on suivra Frédéric à travers une série de nuits désolantes ; nuits d'émeute, de mort ou d'amour. De toutes, celle-ci n'est pas la moins désenchantée. Il suffit de relever des notations comme : *nuit tombante, pénombre du crépuscule, voilette de dentelle noire qui masquait sa figure, les ors et les blancs qui se détachaient au milieu des ténèbres...* pour bien éprouver le poids de cette atmosphère dans un univers clos. A l'extérieur, l'angoisse ne se dissipe pas. Aucune évasion n'est possible d'un monde surréel, fantasmagorique : *la lueur des boutiques éclairait, par intervalles, son profil pâle ; puis l'ombre l'enveloppait de nouveau.*

Sur le thème des feuilles mortes il existe des variations multiples qui engagent les forces complexes de la sensibilité : perception, affectivité... Qu'il s'agisse d'une donnée essentielle pour l'imagination de Flaubert, la preuve en est fournie par un texte convergent de *Madame Bovary*. Emma vient de perdre ses illusions sur Rodolphe : « *Elle sortit. Les murs tremblaient, le plafond l'écrasait ; et elle repassa par la longue allée, en trébuchant contre les tas de feuilles mortes que le vent dispersait...*

La nuit tombait... »

Les éléments sémantiques sont semblables ; mais une comparaison désabusée arrête notre récit : *comme ceux qui marchent ensemble dans la campagne, sur un lit de feuilles mortes.* Il n'y a pas ici cliché banal. Née du spectacle de la rue, une nuit de printemps, l'image prend un relief insolite (d'autant que *lit* reste fixé à son sens premier : couche) dans la vision refoulée d'amours saccagées ou impossibles.

Ici encore se précise un écart irréductible par rapport à la première *Education sentimentale*, malgré l'entêtant parfum qu'on y respire de religiosité mystique. « Moi, j'aimais les profils chrétiens des statuettes gothiques, des yeux candidement baissés, des cheveux d'or fins comme les fils de la Vierge. »

Mais quand on sait que Flaubert a médité sur les traits délicats d'une vierge des Flandres au moment de buriner ceux de Mme Bovary, on ne sera pas étonné de relever la permanence d'images obsessionnelles.

*
**

Dans le détail de cette évocation, si l'on est frappé du caractère abstrait de l'analyse psychologique au début du chapitre, on relèvera une progressive densité du vocabulaire concret au fur et à mesure que s'affirme possible l'intimité entre Mme Arnoux et Frédéric. Restons sur nos gardes : *la véhémence du désir, la fleur même de la sensation était perdue... il supportait... l'inertie de son cœur.* Ce passé annonce des aveux d'un réalisme clinique : *cette révélation lui donna comme un saisissement de volupté. Son cœur battait à grands coups.* Dans une scène où les gestes et les paroles sont si mesurés, de telles touches ont un relief d'une exceptionnelle densité.

Le jeu des correspondances est multiple : contraste entre le velours grenat du *petit portefeuille* (le rouge est à l'image de l'amour brûlant) *couvert de palmes d'or* et *les ors et les blancs* du portrait fastueux de la maréchale qui *attirent* les yeux de Mme Arnoux, comme elle-même avait *attiré* Frédéric *doucement vers la fenêtre* pour mieux considérer son visage. Il n'est donc pas surprenant qu'aussitôt elle désire échapper à cette présence importune ; et de même qu'elle avait pris l'initiative de *saisir par les mains* son amant, elle l'invite à *faire un tour à son bras, dans les rues.* Pour dissiper le sortilège ou ressusciter le passé ? Ils iront côte à côte. Le symbolisme de nouveau affleure. Leurs corps ne peuvent plus se rejoindre, bien que leurs cœurs soient proches comme jamais ils ne le furent. L'antithèse est réaffirmée entre une nature familière et complice : *la maison basse, les bois, les châtaigniers, la mer,* et un monde violent : *boutiques, voitures, foule, bruit,* qui assiège tous les sens ; entre une attitude aussi de rêve *sur un banc* et cette marche de revenants égarés désormais dans un univers vide pour leurs songes.

Ce n'est pas en termes de rhétorique seuls qu'il convient d'interpréter ces faits, mais comme des éléments d'une pièce musicale où les motifs s'appellent, s'enlacent, se font valoir réciproquement.

*
**

En fait, nous tenons là un principe d'explication qui régit l'ensemble du chapitre et lui donne son unité, tout en sauvegardant le mouvement de ses parties. Sans doute il existe des pages plus brillantes dans *l'Education sentimentale,* d'un art appliqué, souverain. Celle-ci ébranle par son rythme et ses échos. Flaubert comme ses personnages sont fouettés par le temps. Finies les descriptions complaisantes ou les analyses subtiles. Le drame s'accélère. *Il, elle, ils* sont emportés lucides dans une quête devenue sans objet. Mais toute déclamation pathétique ou larmoyante a été refusée. Que l'on songe à la gravure d'Achille Devéria sur ce même thème de la séparation, aux effets si appuyés, alors on comprendra cette poésie purifiée.

VŒU (1866)

Ah ! les oaristys ! les premières maîtresses !
L'or des cheveux, l'azur des yeux, la fleur des chairs,
Et puis, parmi l'odeur des corps jeunes et chers,
La spontanéité craintive des caresses !

Sont-elles assez loin, toutes ces allégresses
Et toutes ces candeurs ! Hélas ! toutes devers
Le Printemps des regrets ont fui les noirs hivers
De mes ennuis, de mes dégoûts, de mes détresses !

Si que me voilà seul à présent, morne et seul,
Morne et désespéré, plus glacé qu'un aïeul,
Et tel qu'un orphelin pauvre sans sœur aînée.

O la femme à l'amour câlin et réchauffant,
Douce, pensive et brune, et jamais étonnée,
Et qui parfois vous baise au front, comme un enfant !

Les *Poèmes saturniens* (1866) révèlent plusieurs influences. Le groupe des pièces rassemblées sous le titre *Melancholia*, pour rappeler non seulement tel sonnet de Cazalis ou tel poème des *Contemplations*, mais évoquer surtout directement une eau-forte de Dürer à laquelle Verlaine était attaché, présente une incontestable unité, précisée ici même par le sous-titre : « Vœu ». Il convient de définir les recherches stylistiques d'un pareil texte, si l'on veut mesurer l'originalité d'un jeune poète de vingt et un ans.

L'emploi de la préposition *parmi* suivie d'un nom abstrait est insolite à cette date. Corneille peut dire :

Parmi ce grand amour que j'avois pour Sévère...

Mais c'est avec sa valeur étymologique concrète que cette préposition s'utilise plus volontiers : « Parmi des demeures pareilles » (La Fontaine) ou « parmi la plaine » (*Fables*, XI, 1).

Il faudra attendre le XIXᵉ siècle pour qu'on retrouve *parmi* suivi d'un abstrait au singulier : « Parmi sa pâleur » (Th. Gautier), ou un nom d'action : « Parmi l'égouttement des feuilles » (A. Daudet) : ce qui est un tour impressionniste.

Verlaine aime cette construction : « Parmi la bise... » S'agit-il d'un simple archaïsme ? La préposition suggère un enlacement des corps ; dans le contexte, elle autorise une synesthésie.

Devers au sens de « du côté de » appartient à la langue du XVIIᵉ siècle : « Quel bon démon devers moi vous envoie » (Corneille). Son usage fréquent dans la langue du droit est responsable de son déclin.

La ligature conséquentielle *si que*, avec les deux éléments juxtaposés, marquant l'intensité ou le degré, apparaît archaïque aussi. Au XVIIᵉ siècle, elle était en concurrence avec *si... que de, si... pour*.

Tous ces faits montrent la recherche d'une expressivité obtenue par des tours qui s'écartent de l'usage habituel. Ils soulignent le désir de Verlaine de se réfugier vers un passé nostalgique, marquent une discordance affective avec la réalité présente.

Le vocabulaire précise ces intentions. D'abord, un mot déroutant : *oaristys*, explicité par *maîtresses*. Il signifie « entretien tendre, amoureux »... C'est une référence sans doute à Chénier, auteur d'une *oaristys* que Becq de Fouquières avait classée en 1862 dans un groupe d'*Idylles* des *Poésies antiques* :

> *Ah ! ces baisers si vains ne sont pas sans douceur...*

Puis nous avons tout un lot d'abstraits au pluriel, comme au XVIIᵉ siècle, substituts de noms d'action : ces actes de candeur, ces gestes, ces mouvements d'allégresse... ; ou magnifiant une idée : *ennuis, dégoûts...*

La démarche stylistique s'accuse quand on observe l'intimité de plus en plus grande suggérée par le vocabulaire : des *cheveux* aux *caresses* ; puis, et surtout, le contraste entre les tentations charnelles et les appels vers la tendresse, l'innocence. Dans les tercets, des mots aussi éloignés que possible de l'expression de la passion prennent la place de termes précis destinés à célébrer l'amour instinctif.

La recherche de l'antithèse ne résume pas tout l'effort de Verlaine, encore qu'elle soit persévérante : suggérée dès le titre, « vœu » ; marquée dans l'opposition de lexiques ; fortifiée par la structure même du sonnet, opposant dans sa pointe :

Et qui parfois vous baise au front, comme un enfant,

les élans incontrôlés, évoqués dans le quatrain initial. Les articles définis sont à la fois gestes vers un passé tout proche ou appel vers un avenir que l'on souhaite immédiat. Ils fonctionnent comme des épidictiques caressants, relayant les démonstratifs découragés : *ces allégresses, ces candeurs...*

L'aventure de Verlaine pourrait être la nôtre : il nous associe à sa soif de tendresse : *Et qui parfois vous baise...*

Le passé composé *ont fui* transcrit une expérience encore vivante. Il s'ajuste au présent vraiment temporel *sont-elles assez loin* ; ou au présent qui transpose le vœu dans une actualité désirée : *vous baise...*

Le support verbal dans ces phrases affectives, nominales, est donc parcimonieusement ménagé. Il s'agit d'évocations successives qui occupent le champ de la conscience.

Autant que les substantifs, la qualification sera essentielle : elle n'apparaît pas seulement sous forme d'adjectifs aussi bien abstraits que concrets, isolés ou par groupes : *morne et seul* ; *morne et désespéré* ; *câlin et réchauffant* ; *pensive et brune et jamais étonnée.* Les formes verbales sont elles-mêmes très riches par la tension qui leur est inhérente. Elles apportent un élément dynamique dans une série surtout statique.

Observons encore une habileté de Verlaine. Au lieu d'un adjectif banal : cheveux blonds, yeux bleus, chairs jeunes..., il détache la qualification dans un nom :

L'or des cheveux, l'azur des yeux, la fleur des chairs.

Il y a là déjà esquisse de personnification. De plus, ces mots ne sont pas isolés ; ils appellent l'image du printemps : lumière dorée, ciel pur, renouveau de la végétation...

Dans cette perspective, et en harmonie avec *allégresses* et *candeurs*, ils ont une réelle puissance d'évocation d'un monde tout de clarté et de transparence, celui de Botticelli ou de Watteau. Dès lors, l'allégorie de l'hiver cesse d'avoir une banale fonction d'antithèse.

On remarquera la variété de présentation de l'image. La plupart des outils ont été essayés : *comme, plus... que, tel.... que...* jusqu'aux métaphores incisives.

Sans peine, on discerne dans ces vers plusieurs réminiscences. Dans un poème d'*España*, Th. Gautier avait écrit :

> *Tout jeunes et déjà plus glacés qu'un aïeul.*

Booz disait :

> *Je suis seul, je suis veuf et sur moi le soir tombe.*

Mais, plus que V. Hugo, c'est Baudelaire que l'on entend ici :

> *Tout l'hiver va rentrer dans mon être : colère,*
>
> *Haine, frissons...*
>
>   (Chant d'automne).

Sachons surtout percevoir la multiplicité des sensations : visuelles, olfactives, tactiles, kinesthésiques. Dans *un Dahlia*, quelques perceptions seront encore plus obsédantes ; ici, la réussite est cette discrétion évocatrice d'un univers trouble et inquiet.

Qu'il s'agisse d'expériences personnelles, le moyen d'en douter ? Un poème du recueil *Amour* célèbre :

> *Ma cousine Elisa, presque une sœur aînée...*

La preuve toutefois que la transfiguration poétique refuse ou va au-delà de cette identification précise nous est donnée par la contradiction apparente entre « l'or des cheveux » et « brune ». Rappelons-nous alors ce « Rêve familier » :

> *Est-elle brune, blonde ou rousse ? Je l'ignore...*

Telle est la nuance, la qualité de l'émotion verlainienne, dans ce poème « saturnien » certes ; mais moins « orgiaque » que « mélancolique », susceptible cependant d'atteindre tout « lecteur paisible et bucolique », si nous reprenons une épigraphe de Baudelaire aux *Fleurs du Mal* pour l'appliquer à son disciple attentif.

Techniquement, le poème se présente comme un sonnet régulier d'alexandrins. En fait, les rimes déjà apparaissent très recherchées. Il ne s'agit pas seulement du refus d'associations sémantiques trop faciles.

Dans les quatrains, le choix d'une rime féminine, consonantique, suspensive, me semble révélateur d'une nette volonté d'expressivité. En
revanche, les tercets s'achèvent sur une rime vocalique, conclusive ;
en premier lieu, une rime féminine, ici privilégiée, *aînée* ; puis, très
classiquement, une rime masculine de fermeture : *enfant*.

Dès les quatrains, l'opposition entre rimes masculines et féminines
se réalise sur un jeu de timbres *é, è*, répercutés dans les tercets. De plus,
des voyelles homophones renforcent l'écho final, d'une manière constante dans le premier quatrain, à deux reprises dans le second quatrain
(allé*gresses*/dé*tresses*), jusque dans le sizain : *aînée/étonnée*.

Les intentions musicales d'un tel sonnet sont donc manifestes. Verlaine multiplie les correspondances sonores : allitérations en *r* des mots
à la rime dans les quatrains ; reprises symétriques des outils grammaticaux : *les, des*, ou des mots pleins : *mes, toutes, morne, seul* (à la rime
et à l'hémistiche) (scandaleusement au regard d'une stricte orthodoxie...).

On demeure sensible encore aux appels, au retour des sons vocaliques ou consonantiques distribués à l'intérieur d'un vers entier :

> *L'or des cheveux, l'azur des yeux, la fleur des chairs...*
> *O la femme à l'amour câlin et réchauffant...*

Un tel vers ne s'oppose pas au vers initial du poème par sa seule
signification. Sa texture sonore crée une antithèse flagrante, essentielle.

Mais d'une façon générale, les phonèmes ont pour but ici de réaliser
une suggestion envoûtante, propice au rêve, au-delà de toute harmonie
imitative élémentaire.

Le rythme dans un pareil texte lyrique est défini d'abord par la
variété de structures des phrases exclamatives. On n'y rencontre pas
un seul énoncé positif. L'énumération de forme ternaire :

> *De mes ennuis, de mes dégoûts, de mes détresses*

suit une courbe mélodique ascendante.

La discordance entre le mètre et la syntaxe, sous forme d'enjambement :

> *... Hélas ! toutes devers*
> *Le printemps des regrets ont fui les noirs hivers de mes ennuis...*

contribue aussi à briser toute uniformité.

Les formules accentuelles sont particulièrement évocatrices. L'hémistiche dynamique, « La spontanéité », contraste avec la démarche
tempérée 2.4 qui suit, tout accusée qu'elle soit par l'allitération *c, r*. Il

s'agit là d'une variété de métaphore articulatoire qu'on retrouve à la fin du premier tercet :

> *Et tel qu'un orphelin* pau*vre sans sœur aînée.*

La succession de syllabes toniques de part et d'autre de l'hémistiche provoque une impression de désarroi, accordée au sens.

L'alexandrin est désormais soumis à des cadences imprévisibles. Nous rencontrons des ternaires avec une triple pause syntaxique :

> *Douce, pensive et brune, et jamais étonnée.*

Mais à l'intérieur de ce vers, plusieurs mots exigent une mise en relief. En notant par ' et " la hiérarchie ou la force des accents, je le dirai donc ainsi :

> "   ,   "   ,   "
> *Douce, pensive et brune, et jamais étonnée.*

En voici une variété de même délicatesse expressive :

> ,   "   ,   "   ,   "
> *L'or des cheveux, l'azur des yeux, la fleur des chairs.*

Une lecture précipitée 4.4.4 dilapide le potentiel de signification inclus dans une qualification substantivale.

En revanche, nous avons à la fois ternaire et trimètre dans :

> "   ..   "
> *De mes ennuis, de mes dégoûts, de mes détresses !*

Avec un mot atone, à la sixième syllabe ; ce qui est un héritage baudelairien, reconnu par Verlaine lui-même.

Autre aspect du trimètre, pur cette fois :

> *La spontanéité craintive des caresses.*

Ce vers n'a que trois mots pleins susceptibles d'accentuation. Un tel schéma continue extérieurement seulement les alexandrins classiques du type :

> *La fille de Minos et de Pasiphaé.*

Le refus d'une diction monotone ou simpliste se marque dans le dernier vers :

> *Et qui parfois vous baise au front, comme un enfant !*

Syntaxiquement, nous avons un rythme 8.4, tel qu'un théoricien, comme W. Ténint l'eût alors défini. Mais on peut être tenté de lire aussi : 4.4.4 ; en sacrifiant alors le verbe, pivot de la phrase, mot clef du poème ! Si on le met en vedette, du coup le rythme devient moins uniforme. La notion de césure est donc subordonnée à des impératifs variés. Plus précisément, un rythme tonique s'est substitué à un rythme mécanique, attendu jadis à une place fixe.

Ainsi l'originalité de Verlaine s'affirme nettement dès les *Poèmes saturniens*. Une apparente simplicité dissimule des calculs savants. Art et technique révèlent une sensibilité neuve, aiguë, exigeante. Une âme fait entendre sa plainte dans une musique déjà subtile, persuasive.

SAGESSE, 1, 5

Beauté des femmes, leur faiblesse, et ces mains pâles
Qui font souvent le bien et peuvent tout le mal.
Et ces yeux, où plus rien ne reste d'animal
Que juste assez pour dire : « assez » aux fureurs mâles !

Et toujours, maternelle endormeuse des râles,
Même quand elle ment, cette voix ! Matinal
Appel, ou chant bien doux à vêpre, ou frais signal,
Ou beau sanglot qui va mourir au pli des châles !...

Hommes durs ! Vie atroce et laide d'ici-bas !
Ah ! que du moins, loin des baisers et des combats,
Quelque chose demeure un peu sur la montagne,

Quelque chose du cœur enfantin et subtil,
Bonté, respect ! Car qu'est-ce qui nous accompagne,
Et vraiment, quand la mort viendra, que reste-t-il ?

Sagesse est un des recueils les plus intimes de Verlaine. Le sonnet « Beauté des femmes » nous est connu par une première rédaction à la fin d'une lettre, datée de Stickney, le 20 septembre 1875. Un exemplaire de *Sagesse*, annoté par le poète lui-même, livre cette confidence : « Arras, 7 ou 8 septembre 1875. Après quelle tentation ! » Verlaine a essayé de se libérer du péché en l'affrontant à l'image de la femme maternelle. C'est déjà un thème des *Poèmes saturniens* :

J'ai fait souvent ce rêve étrange et familier...

Mais après l'épreuve de la prison, l'évocation prend la forme plus pressante d'un exorcisme. Langue, style, versification, soutiennent-ils les ardeurs d'un néophyte ?

*
**

Le vocabulaire donne l'impression d'une extrême simplicité, due en partie à la reprise de mots semblables ou de même racine : *beauté, beau* ; *le bien, bien* doux ; *ne reste, reste-t-il* ; au choix d'un lexique concret, banal : *mains, yeux, voix...*

Pourtant le substantif *endormeuse* est exceptionnel, mais grâce au suffixe, on le rattache sans peine à toute une famille poétique (*berceuse*)...

Châle avait été admis par l'Académie en 1835. Les romanciers surtout l'avaient employé.

Vêpre n'est pas le résultat d'une licence de versificateur malhabile. Il représente « le soir ». Dès la fin du XVIIᵉ siècle, il passait pour archaïque au singulier. Verlaine a voulu jouer sur plusieurs registres : le matin, le soir ; l'angélus de l'aube ; l'heure des vêpres...

Fureurs, au pluriel, représente des manifestations concrètes de la fureur. L'adjectif *mâles* atténue les résonances déplaisantes qu'aurait eues le substantif. Le syntagme « fureurs mâles » demeure donc assez discret dans ces suggestions de certaines réalités physiques.

Atroce peut garder trace de son sens étymologique : « noir mat » ; dans ce tercet, l'adjectif arrive à s'opposer à *pâle* du quatrain initial.

Subtil contient à la fois les notions de « fin », « délicat » et « difficile à cerner dans son mystère ».

Des tours de la langue parlée fortifient l'impression première de simplicité : *Que juste assez pour dire...* Verlaine avait mis d'abord : « Que ce qu'il faut pour compatir. » Sans doute a-t-il voulu éviter un alexandrin trop audacieux (un mot s'étalait de part et d'autre de l'hémistiche) ; le verbe surtout était trop solennel. Le choix de l'adverbe *assez,* pris avec une nuance restrictive, contraste avec l'emploi du même mot, entendu une seconde fois avec une valeur verbale et modale.

Pareillement, dans le tercet final, la périphrase interrogative après des indéfinis neutres sans prétention (*quelque chose*) souligne l'humilité du ton.

*
**

Si le lexique et la morphologie de ce poème se caractérisent par l'absence d'affectation, la phrase exprime des effets plus volontaires. Seuls les cinq derniers vers demandent au verbe d'assumer une structure traditionnelle, rigoureuse. *Ah !* marque le point de rupture psychologique avec la contemplation initiale où les éléments nominaux se bousculaient. Au lieu de la plus élémentaire des jointures *et,* qui peut du reste, à l'occasion, servir de tremplin :

Et *toujours, maternelle endormeuse des râles...*

Une conjonction violente, *car*, souligne l'analyse d'une pensée qui a renoncé à subir l'afflux des émotions : *Car qu'est-ce qui nous accompagne ?* Malgré tout, des insertions, des incidentes variées, refusent une stricte démarche rationnelle : l'ordre des éléments propositionnels reste soumis à l'affectivité.

Le matériel grammatical lui-même précise ce mouvement des idées. L'article défini évoque un univers soustrait à des circonstances particulières : *les femmes ; les fureurs mâles ; les râles ; les châles ; les baisers ; les combats...* Le singulier : *la montagne* ou *le cœur enfantin* confirme ce refus de la détermination précise, concrète. Le caractère virtuel de cette méditation est renforcé par les abstraits : le *bien,* le *mal...*

Le démonstratif permet cependant à l'esprit de se fixer avec plus de sécurité sur quelques détails précis : *ces mains ; ces yeux ; cette voix,* mais la distance devient de plus en plus grande.

Les propositions nominales excluent le temps. Ainsi l'évocation s'inscrit spontanément dans une durée idéale. Au dernier vers, un futur dramatique ressaisit l'instant fugitif, face à l'éternité métaphysique :

Et vraiment, quand la mort viendra, que reste-t-il ?

Le futur demeure exceptionnel dans la langue. On recourt plus volontiers soit au présent accompagné de déterminations lexicales (*demain, plus tard...*) ; soit aux périphrases du type : *aller* suivi de l'infinitif. Des motivations d'ordre psychologique interviennent sûrement (de peur, de refus...) pour éliminer la forme en *r*, et obliger l'esprit à s'en tenir à une actualité rassurante. Verlaine ici donc nous met en face brutalement de notre destin.

La preuve qu'il s'agit d'une dimension poétique et sensible comme dans les *Méditations* de Lamartine, en regard de celles de Descartes par exemple, nous est fournie d'abord par les exclamations répétées, les points de suspension qui interrompent le dessin d'une représentation, l'esquisse même du dialogue ; à deux reprises : dès le quatrain d'ouverture : *que juste assez pour dire : assez...* (on imagine la présence lourde des partenaires) ; dans le tercet final où nous sommes pris à partie : *que reste-t-il ?* L'interrogation appelle une réponse.

Les adjectifs spécifiquement concrets sont peu nombreux certes : leur postposition les signale tout de suite. Le plus souvent, ils se chargent de valeurs abstraites ou morales. Cette sémantisation nouvelle justifie alors leur anté-position. A cette économie de moyens se reconnaît le style d'un écrivain.

13

D'autre part, en liaison directe avec ces faits, les sensations sont de divers ordres ; visuelles : *mains pâles*. L'adjectif peut traduire la fragilité émouvante de la femme. Rappelons-nous cependant que l'épithète était consacrée dans l'expression du sentiment de l'amour depuis A. de Musset surtout, et Verlaine l'avait relu en prison.

Un autre poème de *Sagesse* évoque

> *Les chères mains qui furent miennes...*

Mais Verlaine a été particulièrement sensible au charme de la voix. Ainsi dans *Nevermore* :

> *Sa voix douce et sonore, au frais timbre angélique*

ou dans *Mon rêve familier.*

Ici, pour harmoniser les sensations, le poète a corrigé un premier jet : « matinal sourire ». *Appel* s'intègre sans dissonance dans la strophe entière, aux images comme aux sonorités.

La synesthésie *frais signal* est plus recherchée : elle confond deux sensations de nature différente que la conscience saisit dans une seule perception.

Ainsi se trouvent déjà réunis les éléments favorables à un lyrisme personnel.

***

La structure du poème découvre des intentions encore plus raffinées. Négligeons les alliances de mots assez hardies : *beau sanglot,* l'attaque symétrique des quatrains et des tercets : *Beauté des femmes, hommes durs,* soulignée par la forme même de la qualification. Le sonnet repose sur une antithèse première entre la vocation de la femme et les conditions de l'existence terrestre : *beauté* s'oppose à *laide* ; d'où la leçon refusée : « vie atroce et lâche ». Au voisinage de *combats,* l'adjectif n'avait qu'une faible extension sémantique. Peut-être rappelait-il avec indiscrétion la conduite sans gloire de Verlaine en 1870-1871. *Bonté* répond en écho à *beauté ; respect* à *fureurs* et à *combats* : ceux de la guerre et ceux qu'on livre au mal.

Au départ, le poète semblait orienter vers une exaltation de l'amour. Dès le deuxième quatrain, il modifie des perspectives simplement humaines. *Râles* introduit une idée nouvelle, imprévue. S'agit-il du plaisir ou de la souffrance ? L'ambiguïté sert une intention lyrique. A l'aube, comme au soir de la vie, la femme est toujours là, attentive. *Mourir* nous trouble ; d'autant plus que Verlaine avait d'abord mis : « qui va s'abattre ». En replaçant *mourir* dans le champ de signification des *râles* de l'agonie, on voit se profiler la *mort* qui scelle tout destin ici-bas :

Quand la mort viendra. Le dernier vers éclaire la direction spirituelle du sonnet. Notre pauvre vie, avec son lot, son cortège de joies et de douleurs, doit être confrontée avec l'exigence du salut. « On mourra seul », disait déjà Pascal. A quoi répond : *Car qu'est-ce qui nous accompagne ?*

En vérité, nous percevons bien dans ce texte de *Sagesse,* les traces du propre cheminement de Verlaine. Pourquoi justement *montagne* ? C'est une référence possible au Sermon sur la montagne : Matthieu 5. Par association, les Béatitudes attirent un autre texte de Matthieu 18, 3 : « Si vous ne devenez comme des petits enfants, vous n'entrerez pas dans le Royaume. » D'où le *cœur enfantin* de Verlaine. Dans la Bible, la montagne est aussi le point où le ciel rencontre la terre. C'est un lieu de refuge préservé. C'est sur la montagne que Lot se sauve au moment de la destruction de Sodome et Gomorrhe : Genèse 19, 7. Sodome et Gomorrhe ! Comment ne pas évoquer d'une manière précise l'aventure avec Rimbaud, Rimbaud qui venait sans doute de le relancer (le 13 septembre, Verlaine lui a refusé de l'argent), mais également les vers d'A. de Vigny, dans la *Colère de Samson* (en 1873, il a relu ce poète qu'il jugeait « sublime ») :

> *L'homme a toujours besoin de caresse et d'amour...*
> *Il rêvera partout à la chaleur du sein,*
> *Aux chansons de la nuit, aux baisers de l'aurore...*
> *Quand le combat que Dieu fit pour la créature...*
> *Force l'homme à chercher un sein où reposer,*
> *Quand ses yeux sont en pleurs, il lui faut un baiser*
> *Vient un autre combat plus secret, traître et lâche...*
> *L'homme est rude et le prend (le plaisir) sans savoir le donner...*

Oui, quelles que soient les expériences personnelles de Verlaine, son poème pourrait être une réplique aux vers corrosifs des *Destinées* contre « l'être faible et menteur [1] ». On mesure mieux, dès lors, l'écart

---

1. L'influence de la *Colère de Samson* explique encore la strophe de *Sagesse* :

> *Quelle est cette voix*
> *qui ment et qui flatte ?*
> *« ô ta tête plate*
> *vipère des bois ! »*
> *Pardon et mystère*
> *Laisse ça dormir.*
> *Qui peut sans frémir*
> *juger sur la terre ?*
> *« Ah ! pourtant, pourtant*
> *Ce monstre impudent. »*

(III, 2.)

entre deux types d'imagination : l'une épique et dramatique, l'autre détachée par essence de l'accident.

*
* *

Classiquement, le sonnet est écrit en alexandrins. Ce qui frappe tout de suite, c'est la rareté du schéma circonflexe. Relevons un parallélisme symétrique (à l'image d'un conflit paulinien...) :

Qui font souvent le bien et peuvent tout le mal.

Une isochronie apaisée :

Quelque chose du cœur enfantin et subtil

préparée par un hémistiche précédent :

Quelque chose demeure...

Elle prolonge même, en la rejoignant, l'idée maîtresse des quatrains :

Et toujours, maternelle endormeuse des râles.

Par là se trouve assurée l'unité formelle du sonnet. La présence cependant d'un mot atone à la sixième syllabe définit un *nouveau* type d'alexandrin. Dès le premier vers :
Beauté des femmes, *leur* faiblesse, et ces mains pâles.
Dans les tercets :
Ah ! que du moins, loin *des* baisers et des combats...
Bonté, respect ! Car *qu'est-ce* qui nous accompagne...
Les anciens rythmes de tétramètres sont ainsi contrariés par des mouvements plus vifs. Le vers initial est un ternaire. On serait tenté de lire en trimètre :

Ou beau sanglot qui va mourir au pli des châles.

Il vaut mieux adopter une diction expressive qui détaille les éléments sémantiques selon une cadence d'iambes ; alors se dégagent les correspondances de sonorités : *ou beau sanglot ; qui va ; des châles ; mourir ; au pli.*
Pareillement, on mettra en valeur :
Quelque ch*o*se dem*eu*re un p*eu* sur la m*o*nt*a*gne.
En observant les repères de la ponctuation, on décèle partout des lignes mélodiques d'une grande variété. Le dernier vers adopte aussi l'allure d'un ternaire. Un rejet métrique, c'est-à-dire une courbe d'intonation mineure, traverse le deuxième quatrain : *matinal/Appel* ; tandis

que l'enjambement unit les deux parties du quatrain initial : *ces mains pâles/Qui font... ; d'animal/Que juste assez...*

En apparence, nous avons ici un type régulier de sonnet : a b b a c c d e d e. Pourtant, l'opposition initiale des rimes n'est pas orthodoxe. Nous n'avons que la substitution des timbres de qualité différente. Déchirant cette tonalité fondamentale, douze fois donnée, le son *i* traverse le deuxième tercet. Le poème s'achève sur une note suspensive qui rappelle la formule des quatrains où *a* s'appuie sur la consonne *l* aussi.

Sémantiquement, on remarquera que les premières rimes offrent une cohérence d'une exceptionnelle intensité. Après quoi, leur fonction sonore devient plus caractéristique.

Si les quatrains étaient reliés par une charnière très souple (*et*), les tercets se constituent en sizain facile grâce à la reprise d'une même unité grammaticale (*quelque chose*) : l'ensemble forme donc un sonnet majeur qui permet toutefois à la pensée de progresser par paliers bien diversifiés.

Les correspondances sonores se réalisent d'une façon plus rigoureuse à travers les échos de l'hémistiche : *bien/rien ; demeure/du cœur* soudent à la fois les tercets, et répercutent « *leur* faiblesse ». A l'intérieur des mètres, les échos sont plus nettement persévérants, grâce au jeu des labiales *b, f,* des liquides *l, m*.

En contraste avec cette fluidité essentielle, les sons gutturaux des derniers vers surprennent. Ce sont des métaphores articulatoires aussi, non plus des baisers, mais des hoquets de l'agonie. Le déchirement affectif est total.

Pareilles recherches savantes expriment une neuve esthétique.

Si déroutante que Coppée et Anatole France écartèrent les poèmes que Verlaine avait proposés à Blémont, chargé de préparer chez Lemerre le 3e volume du *Parnasse contemporain*. Anatole France les rejeta avec ce jugement sans appel : « Non, l'auteur est indigne et les vers sont les plus mauvais qu'on ait vus. » Dans l'envoi, se trouvait notre sonnet...

Des problèmes techniques étaient-ils seuls en cause ? L'art est ici expression passionnée d'une âme. Les dogmes classiques sont apparemment trop frêles ou frivoles pour cerner le mystère de la ferveur.

Et maintenant que c'est la pluie et le grand vent
de Janvier
et que les vitres de la serre
où je me suis réfugié
font, sous la pluie, leur petit bruit de verre
toute la journée,
et que le vent, qui rabat la fumée des cheminées,
dégrafe et soulève
les vignes vierges de la tonnelle,
Je ne sais plus où Elle est... Où est-elle ?

A pas pleins d'eau, par les allées,
dans le sable mouillé
du jardin
qui nous fut à tous deux notre rêve de juin,
Elle s'en est allée...

Et la maison
où nous avions, tout cet été,
sous les feuilles des avenues qu'on arrosait,
imaginé
de passer notre vie comme une belle saison,
la maison,
dans mon cœur, abandonnée, est froide
avec son toit
d'ardoise luisant d'eau,
et ses nids de moineaux
dénichés et pourris qui penchent aux corniches
et traînent dans le vent...

Il va bientôt faire nuit,
et le grand vent bruineux tourne les parapluies
et mouille au visage
les dames qui reviennent du village
et ouvrent la grille...

Mon amie
O Demoiselle
qui n'êtes pas ici,
cette heure-ci
passe, et la grille ne grince pas,
je ne vous attends pas,
je ne soulève
pas le rideau
pour vous voir, dans le vent et l'eau,
venir.

Cette heure passe, mon amie,
Ce n'est pas une heure de notre vie...
et nous l'aurions aimée, pourtant, comme toutes celles
de toute la vie
apportée simplement dans vos mains graves de dame belle.

Vous êtes partie...

Il bruine
dans les allées
qui ont mouillé
vos chevilles fines.
Il bruine dans les marronniers
confus et sombres
et sur les bancs où, cet été, à l'ombre,
avec l'été
vous vous seriez assise, blonde !

Il bruine sur la maison et sur la grille et dans les ifs
de l'entrée
que, pour la dernière fois
peut-être je regarde, en songeant à mi-voix
peut-être pour la dernière fois :

« *Elle est très loin... où est-elle... son front pensif*
appuyé à quelle croisée ? »

A la tombée de la nuit
je vais fermer, aux fenêtres d'ici,
les volets qui battent et se mouillent,
et j'irai sur la pelouse
rentrer
un jeu de croquet oublié qui se mouille [1].

En 1924, Jacques Rivière fit connaître les poèmes inédits d'Alain-Fournier dans un recueil intitulé *Miracles* chez Gallimard. Les thèmes essentiels du *Grand Meaulnes* s'entendent déjà dans ces œuvres de 1905 ou 1906, quelles que soient les influences extérieures précises qu'on y trouve. Ainsi « A travers les étés » porte la triple dédicace : « A une jeune fille, à une maison, à Francis Jammes. »

Il nous a paru intéressant d'analyser le texte daté de janvier 1906 pour surprendre des démarches poétiques.

*
* *

Tout de suite, on regarde du côté de Francis Jammes, l'Elégie neuvième du *Deuil des Primevères* :

> *Sur le sable des allées*
> *Elles s'en sont allées, désolées...*

L'écho est incontestable. Ce n'est pourtant pas le plus net. Il y a d'abord « l'hiver qui vient » de Laforgue dont Alain-Fournier a tiré une épigraphe pour son poème : « Premières brumes de septembre » (1905) :

Blocus sentimental ! messagerie du levant !...
Oh ! tombée de la pluie ! oh ! tombée de la nuit,
Oh ! le vent !...
La Toussaint, la Noël et la Nouvelle Année
. . . .
Il bruine ;
Dans la forêt mouillée, les toiles d'araignées
Ploient sous les gouttes d'eau, et c'est leur ruine
. . . .
Allons, allons, et hallali !
C'est l'Hiver bien connu qui s'amène ;

---

1. ALAIN-FOURNIER, *Miracles*, Editions Gallimard.

Oh ! les tournants des grandes routes
. . . . .
Et le vent, cette nuit, il en a fait de belles !
O dégâts, ô nids, ô modestes jardinets !
. . . . .
Je ne puis quitter ce ton : que d'échos !...
Adieu vendanges, et adieu tous les paniers,
Tous les paniers Watteau des bourrées sous les marronniers
. . . . .

La maîtrise et l'originalité de Laforgue ne font pas discussion.

Et puis, il y a d'Albert Samain : « Automne » paru dans le *Mercure de France* en novembre 1896, ensuite dans le *Chariot d'Or* :

> *Le vent tourbillonnant, qui rabat les volets,*
> *Là-bas, tord la forêt comme une chevelure...*
> *. . . . .*
> *Et voici que s'afflige avec plus de ferveur*
> *Le tendre désespoir des roses envolées.*
> *. . . . .*
> *. . . . . . ; le pêne grince à la grille rouillée ;*
> *La tonnelle grelotte et la terre est mouillée...*
> *. . . . .*
> *Qu'importe ! La maison, sans se plaindre de toi,*
> *T'accueille avec son lierre et ses nids d'hirondelle...*

A côté de certains éléments concrets, on a déjà l'obsession de la maison-refuge, espace sauvé du temps destructeur. Alain-Fournier ordonnera et repensera tout cet univers.

Le poème débute sur un alexandrin lancé impérieusement par *et*. On opposera la manière plus insistante de V. Hugo : « Maintenant que Paris... »

La pluie, le vent sont présentés dans leur essentielle permanence. L'épithète *grand* souligne un des aspects effrayants de cet élément. Aucune rime ou assonance ne répond à ce vers dans la strophe. En fait, il faut percevoir l'écho consonantique : Vent, janVier, Verre, soulèVe, qui double la note *é* constante en fin de mètre. Il faut surtout relier ce vers initial à l'octosyllabe

> *et traînent dans le vent*

qui conclut le premier moment de cette rêverie.

Le deuxième vers très court en rejet est suivi d'un silence, métaphore de celui qui accompagne le passage d'une bourrasque, marquée visuellement par l'espace blanc.

Faut-il ne voir dans *janvier* qu'une indication chronologique banale ou accidentelle, du même ordre que *juin* dans la strophe 2 ? Il s'agit surtout de l'opposition d'époques dissemblables. Il y avait le temps lumineux de *l'été* (strophe 3) ; il y a celui de l'hiver. L'année qui commence offre vraiment un versant nouveau.

La *serre* représente un refuge intime dont la transparence et la fragilité (les vitres) sont symboliques : voici un homme offert et s'offrant aux regards.

Des images érotiques se glissent ici d'une étonnante audace :

> *... le vent, qui rabat la fumée des cheminées,*
> *dégrafe et soulève*
> *les vignes vierges de la tonnelle...*

Après les trois paliers des subordonnées, la proposition principale arrive très brève : signe d'une lassitude dans la quête. La méditation se déchire alors : les points de suspension l'indiquent. Puis la pensée se fait plus directe, grâce à l'interrogation : « où est-elle ? » reprise volontaire de l'énoncé négatif précédent. *Elle,* l'innommée, par pudeur et parce que la distance est devenue infranchissable entre eux.

Telle est la première poussée de cette méditation, insérée dans un strophe très large aux mètres variés, unis grâce non seulement à la syntaxe, mais aux nombreux accords autour de voyelles térébrantes *i, é.* Le compte strict des syllabes poserait des problèmes insolubles à cause des groupes intérieurs *pluie, fumée,* non élidés. C'est la ligne graphique désormais qui assure l'unité sémantique et mélodique de l'énoncé, par-delà les reliefs accentuels ou les structures métriques conventionnelles.

De prime abord, le deuxième *tempo* fait antithèse. La brièveté du mouvement strophique est si nette : un simple quintil hétérométrique aux assonances insistantes. D'autre part, le passé simple *fut* marque une rupture dans la durée. Pourtant le lien avec ce qui précède n'est pas rompu. On notera la valeur aspectuelle de la forme : *elle s'en est allée* qui rejoint ainsi le présent. La cohérence du discours se maintient solide à l'aide des rapports : *pluie/eau ; serre/jardin ; janvier/juin.*

La phrase elle-même joue encore sur l'attente de la proposition principale, d'une brièveté frappante. L'idée du reste demeure incomplète. Les points de suspension autorisent une ouverture sur le rêve interrompu.

Si *allées* et *s'en est allée* forment une association sans banalité, *jardin* et *juin* tissent un réseau ferme de sens et de sons.

Quel regard de détresse sur l'être aimé disparu ! on n'en dit rien d'autre justement. Allitérations et assonances marquent assez ce poids :

A pas pleins d'eau, par les allées...

*
**

Troisième moment de cette première partie : la maison, le refuge aimé, saccagé par le temps. La liaison des idées reste assurée, fût-ce par contraste avec les unités lyriques précédentes. Mais la tonalité a changé : *-on, -eau, -oi.* Tel un sanglot la phrase se fait plus haletante : *et la maison... la maison.* Inversion et insertion en brisent l'allure :

dans mon cœur, abandonnée, est froide.

Qu'il s'agisse de la maison de La Chapelle d'Angillon qu'Alain-Fournier célébrait à J. Rivière dans une lettre d'août 1905 ou de toute autre demeure, le symbolisme éclate : nids détruits, emportés... ; même l'ardoise, gris-noir, coupante, sévère.

La résolution de ce mouvement amorcé par *le grand vent,* se fait donc sur le groupe vocalique *dans le vent,* tandis que *corniches* amorce un autre système d'accords. Une nouvelle fois, *le grand vent,* inséré dans un alexandrin, comme au début, mais à une place différente, va assurer la liaison entre les deux parties.

Le poète ressaisit la durée :

Il va bientôt faire nuit.

Ces cinq vers de transition entre deux longs paliers sont surtout descriptifs : les sensations visuelles y sont prépondérantes. Ce qui n'exclut pas une charge émotive ou pittoresque, une ironie attendrie.

Le niveau sonore de ces vers est élevé non seulement par les rimes somptueuses : *visage/village,* mais par les correspondances *nuit/bruineux.* Tout prosaïsme est ainsi écarté.

*
**

Dans ses manifestations les plus simples, le rythme se révèle à travers des phases d'élan et de repos. L'alternance est ici régulière :

une nouvelle vague, longue, nous entraîne, aux mètres courts, impérieux, laissant passer jusque dans l'intérieur du système strophique, des unités plus larges. Le mètre impair de 3 syllabes « Mon amie » signale tout de suite la qualité musicale particulière de cette strophe, savamment préparée sur un decrescendo :

Il va bientôt faire nuit (7 syllabes)
et ouvrent la grille (5 syllabes).

La note lancinante *i* déjà livrée unifie toute la trame mélodique qui s'arrête comme épuisée sur 2 syllabes : *venir.*

D'incessantes discordances entre mètre et syntaxe lient l'énoncé ; particulièrement suggestive celle qui isole un morphème négatif :

je ne soulève
pas le rideau...

Traduisant enfin la vaine attente :

pour vous voir, dans le vent et l'eau
venir.

Le verbe se trouve rejeté après une insertion ample. De nature suspensive, consonantique, il permet une ouverture satisfaisante à la pensée, d'autant qu'il est en relation avec l'allitération fondamentale : *v.*

L'enchaînement sémantique avec la strophe 4 est assez explicite, même dans ses effets de contrastes : *demoiselle/dame.* Le mot donne accès à un monde de noblesse, au parfum archaïque et mystérieux, prolongeant *amie,* comme dans la littérature courtoise. Les résonances sont celles de *dame belle* qui lui répond.

Le thème de la fenêtre existe déjà au Moyen-Age : femme guettant le retour d'un chevalier ou rêvant à l'embrasure d'une croisée. Ainsi chante Christine de Pisan :

Seulete sui à uis ou a fenestre...
Seulete sui sans ami demourée...

La fenêtre est échappée sur la vie. Or ici, rien ne se produit. D'où l'accumulation de notions et de mots négatifs.

Après cet élan, la retombée de la ferveur : les mètres s'étalent dans un nouveau quintil hétérométrique où la ponctuation dégage des courbes d'intonation précises. D'abord un octosyllabe lyrique, puis un décasyllabe déroutant par sa cadence qui confirme un constat négatif :

l'impossibilité d'aménager une portion d'espace et de durée comme refuge inviolable :

> *Cette heure passe, mon amie,*
> *Ce n'est pas une heure de notre vie.*

Le dernier vers, immense, sans vrai reposoir, malgré deux crêtes accentuelles initiales, est à l'image d'une offrande en un rite processionnel :

> *appor*tée *simple*ment *dans vos mains graves de dame belle.*

La postposition des adjectifs souligne leur valeur de lexèmes authentiques.

L'idée négative est enrichie, par rapport à l'énoncé précédent, grâce à l'irréel qui ouvre une perspective aussitôt abolie sur le destin commun de l'amant et de l'amante ; *nous l'aurions aimée...*

Un dernier vers isolé de 5 syllabes, entre deux silences, marqués par la typographie, avive le passé et arrête l'avenir :

> *Vous êtes partie.*

*
* *

La conclusion semble désenchantée. La pluie obsédante (*il bruine... il bruine*) dissout et brouille le paysage, tout en facilitant un nouveau regard associatif. Un détail précis, délicat, l'accroche : *vos chevilles fines* qui complète la vision de la strophe 2 : *à pas pleins d'eau.*

Le marronnier est un arbre cher à A. de Musset aussi. Lorenzaccio rêve : « une fille belle comme le jour. Une seule fois, je me suis assis près d'elle sous le marronnier » (IV, 9). Les épithètes « confus et sombres », de nature à la fois physique et affective, s'harmonisent au sentiment. Par antithèse jaillit l'évocation du soleil à travers l'adjectif moyenâgeux, typique d'une beauté idéalisée : « blonde ». Alain-Fournier a refusé l'attente de la rime *allées/allée.* Il a voulu au contraire immobiliser la fuite ou le départ de l'aimée : *assise,* et en suggérer la présence par une image rayonnante à une telle place précisément dans la strophe. Les chaînes rituelles des fausses rimes *sombres/ombre* finissent de se briser avec l'assonance terminale : *blonde.*

L'effort de résurrection paraît épuisé. L'avant-dernière strophe a un souffle plus court. Pourtant la communication se produit. Malgré la pluie et ses barreaux, comme dans Baudelaire certes, malgré les vitres et par-delà les espaces, l'échange est possible. A son tour, elle guette et pourra voir avec les yeux de l'esprit.

Une dématérialisation progressive s'est opérée depuis la strophe 1,
au prix de quel déchirement ! Des paroles balbutiantes en sont le terme :

> *... en songeant à mi-voix*
> *peut-être pour la dernière fois :*
> *« Elle est très loin... où est-elle... son front pensif*
> *appuyé à quelle croisée ? »*

Symétries, reprises en échos de toutes sortes autant que forme interrogative sans apprêt marquent la fin de ce monologue lassé.

Grille et *croisée* appartiennent bien au même univers de fermeture
et d'interdit. Les *ifs* sont consacrés par tradition au culte des morts,
peut-être à cause de leurs feuilles toxiques. Les éléments du paysage
sont donc infléchis vers un symbolisme tragique.

D'emblée, l'assonance *i* restituait la tonalité élective du poème.
Elle se retrouve dans la dernière strophe, très courte, qui livre de surcroît
une couleur fondamentale liée à tous les phantasmes. Le repliement
de l'être, sans échappée sur la vie extérieure, est indiqué par la fermeture des volets. L'opacité des ténèbres et l'épaisseur du silence seront
aggravées. La phrase sans surprise accumule des notations prosaïques.
Un dernier objet apparaît, d'une dérisoire futilité : signe vide de l'absence
et de la vie disparue, étalé dans un immense vers impair sans équilibre
interne : *un jeu de croquet...*

⁎⁎

Au fil de l'analyse une question devenait pressante que nous
avons écartée : quelle est au juste la part de l'autobiographie dans
cette évocation ? Nous avons préféré prendre quelque recul pour mieux
y répondre, car elle engage de toute évidence, la mise en forme d'un
certain matériel poétique.

Serrons l'ordre chronologique : 1ᵉʳ juin 1905, la rencontre avec
Yvonne de Quiévrecourt ; la maison du boulevard Saint-Germain. —
2 juillet : en Angleterre, dans la villa de Mr. Nightingale (quel nom
poétique !) où il restera seul plusieurs semaines. Emerveillement d'Alain-
Fournier devant « d'inoubliables jardins » et des galeries d'art préra-
phaélite. Il goûte aussi le charme du jardin de son hôte, voisin d'autres
« jardins fermés pleins d'ombre ». Ses yeux se sont ainsi emplis de
formes et de visions idéalisées.

Vacances de janvier 1906 à la Chapelle-d'Angillon. Notre poème
a été « repris » et « fini » en mars. Depuis l'été londonien, Alain-
Fournier voulait « procéder de Laforgue » ; à sa sœur, il avait fait
confidence aussi de son goût pour Verhaeren dont les « vers libres »
l'ont « ému ». Mais comment eût-il ignoré telle pièce déchirante de

F. Jammes, « quand dans le brouillard », qui reflète l'image d'une adolescente qui l'avait troublé ? (*De l'Angelus de l'Aube à l'Angelus du Soir,* 1898).

Dès lors que pour évoquer l'Aimée il recourt aux syllabes « Amy Slim », ainsi commentées à J. Rivière. « Aimée mince, mais ces mots anglais disent plus », il paraît difficile de ne pas accorder quelque part à des souvenirs anglais dans notre poème. L'imagination a confondu volontairement les lieux pour les métamorphoses. Il me semble impossible que *bruine* ou *Nightingale, allée* ou *jardin* ne renvoient à rien ou n'aient rien déclenché. J'entends même à travers *ifs*, pens*IF* et toutes les assonances en *i,* l'appel illimité vers une Yvonne, très loin en effet... Mais on admettra aussi que paysages extérieur et intérieur aient refusé tout chant d'oiseau !...

L'important c'est que les détails concrets, accidentels, rivés à un nom, à un lieu, puissent être transcendés.

Au-delà de l'anecdote, on découvre certes des contacts avec des structures fondamentales de l'imagination ; nous avons essayé d'en signaler plusieurs ; et une recherche formelle accordée aux démarches de la pensée poétique qui libère chaque fois une émotion nouvelle dans la ductilité du mètre, de la strophe, des repères sonores. Aucun cadre fixe à priori, aucune attente facile : la respiration s'ajuste au progrès du rêve, à ses méandres. Des sensations discrètes fixent la dimension narrative. L'essentiel est une succession orientée des thèmes, d'une nostalgique harmonie.

THÉRÈSE DESQUEYROUX
(Avant-propos)

> Seigneur, ayez pitié, ayez pitié,
> des fous et des folles ! O créa-
> teur ! peut-il exister des monstres
> aux yeux de celui-là seul qui
> sait pourquoi ils existent, com-
> ment ils se sont faits, et com-
> ment ils auraient pu ne pas se
> faire...
> Charles BAUDELAIRE.

Thérèse, beaucoup diront que tu n'existes pas. Mais je sais que tu existes, moi qui, depuis des années, t'épie et souvent t'arrête au passage, te démasque.

Adolescent, je me souviens d'avoir aperçu, dans une salle étouffante d'assises, livrée aux avocats moins féroces que les dames empanachées, ta petite figure blanche et sans lèvres.

Plus tard, dans un salon de campagne, tu m'apparus sous les traits d'une jeune femme hagarde qu'irritaient les soins de ses vieilles parentes, d'un époux naïf : « Mais qu'a-t-elle donc ? disaient-ils. Pourtant nous la comblons de tout. »

Depuis lors, que de fois ai-je admiré, sur ton front vaste et beau, ta main un peu trop grande ! Que de fois, à travers les barreaux vivants d'une famille, t'ai-je vue tourner en rond, à pas de louve ; et, de ton œil méchant et triste, tu me dévisageais.

Beaucoup s'étonneront que j'aie pu imaginer une créature plus odieuse encore que tous mes autres héros. Saurais-je jamais rien dire des êtres ruisselants de vertu et qui ont le cœur sur la main ? Les « cœurs sur la main » n'ont pas d'histoire ; mais je connais celle des cœurs enfouis et tout mêlés à un corps de boue.

J'aurais voulu que la douleur, Thérèse, te livre à Dieu ; et j'ai longtemps désiré que tu fusses digne du nom de sainte Locuste. Mais

plusieurs, qui pourtant croient à la chute et au rachat de nos âmes tour-
mentées, eussent crié au sacrilège.

Du moins, sur ce trottoir où je t'abandonne, j'ai l'espérance que tu
n'es pas seule [1].

Le roman *Thérèse Desqueyroux* s'ouvre sur une épigraphe et un
Avant-Propos ; ainsi encore *le Nœud de Vipères*. Apparemment exté-
rieurs au récit, offrent-ils prise à une étude de style qui ne soit pas
un inventaire obligé de formes vides ou de ressources banales d'un
discours engagé dans une communication à priori artificielle et sans
portée ?

La genèse de notre roman a été lente. *Conscience, instinct divin*
« est le premier jet, selon Mauriac lui-même, de Thérèse Desqueyroux,
conçue d'abord comme une chrétienne dont la confession écrite eût
été adressée à un prêtre ». Dans une note liminaire datée du 13 avril
1926, incorporée au manuscrit de *Thérèse Desqueyroux* passé dans une
vente à Paris, l'auteur laisse entendre que son roman est en chantier
depuis longtemps et qu'il commence seulement à discerner la structure
et la signification de cette œuvre au moment précis où il en trouve le
titre. La page initiale d'une première version se présente avec des sous-
titres : *Thérèse Desqueyroux — Sainte Locuste — L'esprit de famille*.
Avant le dernier, en exergue, une phrase de Thomas Mann : « ... certains
êtres s'égarent nécessairement parce qu'il n'y a pas pour eux de vrais
chemins. » Bien qu'elle se trouvât toute bruissante de résonances évan-
géliques, et en harmonie avec sa propre sensibilité, Mauriac l'a rejetée.

L'épigraphe nouvelle est empruntée à un *Petit poème en prose* de
Baudelaire : « Mademoiselle Bistouri. » Il convient de la resituer exactement :

« Moi, m'obstinant, je repris : " Peux-tu te souvenir de l'époque
et de l'occasion où est née en toi cette passion si particulière ? "

« Difficilement je me fis comprendre ; enfin j'y parvins. Mais alors
elle me répondit d'un air très triste, et même, autant que je peux me
souvenir, en détournant les yeux : " Je ne sais pas... je ne me souviens
pas. "

« Quelles bizarreries ne trouve-t-on pas dans une grande ville, quand
on sait se promener et regarder ? La vie fourmille de monstres innocents.
— Seigneur, mon Dieu ! vous, le Créateur, vous le Maître ; vous qui
avez fait la Loi et la Liberté ; vous, le souverain qui laissez faire, vous,

1. François MAURIAC, *Thérèse Desqueyroux,* Editions Bernard Grasset.

14

le juge qui pardonnez ; vous qui êtes plein de motifs et de causes, et qui avez peut-être mis dans mon esprit le goût de l'horreur pour convertir mon cœur, comme la guérison au bout d'une lame ; Seigneur, ayez pitié, ayez pitié des fous et des folles ! O Créateur ! peut-il exister des monstres aux yeux de Celui-là seul qui sait pourquoi ils existent, comment ils *se sont faits* et comment ils auraient pu *ne pas se faire* ? »

Mauriac sacrifie ce qu'il juge trop lyrique. Mais quand on sait le rôle de la mémoire dans ce roman, la fréquence des verbes *rappeler, se souvenir...*, on perçoit l'accord entre le texte de Baudelaire et l'avant-propos déjà, où l'évocation de l'*histoire* de Thérèse se trouve esquissée, puis l'œuvre entière qui est mémorisation affective des événements.

D'autres liens subtils rattachent l'épigraphe à cette préface : « celui-là seul qui sait » — « mais je sais » ; « ô créateur ! peut-il exister des monstres » — « tu existes », « j'ai pu imaginer une créature plus odieuse ».

Il n'y a pas rencontre seule de vocabulaire. Pour Mauriac la conception d'une œuvre romanesque se rapproche d'une création par cette genèse d'êtres animés d'une vie mystérieuse.

Le mot clef du poème en prose « monstre » se retrouve à un point décisif du roman, lorsque Thérèse songe au suicide : « Si c'est sa volonté qu'une pauvre âme aveugle franchisse le passage, puisse-t-il du moins accueillir avec amour ce monstre, sa créature. »

Même l'appel à la miséricordieuse attention du créateur trouve un écho à la dernière phrase de l'avant-propos : *j'ai l'espérance que tu n'es pas seule.*

On pourrait encore suggérer un parallélisme entre la volonté de Baudelaire de réussir « le miracle d'une prose poétique, musicale sans rythme et sans rime » et les efforts de Mauriac pour réaliser un roman poétique, grâce en particulier aux prestiges de la phrase. On sait d'ailleurs que chacun de ses romans est une forme dégradée selon ses confidences, d'un poème initialement pur et que des fragments de poèmes couvrent certaines pages d'une version manuscrite de *Thérèse Desquey-roux.*

Si le style, d'après Buffon, est bien d'abord « l'ordre et le mouvement qu'on met dans ses pensées », celui de cette introduction apparaît idéal. Deux parties distinctes sont commandées par des objections semblables : *beaucoup diront que... ; beaucoup s'étonneront que...* L'une concerne l'existence de Thérèse ; l'autre, sa nature morale, son évolution même. A l'intérieur de ces parties, on suit sans mal la progression : les mots *adolescent, plus tard, depuis lors,* sont autant de jalons chronologiques, d'étapes aussi. La vie affective de Thérèse est marquée par une histoire inscrite dans le temps certes, mais elle se projette également dans un mystérieux avenir qui échappe finalement à toute connaissance humaine, à toute prévision.

Comme dans les Prologues de la tragédie grecque où un personnage (héraut, dieu...) vient présenter l'action, Mauriac nous découvre les grandes directions de son roman : une salle d'assises, un salon de campagne. Il y a donc eu acquittement ; à la faveur d'une métonymie *Locuste,* la nature du crime sera même révélée. Pour finir il évoque le déracinement de Thérèse hors de son milieu : *sur ce trottoir où je t'abandonne.* Le lecteur s'en souviendra à la dernière ligne du récit : « ayant gagné la rue, (elle) marcha au hasard ».

C'est dire que Mauriac refuse tout élément de surprise pour que notre attention ne soit pas distraite de l'analyse psychologique. Il propose aussi une forme ouverte à ce drame : *Plongées* et *la Fin de la Nuit* combleront l'attente.

*
* *

L'examen du matériel grammatical et de la phrase nous instruit mieux encore des intentions de l'écrivain.

L'article indéfini fonctionne comme un actuel, chargé de notion concrète, bien qu'imprécisée, face aux virtuels constitués par l'article défini : « une » *salle d'assises,* « un » *salon de campagne,* « une » *créature,* s'opposent « aux » *avocats,* aux *dames empanachées,* volontairement présentés comme ensembles abstraits ; à plus forte raison aux *barreaux* symboliques d'une famille.

Plus significative, car plus libre d'emploi dans le discours, la fréquence des représentants de la 1re et de la 2e personne (pronoms ou possessifs, qui semblent enlacer Mauriac et Thérèse. N'en devient que plus éclairante l'utilisation de la 3e personne, signe d'une distance infranchissable entre les êtres en présence : « Mais qu'a-t-elle donc, disaient-ils. Pourtant nous la comblons de tous » ; et celle du possessif *nos* (*nos* âmes), à la fin de cet avant-propos qui nous oblige soudain à nous sentir concernés par un itinéraire spirituel et à prendre parti.

Une semblable démarche est esquissée au début du *Nœud de Vipères* : « Je veux qu'en dépit de sa bassesse vous le preniez en pitié » ; mais dans notre exorde les aspects grammaticaux s'affirment avec un relief singulier au terme d'une progression qui a respecté les préceptes de la rhétorique : *docere,* puis *movere* : *informer, ébranler.*

Le discours direct intervient pour cristalliser des idées maîtresses en les présentant avec l'inflexion même de la voix. Le contraste est donc significatif entre les formes neutres et l'énoncé au style indirect conjonctionnel : *beaucoup diront que... beaucoup s'étonneront que...* et les propos amers : *Mais qu'a-t-elle donc ? Pourtant nous la comblons de tout,* où les mots adverbiaux soulignent l'inflexion mélodique.

Le jeu des temps est, lui aussi, très souple. Le présent *tu existes* définit une réalité autre que celle qui nous est livrée dans la phrase : *beaucoup diront que tu n'existes pas.* La perspective future ici ménagée amène à considérer le présent initial plutôt comme inactuel. L'histoire de Thérèse prend déjà valeur idéale exemplaire.

Les futurs *diront* et *s'étonneront* diffèrent d'ailleurs du futur modal : *Saurai-je jamais rien dire,* accusé par l'adverbe *jamais ;* temps fictif avec une parcelle d'actualisation concrète renforcée par l'indéfini positif *rien* : « quelque chose ».

Dans la dernière phrase, le retour à une circonstance précise, actuelle, paraît s'imposer grâce au démonstratif *ce* : *ce trottoir où je t'abandonne.* En fait, ce temps offre un cadre assez large pour permettre à l'imagination de le distendre dans la direction du passé ou de l'avenir.

Le passé simple *tu m'apparus* est le temps spécifique de l'histoire ; au contraire, les passés composés montrent le retentissement des événements dans la mémoire du narrateur ; tandis que l'imparfait *irritaient* restitue une certaine durée à ces états, *disaient* autorise une répétition ; *a fortiori* au voisinage d'une détermination adverbiale : *que de fois... tu me dévisageais,* de telles nuances aspectives se précisent.

Ces valeurs sont d'autant plus importantes ici que la localisation temporelle reste fictive. Le processus verbal reçoit donc tout l'éclairage. D'où également la discrétion de la voix dite passive sans relief dynamique au profit d'une tension presque constante des divers sujets nominaux ou personnels : *moi qui... t'épie et souvent t'arrête, te démasque* ; *que de fois ai-je admiré... ta main... ; que de fois t'ai-je vue... ; j'aurais voulu que la douleur... te livre à Dieu...* Il demeure plus simple d'expliquer la non-concordance : *j'aurais voulu... te livre à Dieu,* par le souci de Mauriac d'éviter un hiatus : « te livrât à Dieu ».

La variation entre *j'aurais voulu* et *eussent crié* relève surtout d'une explication stylistique banale. Mais le choix même de ces formes perspectives traduit une direction nouvelle de la pensée. Alors que le romancier peut sonder les cœurs, d'où la modalité indicative, il échoue au contraire à fixer le destin des âmes. Son pouvoir créateur se borne à reconstruire le passé qui justifie un présent. Cette affirmation de l'autonomie dernière du personnage trouve ici une formulation grammaticale intéressante.

La coordination n'appelle pas de longs commentaires, tant elle se fait discrète. *Mais* répond à une objection : *beaucoup diront... mais je sais* ; *j'aurais voulu... mais plusieurs.* L'antithèse entre un indéfini et le pronom de la première personne avive la confrontation.

Mais peut marquer l'incompréhension ou l'impatience au terme d'un débat implicite : *Mais qu'a-t-elle donc ?*

Après un énoncé négatif, *mais* relance la pensée dans une direction différente : *les cœurs sur la main n'ont pas d'histoire ; mais je connais celle.*

Et ne constitue pas seulement une jointure neutre facile, un signe économique d'addition : *Moi qui... t'épie et souvent t'arrête... ; ton œil méchant et triste.* Cet outil peut relier des mots grammaticalement différents : *ta petite figure blanche et sans lèvres,* mais dont la fonction, qualificative ici, est identique.

Mauriac se plaît à creuser un silence entre deux idées grâce à une ponctuation plus ou moins insistante : *tourner en rond, à pas de louve ; et, de ton œil méchant et triste, tu me dévisageais. J'aurais voulu que la douleur... te livre à Dieu ; et j'ai longtemps désiré...* La remarque vaut pour *mais* : preuve de l'importance de ces tremplins respiratoires.

L'absence de ligature se révèle à l'occasion plus expressive encore : *moi qui... t'épie et souvent t'arrête au passage, te démasque.* Le dernier verbe surgit avec une force insolite au terme d'une série qui pouvait être un peu oratoire ou que l'on croyait close.

La structure des phrases offre une grande variété : affirmative, exclamative, interrogative. Énoncés longs et brefs alternent.

Le vocatif, *Thérèse,* ouvre cet avant-propos. On le retrouve à l'intérieur, cette fois, d'une proposition, dérangeant une ligne assertive sans surprise : *J'aurais voulu que la douleur, Thérèse, te livre à Dieu.* Au voisinage du pronom *te,* une attentive tendresse s'affirme.

La postposition classique du sujet après un élément adverbial *que de fois ai-je...* permet de renoncer à un ordre sans relief, figé dans la langue.

La place même des éléments circonstanciels est variée : *je me souviens d'avoir aperçu, dans une salle étouffante d'assises ; dans un salon de campagne, tu m'apparus...* En règle générale, les éléments secondaires précèdent, permettant à l'attention de se porter sans défaillance jusqu'aux termes essentiels de l'énoncé. La ligne mélodique fondamentale affecte *ta petite figure blanche et sans lèvres ;* qui émerge d'une progressive découverte.

On notera encore la masse peu importante de chacun de ces paragraphes qui succèdent comme autant de versets incantatoires (7 au total, serait-ce un hasard ?), chargés d'une seule idée fondamentale, confirmant ainsi un dessein lyrique.

Mauriac toutefois s'est bien gardé de durcir ce rapport par l'insertion voyante de mètres classiques ou la recherche d'effets sonores faciles. Un alexandrin pourtant s'y glisse d'une pureté parfaite : *sur ton front vaste et beau, ta main un peu trop grande.* Un octosyllabe ouvre et clôt un de ces paragraphes : *J'aurais voulu que la douleur... eussent crié au sacrilège.* Ailleurs, le découpage de la phrase en segments métriques se montre artificiel autant que la recherche d'allitérations persévérantes dont la signification demeure le résultat d'associations *a posteriori*.

L'alternance des finales consonantiques et vocaliques est à noter malgré tout pour l'élément de variété qu'elle apporte. Il est heureux qu'une courbe de finalité, longtemps préparée, s'achève sur une note suspensive : *seule,* renforçant le caractère d'ouverture de cette préface.

*
* *

L'enquête traditionnelle sur la qualification aimante au-delà des réussites d'écriture vers les intentions les plus graves de Mauriac. On repère tout de suite les formes adjectivales du verbe très nombreuses : *salle étouffante, barreaux vivants, êtres ruisselants, dames empanachées, cœurs enfouis, âmes tourmentées...* Même si la postposition est de règle dans la dernière série, depuis Malherbe, c'est la preuve que ces mots fonctionnent comme lexèmes authentiques, lourds de notations descriptives et de valeur dynamique. Mauriac a d'ailleurs pris soin d'opérer la dissociation lexicale : *salle d'assises* par l'insertion d'une épithète concrète.

L'encadrement *ta petite figure blanche* ; *une jeune femme hagarde* pourrait devenir conventionnel ; mais dans ces groupes, le premier adjectif ne s'intègre pas seulement au substantif dans une unité affective. *Petite* est plus qu'un hypocoristique. Il traduit la première impression du narrateur. Son regard découvre ensuite progressivement les traits de l'accusée perdue dans la salle.

Sans doute *jeune* et *vieille* définissent globalement deux âges et deux mentalités, mais l'adjectif *hagard* apporte une touche neuve ; étymologiquement, il se dit de l'oiseau de chasse resté farouche.

Il arrive que les deux épithètes paraissent divergentes : *méchant et triste.* Elles n'en sont pas moins complémentaires : forcée dans son secret, Thérèse réagit. Le choix de *triste* est dû probablement à plusieurs motivations. *Tristis* veut dire « funeste » ; le « mauvais œil » de Thérèse sera suspecté. Mais il est plus naturel ici de penser que le singulier *ton œil méchant* résulte d'une abstraction symbolique autant que poétique.

La richesse sémantique de ces adjectifs est frappante : *empanachées* renvoie à un détail du costume à la fin du XIXe siècle tel que Mauriac l'a connu en effet dans ce procès qu'il a évoqué maintes fois : *j'ai vu de mes yeux, vu, à quinze ans, Thérèse Desqueyroux souffrir et mourir* (*Nouveaux Mémoires intérieurs*, p. 145) ; le mot demeuré associé à l'idée de fête. Au voisinage de *féroce*, l'observation se double d'une condamnation.

En l'absence de toute détermination explicite, les formes adjectivales du verbe bénéficient de résonances multiples : *cœurs enfouis* : où, par qui, pour quoi, comment ? *Ames tourmentées* offre le même champ illimité à notre réflexion. Un simple adjectif, d'essence descriptive, statique, n'aurait pas eu de telles vibrations.

La forme qualificative *cœur sur la main* est intéressante aussi. Il s'agit d'une expression figée métaphorique pour désigner des natures généreuses, franches. Mauriac ne la prend pas à son compte puisqu'il la signale par les guillemets. D'ailleurs le syntagme *n'ont pas d'histoire* accentue le caractère formulaire, impersonnel de cette phrase.

A ces clichés délavés, l'écrivain oppose sa vision concrète des *cœurs enfouis* complétée par l'image de forme nominale : *corps de boue,* avec de surcroît des effets sonores d'allitération. Ce type de qualification combine les tours : *vase de cristal* et l'hébraïsme *trône de gloire,* puisque *boue,* malgré une référence au récit de la création dans la *Genèse,* a ici une valeur abstraite que les écrivains chrétiens ont exploitée depuis saint Augustin. La transition vers le paragraphe suivant est alors assurée sans mal : *J'aurais voulu que la douleur... te livre à Dieu.*

La justification de l'épithète *ruisselants* est plus délicate. En apparence, elle livre une image accordée à la poétique de Mauriac où le thème de l'eau et celui de la lumière s'unissent intimement. Mais *ruisselants* de vertu ! Bien que la construction d'un abstrait en dépendance d'un verbe concret décalque celle du Psalmiste : *amictus lumine,* l'hyperbole est ironie, réponse cinglante à un vœu absurde. L'idée renvoie au propos d'A. Gide dans une conférence sur Dostoïevski en 1922 : « J'aurais voulu vous expliquer comment c'est avec les beaux sentiments que l'on fait la mauvaise littérature et qu'il n'est point de véritable œuvre d'art où n'entre la collaboration du démon. »

*
* *

L'étude de la qualification nous a préparés à comprendre le regard de Mauriac ; car c'est bien lui qui commande cette page. D'abord dans la présentation même de Thérèse : il ne s'agit plus d'une banale prosopopée ou d'un artifice de rhétorique. Un être vivant est observé, pris à partie et nous voici engagés en un face-à-face bouleversant.

Peu à peu, nous découvrons le personnage central de ce roman, sa figure, puis son corps, sa tête surtout chargée de quel tourment et sa main lourde de quelle faute. Il est remarquable du reste que les manuscrits mêmes de *Conscience, instinct divin* et de *Thérèse Desquey-roux* encore soient ornés de plusieurs portraits à la plume, de visages féminins pour la plupart, avec des yeux très profonds. Certes, ce sont les éléments nobles, habituels, de la personne qui sont suggérés, mais avec des épithètes sans limitation qui permettent au rêve de les prolonger et à l'imagination de fonctionner. La main pour Mauriac est en outre objet d'attention privilégiée ; ainsi la « grande main de paysan » dans *Le Nœud de vipères* ou cette notation du critique méditant sur son œuvre : « C'est l'inquiétude des cœurs vivants qui pénètre et gonfle ces fantômes, qui leur permet de flotter un instant dans les salons de province, autour de la lampe où une jeune femme s'attarde à lire et appuie le coupe-papier sur sa joue brûlante. »

Si implorant se fait le regard qu'il reçoit en échange appel de grâce : *tu me dévisageais.*

Moi qui t'épie (comme un coupable ou une bête qu'on traque), *je me souviens d'avoir aperçu* ; *tu m'apparus sous les traits* ; *que de fois ai-je admiré...* la savante progression ! Elle est orientée pourtant. Le regard intérieur se substitue au regard physique pour essayer de pénétrer non plus la *petite figure blanche*, la *jeune femme hagarde*, son *front vaste et beau*, mais le *cœur enfoui* et, si c'était possible, l'*âme tourmentée.*

Les ressources si variées de l'antithèse sont au service de ce regard multiple et c'est lui aussi qui interprète les perceptions sous forme d'expression figurée. Il est remarquable que les thèmes essentiels du roman soient déjà esquissés : celui du masque (« elle se remasqua », IV), de l'asphyxie et de la cage (« le jour étouffant des noces... Elle était entrée somnambule dans la cage », IV). Cette dernière métaphore s'enrichira de poésie : « comme si ce n'eût pas été assez des pins innombrables, la pluie ininterrompue multipliait autour de la sombre maison des millions de barreaux vivants... » (VIII). Devant « les barreaux vivants d'une famille » on pense à l'exécration des *Nourritures terrestres* : « familles, je vous hais » ; que l'on se réfère au contexte pourtant : « Foyers clos, portes refermées, possessions jalouses du bonheur », pour voir que l'ana-thème de Gide n'a rien de commun avec la thèse de Mauriac qui, selon une note de 1927, a voulu « exprimer sous une forme nouvelle et per-sonnelle l'exigence romantique de l'individu contre cette société en miniature ».

Ici précisément, nous touchons au centre même de sa création. Thérèse porte bien en elle les « deux postulations simultanées, l'une vers Dieu, l'autre vers Satan » que Baudelaire décelait dans le cœur humain ; d'où ce vocabulaire religieux rassemblé dans la dernière partie :

chute, rachat, sacrilège, jusqu'à *j'ai l'espérance* qui projette l'éclairage sur un substantif choisi pour ses reflets théologiques.

Thérèse *livrée aux avocats* et que *la douleur livre à Dieu* : l'étonnante aventure toute humaine cependant que des mots identiques et la personnification soulignent ! A travers quelle solitude et quelle incompréhension : « dans » *une salle d'assises* ; « dans » *un salon de campagne...* ; auprès d'un mari même incapable, nous le saurons, de *soutenir* son regard ! Univers obstinément clos pour cette séquestrée, comme pour celle « de Poitiers », jusqu'au jour où nous la revoyons « sur » *le trottoir...* Le mot, si chargé d'association déplaisante, fait choc. Soyons sans crainte : Thérèse libérée est au-delà du mal dorénavant et l'intimité dont elle a été frustrée lui est enfin accordée.

Nous pouvons dès à présent mieux rendre compte d'une métaphore saisissante : *tourner en rond, à pas de louve*. Certes les animaux sont souvent pris par Mauriac comme terme de référence péjorative. On peut d'ailleurs retrouver notre image au cœur du roman : « Elle regardait cette cage aux barreaux innombrables et vivants, cette cage tapissée d'oreilles et d'yeux où... elle attendrait de mourir... » Mais pourquoi *louve* ? Les connotations sont nombreuses : l'homme est un loup pour l'homme ! *Tourner en rond* s'inscrit dans le champ sémantique de louvoyer et lover. « Marcher à pas de loup », se dit d'une approche silencieuse.

Le loup est aussi l'animal qui voit clair la nuit : le symbolisme affleure.

Et puis il y a Thérèse : c'est le premier nom qui nous atteint. Nous songeons à Thérèse Raquin, une grande criminelle. Dans cette lignée des passionnés, le titre *Thérèse Desqueyroux* s'impose donc en regard du *Désert de l'Amour* par exemple. Le forfait est autre cependant : elle a empoisonné, comme « la fameuse Locuste » dont Tacite puis Racine ont rappelé les « soins officieux ». Un même climat tragique s'établit grâce à ces interférences avec des œuvres romanesques, historiques, dramatiques. Mais *Sainte* ? Ici justement, nous sommes renvoyés vers les grands mystiques : Thérèse d'Avila en particulier à qui Mauriac a emprunté l'épigraphe du *Nœud de vipères*. A quarante ans de distance, l'épilogue des *Nouveaux Mémoires intérieurs* confirme cette conciliation.

Et puis comment ne pas rappeler la présentation de Mouchette dans *Sous le Soleil de Satan* (1926) : « La voilà donc sous nos yeux, cette mystique ingénue, petite servante de Satan, sainte Brigitte du néant. Un meurtre excepté, rien ne marquera ses pas sur la terre... » Bernanos ouvre alors d'emblée une perspective surnaturelle de rédemption...

La tâche du stylisticien se borne à repérer ces échos. Quelle chance quand le langage lui en permet une interprétation directe !

Il serait instructif d'examiner en termes seuls de rhétorique la démarche de Mauriac dans cette préface. Un inventaire des métataxes et des métasémèmes serait-il tout à fait pertinent ? Autoriserait-il une saisie décisive du phénomène de l'éthos ? L'art de l'écrivain se ramène-t-il à un jeu de suppression et d'adjonction ?

Pour nous, nous avons essayé simplement de montrer l'insertion de cet avant-propos dans le courant de l'œuvre et d'en dégager les lignes de force. Quand bien même on admettrait que les méthodes des divers critiques par leur convergence peuvent livrer tous les secrets de fabrication, il resterait encore à réduire cet « infracassable noyau de nuit » dont Breton signalait la permanence au cœur de toute production originale, puisqu'en définitive on mesure si mal l'intensité, la portée des ondes émises par cette « planète », pour reprendre la métaphore de Mauriac dans son *Journal*. L'ordre des cœurs contrarie tant celui des esprits !

LE SOULIER DE SATIN
(1ᵉ journée, scène 10)

DONA MUSIQUE : *Déjà je suis avec lui sans qu'il le sache. C'est à cause de moi avant qu'il m'ait connue,*

Qu'il affronte à la tête de ses soldats tant de fatigues, c'est pour moi qu'il nourrit les pauvres et pardonne à ses ennemis.

Ah ! ce ne sera pas long à comprendre que je suis la joie, et que c'est la joie seule et non point l'acceptation de la tristesse qui apporte la paix.

Oui, je veux me mêler à chacun de ses sentiments comme un sel étincelant et délectable qui les transforme et les rince ! Je veux savoir comment il s'y prendra désormais pour être triste et pour faire le mal quand il le voudrait.

Je veux être rare et commune pour lui comme l'eau, comme le soleil, l'eau pour la bouche altérée qui n'est jamais la même quand on y fait attention. Je veux le remplir tout à coup et le quitter instantanément, et je veux qu'il n'ait alors aucun moyen de me retrouver, et pas les yeux ni les mains, mais le centre seul et ce sens en nous de l'ouïe qui s'ouvre,

Rare et commune pour lui comme la rose qu'on respire tous les jours tant que dure l'été et une fois seulement !

Ce cœur qui m'attendait, ah ! quelle joie pour moi de le remplir !

Et si parfois, le matin, le chant d'un seul oiseau suffit à éteindre en nous les feux de la vengeance et de la jalousie,

Que sera-ce de mon âme dans mon corps, mon âme à ces cordes ineffables unie en un concert que nul autre que lui n'a respiré ? Il lui suffit de se taire pour que je chante !

Où il est je ne cesse d'être avec lui. C'est moi pendant qu'il travaille, le murmure de cette pieuse fontaine !

C'est moi le paisible tumulte du grand port dans la lumière de midi,

C'est moi mille villages de toutes parts dans les fruits qui n'ont plus rien à redouter du brigand et de l'exacteur,

C'est moi, petite, oui, cette joie stupide sur son vilain visage,
La justice dans son cœur, ce réjouissement sur sa face [1] *!*

Miraculeusement réunies, dona Prouhèze et dona Musique rêvent à leur amour. Leur dialogue cristallise leurs états d'âme, et dona Musique finit par célébrer dans un hymne enthousiaste son offrande à l'image idéale du roi de Naples.

Essayons de montrer la convergence de moyens multiples au service de cette imagination du mouvement, si caractéristique de l'originalité de P. Claudel.

**

Le vocabulaire est très peu abstrait, psychologique ; on peut à peine remarquer la phrase : *C'est la joie seule et non point l'acceptation de la tristesse qui apporte la paix.* Par rapport à la langue tragique du XVIIᵉ siècle, il y a donc ici un écart considérable. Ce sera au contraire le rôle d'un certain vocabulaire concret de manifester non pas seulement la vérité du monde extérieur dans ses aspects les plus choisis, essentiels ou poétiques, mais aussi par transparence, la tension d'une âme si particularisée, celle de dona Musique.

Les éléments eux-mêmes de l'expression figurée auront pour but d'offrir des équivalents affectifs à la vie spirituelle qui se trahit ainsi dans son existence la plus troublante.

Pourtant on rencontre des mots et des tours de la langue la plus simple en apparence : *rincer, s'y prendre, ce ne sera pas long à comprendre*, qui mettent mieux en valeur par leur dissonance l'éclat de la représentation poétique.

Mais l'insolite substantif *réjouissement* est curieux. En fin de phrase, ce néologisme fonctionne, grâce à son suffixe, comme un accord prolongé, servant à conclure cette échappée lyrique.

Soyons attentifs encore à plusieurs mots qu'il convient de retremper à leurs sources premières. *Stupide* : interdite, figée dans l'étonnement ou l'extase ; *vilain* visage : de rustre, que l'amour va métamorphoser. Et puis, il y a *respirer*. Certes on peut songer à une synesthésie : l'explication semble trop facile. Assurément, le mot doit rappeler l'image fondamentale de la rose ; mais *respirare* veut aussi dire : rendre un son, faire chanter... Du coup, la charge sémantique du verbe devient plus forte.

Au total donc, un lexique varié, complexe, riche.

Dans ses aspects les plus neutres, le matériel grammatical laisse également apparaître des intentions stylistiques. L'article défini présente

---

1. Paul CLAUDEL, *Le Soulier de satin*, Editions Gallimard.

non seulement des objets uniques, choisis comme tels, mais encore consi-
dérés dans leur nature abstraite, universellement poétique, aux résonances
indéfinies ou illimitées : la *rose*, le *grand port*... Mais c'est un épidictique
aussi !

Le démonstratif : *Le murmure de* cette *pieuse fontaine* peut désigner
celle qui se trouve « dans le jardin de l'auberge de X » ou toute autre,
idéale, que dona Musique contemple en elle-même.

D'autre part, l'exceptionnelle fréquence du pronom personnel de la
première personne est le signe du caractère éminemment lyrique de
cette scène, accordé en cela au choix à peu près exclusif du présent de
l'indicatif, actuel et atemporel.

Même l'imparfait *attendait* réaffirme au plan du souvenir cette
actualité passionnée qui assume et absorbe l'avenir : *déjà je suis avec
lui...* Les formes *je veux* suivies de l'infinitif sont proches des périphrases
anciennes qui désignaient un futur immédiat, aidées par un phonétisme
voisin : *je veux — je vais.* Si bien que les futurs authentiques : *Ce ne sera
pas long* ; *que sera-ce*, s'intègrent sans dissonance dans un actuel distendu
hors du temps et de l'espace.

*
* *

La phrase permet de suivre au plus près le tressaillement de l'âme
de dona Musique, à défaut même de l'indication scénique « pâmée »
précédant : *Ah, ce ne sera pas long.* De prime abord, on songe ici au
verset biblique. L'analogie reste toute superficielle. On peut cependant
trouver une incontestable ressemblance entre la forme du parallélisme
synonymique et la structure des deux derniers « versets » : *c'est moi...
sur sa face.*

Sans parti pris arbitraire, il paraît difficile de poursuivre l'assimilation
du verset claudélien au verset biblique, alors qu'on peut le tenter à
propos des *Psaumes* de Patrice de la Tour du Pin. En fait, la phrase
de Claudel obéit à un rythme interne d'élan et de repos très personnel.

D'emblée, la progression s'affirme dans la masse elle-même des
versets. Elle commence par suivre une évolution rigoureuse jusqu'à
s'ouvre. Nous avons là cinq vagues d'intensité de plus en plus large.
Une deuxième, *tempo*, se manifeste à partir de *Rare et commune.* A
l'exception du verset central *que sera-ce de mon âme*, nous n'avons
plus que des mouvements très courts, accordés au halètement de dona Musique, à sa respiration. Les derniers sont de pures exclamations par où
s'exhale son âme.

Dans ces élans lyriques, la nature de la coordination est importante. Les outils restent discrets ; *et* sert de tremplin pour faire rebondir

un élan. *Oui, ah* sont des succédanés coordinatifs scandant une démarche pleine d'émotion et de ferveur.

A côté des disjonctions élémentaires (*tous les jours tant que dure l'été et une fois seulement*) on notera les anacoluthes violentes destinées à donner l'impression d'une pensée formulée au plus près de son jaillissement, fût-ce au prix d'une audacieuse syntaxe : *aucun moyen... et pas les yeux ni les mains, mais le centre seul...* Eléments abstraits et concrets se bousculent dans la conscience ; affirmation et négation se pressent ; raccourcis impétueux sont empruntés pour opposer les moyens tout physiques d'une quête grossière dans l'amour (*yeux, mains*) à la recherche intérieure, d'une essentielle vérité : *le centre... ce sens en nous de l'ouïe qui s'ouvre.* Ainsi encore dans le monde pur des images : *l'œil écoute.*

Malgré tout, ces propositions, d'une construction si abrupte, gardent quelque analogie avec la structure des phrases les plus lyriques des poètes hébreux, déconcertantes par leur allure précipitée jusque dans le *Magnificat*.

La recherche ici de cellules métriques ou même d'éléments toniques demeurerait vaine. L'organisation du mouvement rythmique repose au contraire sur l'accumulation d'effets sonores, insistants.

A la fin de plusieurs unités respiratoires marquées par une ponctuation, on repère des assonances : *fatigues, ennemis* ; *instantanément, seulement* ; *travaille, fontaine* ; *visage, face*.

L'allitération surtout se manifeste comme une forme privilégiée du rythme : *transforme et rince* ; *rare, rose, respire* ; *pieuse fontaine, paisible tumulte* ; *vilain visage* ; *justice, réjouissement...*

Allitération et assonances peuvent être distribuées sur une ou plusieurs syllabes : *à chacun de ses sentiments comme un sel étincelant et délectable* ; *le centre seul et ce sens* ; *commune comme la rose...,* ou à travers plusieurs versets : *cœur, corps, corde...*

Avec plus de persévérance encore, ce sont des appels de mots semblables : *moi, joie, je veux...* ; ou les enchaînements de l'anaphore : *je veux, c'est moi*, à l'occasion rehaussés des variations : *c'est à cause de moi, c'est pour moi* ; *je suis la joie, et... c'est la joie seule qui...* ; *comme l'eau, comme le soleil, l'eau...*

On ne sera pas insensible non plus à l'alternance presque régulière des finales consonantiques et vocaliques : *sache-connue* (en fin de phrase et de verset ; *rince-voudrait* (phrase-verset) ; *attention-s'ouvre* ; *seulement-remplir* (à la fin de deux versets), etc.

En définitive, la phrase n'est plus expression dépouillée d'une pensée claire et discursive ; sa fonction est de drainer l'émotivité dans ses successives manifestations ; à l'occasion, de formuler métaphoriquement une analogie : *que sera-ce de mon âme à ces cordes ineffables unie en un concert...*

Telle est la fonction précise des inversions, des insertions de toute nature qui refusent toute sclérose à notre esprit et obligent notre voix à suivre des pentes ou des pistes imprévisibles.

*
**

L'emploi des figures de style ne relève pas d'une rhétorique antérieure au mouvement de la pensée. On se plaira au contraire à noter la force signifiante des antithèses : *joie, tristesse* ; *tous les jours, une fois seulement* ; *rare et commune* ; à deux reprises...

L'affirmation sereine : *Il lui suffit de se taire pour que je chante* s'éclaire par une exigence spirituelle développée dans la parabole d'Animus et d'Anima.

L'alliance de mots est encore plus imprévisible, plus neuve, créatrice de rapports et de vérité plus profonde : *paisible tumulte.* L'adjectif ne se limite pas à rappeler le mot *paix* si important livré dès le début de cet hymne : il se situe dans le champ sémantique d'*harmonie*, d'*ordre*.

L'expression figurée est évidememnt capitale, soulignée à l'occasion par l'épingle insistante *comme.* Il importe de percevoir les convergences : *eau, remplir ce cœur, fontaine, soleil, lumière de midi*, surtout les identifications métaphoriques à partir de l'anaphore *c'est moi* qui doivent s'interpréter non pas comme une succession d'éléments autonomes, mais comme des approfondissements d'une même réalité fondamentale allégorique.

La violence de l'été crée aussi la *rose* et suscite les *feux*. De telles images, par leur simplicité et leur potentiel symbolique, sont immédiatement signifiantes. De plus, elles sont consubtantielles au lyrisme de Claudel : on les retrouve dans le *Cantique de la Rose* et celui du *Rhône* par exemple. Leur qualité dynamique surtout définit une nature frémissante, force vive elle-même, en harmonie spontanée avec l'univers extérieur.

De là encore la place et le rôle des sensations si diverses distribuées ou évoquées tout au long de cette scène : visuelles, olfactives, tonales. C'est dona Musique qui s'exprime. Mais déjà, dans la deuxième version de *Tête d'Or*, Claudel faisait dire de son héros : « Il a une voix étrange et qui agit sur le cœur,

comme une corde et elle donne des notes. »

Et la Princesse proclame : « Je ne suis pas triste ! L'oiseau chante et je chanterai aussi. »

L'image n'est pas seulement expression d'un personnage ou de son éthique. Elle peut même servir le mouvement dramatique par ce qu'elle découvre sur le destin de dona Musique : « Mon Roi est venu ; il est là qui a obligé tout ce chaos à s'arrêter » (Troisième Journée, sc. 1). Elle éclaire certains tréfonds : *le soleil* et *le grand port* dans la lumière de midi évoquent l'aventure de *Partage de Midi*. Le poète burine deux attitudes face à l'amour : celle de Prouhèze, douloureuse, apparaît aussi nécessaire dans le plan surnaturel de la prédestination, développé ici par Claudel, au-delà de toutes les conventions du vraisemblable psychologique.

*

Si enracinée qu'elle paraisse aux instincts vitaux d'une jeune femme et si justement adaptée aux desseins du dramaturge, l'expression figurée s'entoure d'un tel parfum de mysticité (*fons vivus, ignis, charitas, rosa mystica...*) qu'on est conduit à s'interroger sur les sources du texte.

Ainsi pourront se marquer des lignes de crête qui permettront de saisir les sens multiples de cette page et de définir l'originalité de Claudel. Les échos bibliques qui traversent cet hymne sont si obsédants qu'il faut les suivre tout au long des paroles de dona Musique.

Avant qu'il m'ait connue : non pas seulement d'une connaissance intellectuelle ou sentimentale, mais d'une possession intime. Tel est le sens précis de ce mot dans la Bible.

Il nourrit les pauvres et pardonne à ses ennemis : cette phrase a une résonance néo-testamentaire : *Luc*, en particulier.

Paix (salom), comme *justice* sont des maîtres-mots de l'Ancien et du Nouveau Testament, au polysémantisme très large. *Paix* entraîne par association l'image du *sel* (*vous êtes le sel de la terre*, etc.) : « Ayez en vous le sel et possédez la paix » (*Marc* 9, 49). Cela est important en définitive pour découvrir les chemins de la création.

L'eau pour la bouche altérée évoque l'épisode de la Samaritaine (*Jean* 4). Mais l'eau est grâce aussi. Les accords sont nombreux.

Le brigand et l'exacteur proviennent évidemment de la Bible. *Job, Isaïe, Luc...* mentionnent l'*exactor...*

Face n'est pas non plus un synonyme banal de « visage ». Il décalque *facies*, commun dans les deux Testaments.

Il n'est pas jusqu'à la construction *la justice dans son cœur* qui ne rappelle une syntaxe biblique avec une préposition d'emploi si particularisé.

Qui peut assurer même que le substantif *réjouissement* n'ait pas été créé à la ressemblance de *gaudimonium*, si pesant lui aussi par sa masse ? En tout cas, *joie* est un thème majeur de la Bible.

Mais comment cet hymne à l'amour ne comporterait-il aucune référence au *Cantique des Cantiques* ? Il y en a une, précise, ingénieu-

sement suggérée : *mille villages... dans les fruits*, qui va au ch. VIII, 11 :
« Le pacifique a eu une vigne dans celle où il y a une multitude de
peuples ; il l'a donnée à des gens pour la garder... »

D'ailleurs, une indication scénique de Claudel est instructive :
« Comme une tourterelle. » Le mot concerne sans doute une qualité
du chant soutenu par les vibrations du R : *être rare, altérées, remplit,
alors, retrouver, centre, s'ouvre...* Mais il renvoie d'abord au *Cantique*
2, 12.

Il rappelle en même temps « ce signe en forme de colombe » que
la jeune fille « a au-dessous de l'épaule » dont le Sergent a parlé.
Or, dans l'Evangile, l'Esprit lui-même se manifeste sous forme de
colombe. Ainsi dona Musique peut concilier dans son être des vertus
mystiques. Son message prend une force singulière quand on se souvient enfin que les grands symboles de l'Esprit sont l'eau et le feu
qui évoquent une expansion irrésistible. Pourtant jamais il ne se fait
insistant. Claudel a pris soin de le dérober derrière une expression
figurée polyvalente.

Plus précisément, le personnage de dona Musique dont « le vrai
nom est dona Délices », comme l'a révélé le Sergent au cours d'une
scène précédente, est un reflet de la Sagesse divine qui met ses délices
justement à vivre avec les enfants des hommes pour les élever au-dessus
d'eux-mêmes. Ce chapitre VIII des *Proverbes* a informé, selon Claudel
lui-même, la plupart des visages de femmes dans son œuvre. Ici, la
transcendance est absolue.

On voit donc que la langue et le style de P. Claudel sont à chaque
instant nourris de réminiscences scripturaires. C'est non seulement un
aspect de sa pensée et de sa prière, mais de son art, qui se déchiffre sur
plusieurs portées.

*
**

Il serait absurde de solliciter d'une page du *Soulier de satin* une
conclusion de portée générale sur l'art ou la technique dans ce drame,
si variées sont les réalisations de Claudel !

Du moins cette page nous aura permis de prendre une conscience
plus assurée de l'originalité de son lyrisme et de la vertu orale de sa
parole. De prime abord, le personnage de dona Musique s'affirme par
opposition à dona Prouhèze qui, sur scène, reste « dans une immobilité
rigide, les bras ballants » et après cet hymne à l'amour « baisse la
tête lentement, puis ferme les yeux », écrasée sous son propre regard.

Au-delà de cette pesée dramatique d'une âme sur d'autres âmes
mystérieusement appelées vers elle, ce cantique est une invitation à comprendre et à recevoir une vie transfigurée par l'Amour.

TABLE DES MATIÈRES

ACHEVÉ D'IMPRIMER
SUR LES PRESSES DE
L'IMPRIMERIE AUBIN
86 LIGUGÉ / VIENNE

Dépôt légal 1ᵉʳ trim. 1972 — Edit. 1148 — Impr. 6267
Imprimé en France